杭州优秀传统文化丛书
Hangzhou Youxiu Chuantong Wenhua Congshu

华文化的"窗口"
——解读杭州优秀传统文化

安蓉泉 陈志坚 等 著

杭州出版社

图书在版编目（CIP）数据

中华文化的"窗口"：解读杭州优秀传统文化 / 安蓉泉等著 .-- 杭州：杭州出版社，2022.8
（杭州优秀传统文化丛书）
ISBN978-7-5565-1849-4

Ⅰ.①中… Ⅱ.①安… Ⅲ.①文化史—杭州 Ⅳ.
① K295.51

中国版本图书馆 CIP 数据核字（2022）第 131499 号

Zhonghua Wenhua de "Chuangkou"
中华文化的"窗口"
——解读杭州优秀传统文化

安蓉泉　陈志坚　等 / 著

责任编辑	夏斯斯
装帧设计	李轶军　尹沐兰
美术编辑	祁睿一
责任校对	陈铭杰
责任印务	姚　霖

出版发行　杭州出版社（杭州市西湖文化广场32号6楼）
　　　　　电话：0571-87997719　邮编：310014
　　　　　网址：www.hzcbs.com

排　版	浙江时代出版服务有限公司
印　刷	天津画中画印刷有限公司
经　销	新华书店
开　本	710mm×1000mm　1/16
印　张	15.75
字　数	212千
版印次	2023年1月第1版　2023年1月第1次印刷
书　号	ISBN 978-7-5565-1849-4
定　价	58.00元

（版权所有　侵权必究）

目 录

001　导　言
010　第一章　杭州优秀传统文化的内涵和判断标准
025　第二章　杭州的历史发展演变和文化生成背景
048　第三章　杭州优秀传统文化的发展阶段
067　第四章　杭州优秀传统文化的基本分类
082　第五章　杭州优秀传统文化的主要特色
104　第六章　杭州优秀传统文化的突出成就
127　第七章　杭州优秀传统文化的代表人物
155　第八章　杭州优秀传统文化对中国和世界的影响
183　第九章　杭州传统文化是中华文化的重要窗口
205　第十章　杭州优秀传统文化的精神特质和当代价值
220　第十一章　学习传承杭州优秀传统文化的方法
244　后　记

导　言

中华五千年文明，长河奔涌，滚滚向前。

在中华历史的漫漫进程中，从文明起源到经济繁荣，从政治中心南移到中国文化转型，从对内经济文化交往到对外传播中华文明，杭州都留下了深深的印记。史前时期，高度发达的良渚文化代表了中华文明起源阶段的最高成就。秦汉六朝，这片土地以钱唐县面貌出现，是沟通两浙地区的交通要地，到隋唐发展成为东南名郡。吴越国时期，杭州一跃成为区域中心。南宋以杭州为都城，标志着中国古代政治经济文化中心南移。元明清时期，杭州既是省治所在，也是东南地区中心城市。近代以来，杭州一直处于中国近代化进程的前沿。

中国的七大古都，有两个地处长江流域，处于最东南缘的是杭州。

中国人一直认为祖国的历史文化源远流长，中华文明拥有五千年历史。但过去国际学术界公认中华文明起源于公元前16世纪的商朝，距今至多也只有三千六百年，部分国内学者也这样认为，主要缘于考古资料一直无法完全证实夏朝的存在。即使按照争议不休、起源更早的夏朝计算，迄今也仅有四千一百年。

2019年7月6日，杭州良渚古城遗址被列入《世界遗产名录》，国内外学术界终于达成共识：距今5300—4300年的良渚文化，是中国最早的文明形态。这标志着中华五千年文明史得到了国际社会的认可。

良渚历史悠久，钱塘自古繁华。

古往今来，赞美杭州的诗文汗牛充栋，爱恋此地的人繁若群星。可在秦统一中国到隋代之前相当长的时间里，这里还是偏居一隅的山中小县。

有一些现象值得回味——

为什么当年宋王朝向南迁移时，辗转于扬州、南京、绍兴诸地后，最终把南宋朝廷"临安"在了杭州，并在这里一待就是一百三十八年？这不仅促使杭州成为12—13世纪最为繁华的世界大都会，更推动全国经济重心完成了由黄河流域向长江流域的历史性转移。从此，中华文化深深打上了江南文化的烙印。这一时期，中国经济、文化、科技、社会发展诸方面达到高峰地位，创造了文学艺术、学术思想、宗教哲学、教育事业、科学技术、工艺风物、建筑园林等灿烂的宋代文化；而宋文化的突出成就和社会影响，又对宋以后直至今天的中国经济社会产生极大影响。由此形成了宋代发达的"历史风韵"，造就了辉煌的"文化神韵"，留下了泽被后世的"历史余韵"——这样一种由两宋时期促成的"宋韵文化"现象。

为什么天下西湖三十六，唯有杭州西湖最出名？站在湖滨西望，湖山由近及远，以西湖为中心的群山海拔高度依次抬升。三面云山、一水抱城的山光水色，"一湖、二塔、三岛、三堤"的湖景格局，以及西湖周围山形行云流水、湖裹山中灵秀的山水格局，吸引了无数文人墨客和才子佳人。在中国许多皇家园林中，我们都能看到西湖的身影：圆明园四十景中的"方壶胜境"模仿西湖的三潭印月，其"曲院风荷""平湖秋月"直接照搬了西湖十景；承德避暑山庄中的永佑寺舍利塔仿照六和塔而建，"芝径云堤"从白堤、苏堤中汲取灵感，"锤峰落照"受到西湖"双峰插云"的启迪；颐和园的山、湖、堤、岛格局，几乎都以西湖为模板"复制"，连苏堤上的六座桥也被"粘贴"成了西堤六桥。不仅如此，东亚日本、韩国的园林也受到西湖园林影响，以至于2011年世界遗产委员会对杭州西湖作出评价：杭州西湖"是文化景观的一个杰出典范，它极为清晰地展现了中国景观的美学思想，对中国乃至世界的园林设计影响深远"。

为什么天下美景家乡好，外乡人却很容易在杭州找到家的感觉？古人苏轼除了治理西湖、疏浚六井、开浚河道、救济灾民、筹建安乐坊为穷人免费提供医疗和粥饭等，还满怀深情地留下三百多首有关杭州的诗，他"居杭积五岁，自忆本杭人"和"我本无家更安往，故乡无此好湖山"的诗句，充分体现了他对杭州的家乡情怀。人是群居的生灵，今天很多外来人对杭州有这样的评价：这里的人温和，守信，做事规范，讲究秩序。在这里，住得安逸，活得轻松。在这里，有无数温暖的城市细节：斑马线前为行人让路，西湖边为游客送上凉茶，咖啡厅里依稀可闻吴侬软语的商务洽谈，里弄小巷中有忙碌的志愿者人群，通衢大道涌来的是各路人才……

为什么这座古代商贾云集、物盛人众的城市，而今又连续十九年[1]蝉联中国民营企业500强企业数全国城市第一和全省第一，成为中国数字第一城和全国最大的移动支付之城？走进杭州，人们会发现很多"藏在深闺"的"中国第一"：中国最早免费开放城市公园的城市，中国最早、最大规模推行公共自行车系统的城市，中国第一个建成国家湿地公园的城市……

回顾古都杭州的历史，帝王更替带来改朝换代，千年回首已是沧海桑田，唯有一种坚韧、永续的东西，杭州先民通过世代承袭留给了后人——这就是延续千百年的思维方式和做事习惯。如果说地理气候是杭州得天独厚的自然条件，本书梳理提炼的精神特质，则是这片热土蓬勃发展至今的人性光辉，这是一种深入杭州人骨髓的文化基因，是生于斯、长于斯的杭州人的集体人格。

能看到多远的过去，就能看到多远的未来。

一座城市的历史底蕴，是构成所有今天现实的深层根基，也是决定未来梦想的精神力量。发掘杭州传统文化的丰厚积淀，感受古今变迁，存续历史文脉，传扬人文瑰宝，唤醒当代价值，对于每一个杭州人来说，是增强文化自信的营养，也是提高文化自觉的力量。

梳理杭州传统文化的经典内容，动因在于——

---

[1] 截至2021年。

这是经过岁月沉淀影响城市性格的集体记忆。有人问：为什么杭州的城市魅力始终不减？杭州人的温良、勤勉、精致和包容的文明素养，是这座城市主要的魅力所在。从山川秀美愉悦人心，到鱼米之乡物阜民丰，从吴越国保境安民、弭兵求和，到南宋朝重文轻武、文化繁盛，古代杭州人长期在一种生活安定、衣食富足、交往频繁、行事从容的环境熏陶下，养成了做人温和谦让、做事和合有序的历史性格。当年造福市民的白苏二公离任杭州，百姓自发含泪送别；"乌台诗案"发生后，民众又到寺庙做道场为苏轼祈福消灾；杭州百姓以"白公堤""苏公堤""杨公堤""阮公墩"的命名，永世纪念和感恩自己的父母官；明朝浙江按察使周新不畏强梁为百姓惩治贪官，反遭陷害冤杀，浙杭绅民立碑、立祠、修庙纪念他，今天吴山城隍庙里供奉的就是"城隍之神"周新；清代杭城活跃着20多家慈善组织和数不清的分支、站点，善举涉及免费提供养老、上学、摆渡、喝粥、验尸、救火、无息贷款、乞丐栖身等；晚清丁氏兄弟以家业支撑造桥、修路、赈灾和抢救文澜阁《四库全书》，将公益善事作为毕生追求……先贤前辈的言行举止口口相传，代代承继，最终成为后世杭州人的行为习惯。

这是惠及杭州发展并对中国和世界产生过影响的区域文化。隋唐以后，杭州在国家发展中的地位逐渐突出。从中华文化的经典遗存来看，杭州拥有中国最早史前文明的考古发掘、被誉为"中华第一城"的良渚古城遗址，是中国茶文化的发源地和十大名茶之首西湖龙井的故乡，拥有中医药文化的丰富实践和历史久远的桐君堂、方回春堂、叶种德堂、胡庆余堂等众多知名老字号，是中国瓷器文化的最早实践和顶峰技艺的传承基地，拥有中国丝绸文化的悠久生产和织造历史，具有中国书画文化的众多大师和传世影响，城市布局提供了中国山水文化的经典案例和美学格局……从杭州对中华文化乃至世界文明的影响来看，杭州良渚古城，是中国史前文明的杰出标志；吴越国保境安民和纳土归宋，对中国古代政治理念产生了深刻影响；白居易、苏轼、龚自珍、俞樾、章太炎等一批文化大师级人物的诗文创作，为中华文化作出了特殊贡献；以西湖为背景的一系列文学佳作以及白蛇传、济公、梁祝、严子陵、钱镠、苏东坡、岳飞等民间话本的口口相传，为中国后世文学作品提供了大批生动素材；杭州历史上的岳飞、文天祥、陈文龙、于谦、张苍水、葛云飞、秋瑾等彪炳史册的英烈群体，成为中华民族精神的重要组成部分；交通枢纽、江南富庶和移民城市造就的对异地文化的交融与吸纳，促进了城市开放特性和市民包容性格的形成，也为中国树立起一个平民意识较强的经典城市范本；被西方旅行家称作"天城""天堂之城"的杭州，一度成为西方认识中国的标志性城市；南宋开始更重视工商业和金融业发展，杭州成为中国市场开放度最高、商品经济最发达的城市，为近代传统经济向现代工商业转换准备了先期条件；2011年世界遗产委员会对杭州西湖作出评价："数百年来，西湖景区对中国其他地区乃至日本和韩国的园林设计都产生了影响……"

这是一种八面来风、海纳百川的融合文化。杭州历史上是吴越国的国都，吴越国所辖两浙十三州一军，包括今天以杭州为中心的浙江全境及上海、苏州、福州等地，国都地位推动了南来北往人群在杭州的商贸和文化交流。南宋建都临安一个多世纪，杭州进一步成为中国的政治经济文化中心和当时全国最大的商业城市。"宋室南迁"带来的达官贵人和能工巧匠，国都繁华及西湖胜景吸引的八方人才和各路英豪，对外贸易发展带来的中外交流和思想冲突，使得杭州文化经受了南北、东西、中外、新旧的交融碰撞。此外，与古代杭州府毗邻、现已属杭州辖区的严州府，自古和杭州一直同饮新安、富春一江水，杭州从新安文化的建筑、商业、理学、医学、画派、工艺中吸收了很多有益成分；而上海作为一个移民城市，在中国几次大的移民过程中，不断接受了包括杭州人在内的大量浙江移民，近代江浙一批批知识分子从上海启程到日本、美国和欧洲留学，从外国引进先进设施、管理制度等，为杭州文化融入了"海派文化"的基因。杭州文化是在江南文化背景里产生，在南北文化交融中成长，在中外文化碰撞下强身健体的。这些不同文化因子在交织碰撞中，不是东风压倒西风，而是像冷暖对流上升，落下或斜风细雨或暴风骤雨，最后互相改造、彼此融通。

这是一座良莠并存、需要提炼加工的文化富矿。世间没有绝对完美的东西。杭州传统文化也是一个良莠并存、具有内在矛盾的统一体。理性地分析杭州传统文化，就要清醒地认识其有优秀与不优秀之分。弘扬传统文化，既要入乎其内，又要出乎其外，既不能一头扎进去不辨古今，也不能简单"复制""粘贴"，而是要去芜存精，古为今用。生活中，至今依然有不少人对待传统文化要么"好得很"，采取复古主义的态度，要么"糟得很"，走上历史虚无主义的偏路，其症结之一，大多缘于缺乏理性态度和辨析思考。值得注意的是，传统文化的"优秀"与"不优秀"的边界是相对的，往往因时因事交叉渗透在一起。比如，南宋中后期皇城建筑气势恢宏，体现了劳动人民的聪明才智和工匠技艺，也折射出封建帝王的骄奢浮华；古代吟咏西湖山水的诗词以其精妙语言、丰富意象、浓郁情感及鲜明节奏韵律，表达出中华文化的特有魅力，吸引了无数中外读者，但在现代社会条件下，古代诗歌"意境"的不可译性和"叙事能力"的有限性也客观存在；"东南佛国"的佛家因果报应学说可以从因果律的方面给人启迪，也包含了消极的宿命色彩；儒家的仁爱理念体现了古代人道主义的精神，也深藏着"使臣事君"的等级观念……至于古代传统中那些歧视妇女、无视平等、蔑视自由、轻视生命的传统思想，就更与现代社会格格不入，需要我们超越历史，理性分析，吸取精华，剔除糟粕。总之，对绵延几千年的中华文明和杭州历史文化，既不能盲目崇拜，也不必妄自菲薄，应该多一份尊重和自信，多一些观察和思考。

这是一个不断成长并自我更新的文化肌体。世间没有绝对静止的东西，杭州传统文化是在不断走近自然、融入自然、认识社会与协调社会的过程中逐渐发展和丰富起来的。从良渚古城到钱唐县治，到东南名郡再到两浙首府，直至全国首都的演变史，从良渚古城中国最早的大型水利系统，到后世的吴越国捍海塘建设、唐宋西湖疏浚灌溉工程、元代运河疏浚绿化建设等的水利发展史，从"初兴于六朝、繁荣于唐宋、发展于元明清、拓展于近现代"的文学作品，到呈现出强烈"启蒙、救亡"色彩并引领中国近代文化的杭州文学发展史，从唐朝歌舞百戏和南宋南戏，到元代杂剧、明清戏曲曲艺的杭州戏剧发展史，从万松书院、崇文书院、紫阳书院、诂经精舍"四大书院"，到求是书院、国立浙江大学、国立杭州艺专、杭州蚕学馆的教育发展史，从隋唐时期兼收并蓄的包容文化，到两宋理性态度、变革思想和民族精神等的承上启下，再到明清时期早期民主启蒙思想的思想文化发展史……杭州传统文化扎根东南、开放包容和深耕实践，不断自我革新和丰富升华，绽放出在中国独领风骚的光辉。完成这个历史过程的一个基本事实是：前世为后代发展留下了江山基业，后代给前世带去了更大荣光。没有吴越国三代五王的开疆扩土和城市繁荣，"靖康之难"后的宋朝君臣不会把都城选在这个东南之地；没有两宋时期杭州人勤勉努力带来经济、文化和政治地位的跃升，杭州也不会成为后来享誉中国和世界的"人间天堂"。

这些年，研究杭州历史文化的各路大军蜂拥而来，关于杭州历史文化的图书不断出新。面对汪洋大海般的历史典籍和文化书卷，人们多少还有些茫然，有点选择困难——缺少系统而精要概括杭州优秀传统文化的读本，是个遗憾。

本书是在"杭州优秀传统文化概论"课题[①]研究基础上加工而成的。撰写宗旨，一是把"杭州优秀传统文化丛书"涉及的要点提炼出来，整合浓缩，为百余册书稿梳理一个"详略搭配"的简明读本。二是对杭州优秀传统文化作出理性分析，包括其基本内涵、判断标准、精神特质、当代价值、中外影响、学习方法等，实现丛书"虚实结合"的思想提升。这使得本书既"上下五千载"，从良渚文化时期到中华民国初年，从四时八节到诗文书画，又"观

---

① 这是"杭州优秀传统文化丛书"编委会委托的 2019 年重点课题，课题负责人安蓉泉。

照大中华",把区域性的杭州传统文化,置于中华文明和多民族国家大背景下加以认知。

细读本书,读者不难感到,杭州优秀传统文化,既得之于良渚文化、跨湖桥文化、吴越文化的深厚历史积淀,也受益于中原文化、楚文化、两浙文化、新安文化、海派文化和海外文化的碰撞交织。吸古来之灵气,采八方之精华,成就了杭州优秀传统文化的魅力。

本书所涉的"杭州"范围,立足今天"大杭州"的行政区划,也兼及"古杭州"的区域。古、今杭州的行政辖区有较大的不同。今天的"大杭州",主要包括古代的杭州和严州两大区块。古杭州包括九县(钱塘、仁和、余杭、临安、於潜、昌化、富阳、新城、海宁),钱塘和仁和本是杭州城内的同城共治,而於潜、昌化、新城等县现已被合并。除了杭州市区外,尚有临安、富阳等地。而海宁历史上一直归属于杭州,虽然今已划归嘉兴,但也在本书视野范围内。古代严州有六县(淳安、建德、桐庐、分水、寿昌、遂安),分水、寿昌、遂安三县已被合并,今天尚存淳安、建德、桐庐等县市。此外,历史上一直归属绍兴的萧山,也在今天的"大杭州"范围内。古今对比而言,今天的杭州包括古代的杭州、严州、萧山县三个历史区块。此外值得一提的是,古代还有些地方曾经一度归属杭州,如德清(武康),虽然时间不长,但本书有时也会涉及。所以,本书的"杭州"是将古今杭州融为一体的。这种论述范围的选择,也正符合谭其骧先生主编的《中国历史地图集》中采纳的基本精神,将古今历史地理都纳入讨论的范围中。

本书没有用"历史文化"作总标题,而用了"传统文化"的概念。这里"传统"的时限,"上"溯及辽远的史前文明,"下"限至五四运动爆发的1919年。

本书对传统文化"优秀"的定义,是从文化的历史积极意义、发展传承功能和现代转换能力三个层面着眼的,是指人们在学习借鉴传统文化时,既要从当时经济社会条件历史地分析文化价值,又要从后代传承情况发展地看待文化成长,还要从当今有无提升可能辩证地认识文化转换。

　　这是一部概括描述与提炼分析相结合的学术研究专著，通过深耕搜求和梳理加工，带领读者拨开杭州文化类别的繁枝密叶，跳出丛书故事情节的雾罩云遮，勾勒一个跳出细节观察杭州历史文化的大轮廓，编织一张杭州优秀传统文化的鸟瞰图。从这里出发，目标最近，不会迷路，读者可以速读杭州几千年的文化史，轻快走完杭州优秀传统文化发展的悠悠岁月。

第一章　杭州优秀传统文化的内涵和判断标准

中华文化源远流长，杭州文化独领风骚。

谈及杭州优秀传统文化，常有人问：历史遗存太丰富了，哪些属于传统文化？优秀传统文化该怎么把握？判断标准是什么？

一、怎样理解"杭州优秀传统文化"

顾名思义，分步辨析是理解概念的基本方法。

1. 词义分解

"杭州优秀传统文化"的中心词，是"传统文化"。

"文化"一词古已有之。《说文解字》称："文，错画也，象交文。""文"可以引申为包括语言文字在内的各种象征符号，以及文物典章、礼仪制度等。"化"本义为变易、生成、造化，所谓"万物化生"，可以引申为改造、教化、培育等。广义的文化，是指人类在历史实践中创造的物质和精神财富的总和。狭义的文化，是指人类在历史实践中创造的文学、艺术、教育、科学、制度及其组织机构等精神财富的总和。

"传统文化"，是针对自古以来不断得到传承、历史影响较大的文化内容而言的，是历代创制延续下来的种种物质的、制度的和精神的文化实体和文化意识。它是对应于"当代文化"和"外来文化"的一个概念。在某种意义上，传统文化也可以称为"文化遗产"。

"优秀传统文化"，可以从文化的历史积极意义、发展传承功能和现代转换能力三个层面限定，是指人们在学习借鉴传统文化时，既要从当时经济社会条件历史地分析文化价值，又要从后代传承情况发展地看待文化成长，还要从当今有无提升可能辩证地认识文化转换。以上三个"正面"限定，包含了对"不优秀"的传统文化三个暗示：在当时历史条件下就缺乏进步意义的，不具备后代传承功能的，或虽然当时有进步意义也曾有过历史传承，但对于现代社会已经失去转换条件和提升可能的，都不宜列为"优秀传统文化"。

"杭州优秀传统文化"，是从优秀传统文化的地域特征作限定的。由于文化一旦形成，往往文随人走，为社会分享，可能传播久远，具有互动性和共享性特征。因此这里的"杭州"地域概念，实际上就具备了以下三个共享共融的内涵：第一，不仅首先指自古以来杭州人创造的，也包括外地人在杭州创造的优秀传统文化。第二，不仅指本地和外地人在杭州创造出来的，也包括杭州人在外地创造出来、对中国有较大影响且最终也惠及杭州的优秀传统文化。第三，不仅指古代杭州行政区划下（如隋朝后曾长期隶属杭州的今海宁、德清区域）的历史文化，也包括今天杭州行政区划内（如古代与杭州府毗邻的严州府）历史上的优秀传统文化。

2. 内涵界定

在"杭州优秀传统文化"上述三个主题词辨析的基础上，它的内涵可以作如下提炼：

杭州优秀传统文化，是指自古以来在杭州这块土地上形成和发展起来的相对稳定的文化形态，是在特定历史时期对杭州进步发展起到积极作用，历来为杭州民众喜闻乐见，传承至今仍然有合理价值或转换提升意义的历史文化，包括在鱼米之乡、商贸中心、繁华都市和诗意江南独特气质背景下，杭州人在生活劳作中创造生成的建筑、水利、景观、遗迹、工艺等物质文化，文学、艺术、宗教、哲学、科学等思想文化，以及社会交往中形成的典章、规则、法律等制度文化。

杭州优秀传统文化是杭州传统文化的精华所在：它是体现杭州区域历史内涵和当代价值背景的文明形态；不仅在历史上起过进步作用，而且今天仍有合理价值和转换提升意义；能够为当代杭州经济社会发展起到源于本土优势的精神滋养功能和区域认同作用。

3. 主要内容

内涵是一种定义性分析，内涵涉及的外延或者说包括哪些内容，是读者对内涵理解把握的实体基础。

目前学界讨论的传统文化的内容，存在两种现象：一是偏重在"思想文化"层面概括传统文化，对传统文化作出哲学思想、宗教信仰、社会道德、价值观念、文学艺术等归类，这和研究传统文化的学者多是侧重研究传统文化思想史的学科背景有关。二是分类偏粗或偏细，前者把传统文化"三分法"概括为物质文化、思想文化和制度文化，后者则从语言文字、文学经典、文史典籍、宗教文化、宗教礼俗、民间传说等到古建筑、古园林、古钱币、历代服饰、历代书法、历代曲艺、历代工艺、历代饮食等，洋洋洒洒概括为几十种之多。这两种概括，前者清晰但有些抽象，不利于读者联想；后者具体但过于细密，读者难以把握。

从有利于读者出于生活经验、容易产生共鸣的视角，结合前面对概念内涵的分析，本书把杭州优秀传统文化的内容分为城史文化、景观文化、遗迹文化、辞章文化、艺术文化、工艺文化、起居文化、风俗文化、名人文化、思想文化等十个方面。这样的提炼概括，可能会有概念交叉之虞，比如辞章文化、艺术文化、工艺文化都离不开名人文化，城史文化必然与城市的文学、艺术、景观、遗迹文化等相伴而生。但从文无定法、类由人分的意义上看，从以往分类有待解决或太笼统或太具体两个极端的需求上看，这样的分类，可以起到覆盖传统内容、突出内容重点、兼顾繁简大小、易于读者把握的作用。

二、怎样把握杭州优秀传统文化的判断标准

内涵定义是一种抽象定性，举例形象可以辅助说明。但单纯列举的方式会有举不胜举的烦恼，介绍一个是一个，人们对怎样判断杭州优秀传统文化还是不得要领。

词义分解和内涵界定，是理解杭州优秀传统文化的起始思路，但还不是判断标准。根据什么判断某个传统文化内容的优劣？衡量的价值尺度是什么？

客观地说，目前国内还缺乏对优秀传统文化价值尺度或评价标准的深入探讨。这可归因于文化实践和研究深度的不足，也可归咎于国内学术研究和思维方式的局限。20世纪80年代因追赶现代化激发出来的"传统文化热"，一开始就存在着文化研究理论准备不足的缺憾，加之国门洞开使人们的注意力转向外来文化，导致上述问题至今依然存在。中华传统文化中重整体把握轻个体分析、重直觉思维轻逻辑论证、重价值评判轻事实追寻的思维方式，使得在我们生活中存在一些口号响亮但缺乏支撑、原则很好却难以落地的问题，这也成为今天"国学热"中一些良莠不分、以劣充优现象的思想根源。

分析传统文化优秀与否，没有现成统一的格式。我们可以从杭州优秀传统文化的内涵分析出发，从传统文化的特质和功能分析入手，从当代中国社会的主流价值观和政治意义分析着眼，审视、思考和提炼判断标准。

1. 分析杭州优秀传统文化"判断标准"的几个视角

从内涵定义视角分析。传统文化优秀与否的评判标准，根据前面的概念定义，可以从"稳定性、进步性、大众性、价值性"四个方面进行分析和判断。稳定性，是指在古往今来得到不断传承和经过历代沉淀，成为人们相对固定的思想、规则、审美习惯和生活方式的文化内容。进步性，是指虽然生成于古代但对当时历史和后世社会发展起到积极作用的活的文化形态。大众性，是指所有上层建筑都要服务于经济基础、为社会大众认同接受并产生作用。价值性，是指传统文化中的是非、曲直、善恶、美丑等评价尺度经得起历史检验、时代转换和社会认同。

从特质和功能的意义上分析。传统文化优秀与否的评判标准，考虑其在社会生活中的积极作用，可以从"提高认同感、激发自信心、表达价值观、凝聚才智学、支撑幸福感"五个方面来分析和提炼。杭州优秀传统文化应具备以下特质和功能：第一，具有民族和区域文化认同功能，是能帮助人们了解和热爱生于斯、长于斯、劳作于斯之民族和区域的文化。第二，体现文化健康的精神方向，无论在历史上还是当今，都是能够激励和鼓舞社会，具有激发民族和区域自信心、自豪感的文化。第三，具有价值导向作用，是凝聚传承了中华民族自古以来做人做事优秀准则，体现了区域人文精神和生活情趣的价值观文化。第四，是凝聚和表达了民族和区域人民聪明才智的建筑景观、辞章歌赋、工艺风物、民俗民风等具有艺术性和技术性的文化。第五，是对人们美好生活和幸福人生起到享受、护佑和支持作用的历代建筑、景观、遗迹、艺术以及开放包容、积极向上、宽厚慈善等实体和精神文化。以上五个判断标准，用简洁的语言概括就是：提高认同感的文化，激发自信心的文化，表达价值观的文化，凝聚才智学的文化，支撑幸福感的文化。

从主流价值观意义上分析。传统文化优秀与否的评判标准，在国家和区域治理的需求上，可以从"时代性、民族性、世界性、人民性"四个视角来分析和提炼。时代性：在特定时期能够起到引导民族认同和引领社会进步的创新性文化，体现了社会进步的时代特征。民族性：文明社会以来的所有重大社会进步，都是在一定民族群聚条件下完成的，而民族稳定群聚的前提，又是以共同的语言、习俗和行为方式为条件的；民族自信、民族认同和民族精神，是治国理政需要文化支撑的题中之义。世界性：当今世界是一个开放的社会，一切有利于开放包容、互鉴互学和反对故步自封狭隘民族主义的文化内容，都是有利于中国进一步走向世界舞台、有利于杭州建设国际化大都市的优秀文化。人民性：所有的文化，说到底都是要服从并服务于人们对物质和精神生活需要的；能够满足民族和区域民众物质及精神生活需要的文化，都是有利于人们世代繁衍、健康生活、推动社会持续进步的优秀文化。

2."杭州优秀传统文化"的判断标准

以上不同视角，给我们提供了相对广阔的思维空间。将上述三个分析视角进一步融汇和提炼，我们可以得出传统文化优秀与否的几个核心动词：认同，服务，开放，检验。聚焦到区域性传统文化之上，我们可以把杭州优秀传统文化的判断标准，具体化为以下几个清晰描述：民族认同，区域认同，服务时代，服务大众，开放包容，实践检验。

民族认同——杭州历史上的优秀文化，是指那些激励人们了解中华历史、认同中华价值观和热爱中华民族的文化。

区域认同——杭州历史上的优秀文化，是指那些有利于人们了解杭州历史传承、欣赏杭州历代创造、钟情杭州山水美景、认同杭州人文精神的文化。

服务时代——杭州历史上的优秀文化，是指那些经世致用且与时俱进、服务历史且顺应时代的文化。

服务大众——杭州历史上的优秀文化，是指那些能够满足杭州以及与杭州利益相关人群物质生活和精神生活需要的文化。

开放包容——杭州历史上的优秀文化，是指那些与不同区域、不同民族和不同国家交流融合、求同存异、取长补短、兼收并蓄的文化。

实践检验——杭州历史上的优秀文化，是指那些经过历代实践检验、对历史和现实都有积极意义、始终保持着生命活力的文化。

3. 把握杭州优秀传统文化评判标准要注意的几个问题

（1）顺应内在逻辑

杭州优秀传统文化的六个评价标准，不是简单堆积叠加的关系，而是有着内在逻辑关联的。其中，"民族认同、区域认同"是决定传统文化价值的着力点，"服务时代、服务大众"是分析传统文化价值的总宗旨，"开放包容"是传统文化独立性和多样性价值交融的催化剂，"实践检验"是传统文化时代价值的试金石，是衡量其是否有利于社会的基础目标。换种说法，"民族认同、区域认同"意在传统文化只有具备本土认可的社会基础才能发挥作用，"服务时代、服务大众"是说传统文化只有符合时代要求且满足大众需要才有功能意义，"开放包容"强调传统文化在保持独立性的同时获得源头活水和长久生命力的环境条件,"实践检验"提示传统文化的价值,说到底要看其能不能助力过去、今天和未来的社会发展和人民幸福。

(2)注意融会贯通

杭州优秀传统文化的判断标准,不是分别、单一发生作用的。相融和兼顾,是使用判断标准时要注意的基本方法。

比如,"区域认同"的文化内容,如果经不住"实践检验",就很难具有"服务时代"进而"服务大众"的长久生命力。杭州曾经是吴越国国都,吴越国王钱镠不仅治国有方,修身治家也十分严谨。他曾前后制定治家"八训""十训"。其中"十训"是钱镠临终前向子孙们提出的十条要求。《武肃王遗训》提出:

第一,要尔等心存忠孝,爱兵恤民。

第二,凡中国之君,虽易异姓,宜善事之。

第三,要度德量力而识时务。如遇真主,宜速归附。圣人云"顺天者存",又云"民为贵,社稷次之"。免动干戈,即所以爱民也。如违吾语,立见消亡;依我训言,世代可受光荣。

第四,余理政钱唐,五十余年如一日,孜孜兀兀,视万姓三军并是一家之体。

第五,戒听妇言而伤骨肉。古云:"妻妾如衣服,兄弟如手足。衣服破,犹可新;手足断,难再续。"

第六,婚姻须择阀阅之家,不可图色美而与下贱人结褵,以致污辱门风。

第七,多设养济院,收养无告四民,添设育婴堂,稽察乳媪,勿致阳奉阴违,凌虐幼孩。

第八,吴越境内,绫绢绸绵,皆余教人广种桑麻。斗米十文,亦余教人开辟荒亩。凡此一丝一粒,皆民人汗积辛勤,才得岁岁丰盈。汝等莫爱财无厌征收,毋图安乐逸豫,毋恃势力而作威,毋得罪于群臣百姓。

第九，吾家世代居衣锦之城郭，守高祖之松楸，今日兴隆，化家为国，子孙后代莫轻弃吾祖先。

第十，吾立名之后，在子孙绍续家风，宣明礼教，此长享富贵之法也。倘有子孙不忠、不孝、不仁、不义，便是坏我家风，须当鸣鼓而攻。①

这些内容突出体现了吴越国王钱镠夙兴夜寐、心怀天下、保境安民、管教严厉的治国治家风格，是钱氏推动民族大业、保证区域安宁和大众福祉的精神遗产。但遗训中关于"妻妾如衣服，兄弟如手足。衣服破，犹可新；手足断，难再续""婚姻须择阀阅之家，不可图色美而与下贱人结褵，以致污辱门风"等内容，带有明显的男尊女卑、歧视底层民众的历史局限性，与时代要求、今天的主流价值观格格不入。

在这个意义上，评价传统文化的具体内容时，不仅要看到当时是不是"民族认同、区域认同"，还要分析今天是不是经得起发展着的"实践检验"和能不能"服务时代""服务大众"。当今的时代和大众已经不能接受歧视妇女、蔑视普通民众的传统价值观，因此这种传统观念理应摒弃。

（3）兼顾共性、个性

杭州优秀传统文化植根于中国大地的沃土，但也有"一方水土养一方人"的个性。在中华文化大背景下观照杭州历史文化，不难发现她的独特韵味。

中华传统建立在农耕文化基础之上，"日出而作，日入而息，凿井而饮，耕田而食"②的生活方式，造就了中国人崇尚耕读生涯、重视亲情伦理、追求太平盛世的民族性格和人生理想。在这样一种大背景下，杭州人自古以来享受着山川秀美、衣食丰足的农耕生活，培养了亲近自然、重视秩序、躬耕勤勉、讲究生活质量的习惯。而以下两个特殊的区域性条件，也给杭州的人文性格打上

---

① 钱文选：《钱氏家乘》，安徽广德，民国十三年（1924）铅印本。
② 皇甫谧：《高士传》卷上《壤父》，文渊阁《四库全书》本。

了鲜明的个性烙印。

比如，山水穿插，人多地少。由于杭州自然地理特征是山水相间，可耕田本来就少，加上历史上经历了"永嘉之乱，衣冠南渡""安史之乱，流民南移""靖康之耻，宋室南迁"三次大的北方人口迁移，使得人口众多、资源短缺的矛盾更加突出。杭州人在长期的农耕桑织劳作中，养成了精耕细作、精雕细琢、勤勉努力、追求完美的人文性格。

再如，农商并举，商贾云集。唐宋后，杭州成为通商大邑，丝织业、造船业发展迅速；尤其是南宋建都临安（今杭州）后，一改"重农抑商"的政策，城内的酱园、米铺、布庄、孵房、酒庄、绫锦院、染坊、集市等，造就了浓郁的城市商业气息和街市繁华景象。到了元代，杭州进一步成为进出口商品的汇集地，海内外富商巨贾云集杭州，寻找商机。明代虽禁止海外贸易，但杭州仍是少数几个设有市舶司进行贸易的地方。清朝以后，以胡雪岩、张小泉、叶揆初、都锦生等为代表的一大批民族工商业者扎根杭州，各显身手……这些特殊的历史条件以不同形式延续下来，造就了杭州人敢为人先、勤勉努力、讲究诚信、包容开放、贾而好儒、政商和谐的地域文化性格。

三、掌握基本内涵和判断标准的意义

杭州优秀传统文化，孕育于中华传统文化母体，形成于古代农耕文明时期，发展于传统宗法社会。历史地、辩证地认识传统文化，其作用必然具有历史进步性和时代局限性的双重属性。

传承光大杭州优秀传统文化，不仅因为今天的杭州脱胎于昨日的钱塘、临安母体，今日杭州的山水景观、建筑艺术、工艺风物、人文性格等，无不闪耀着昔日历史文化的光辉；还因为杭州要在国内外众多城市中脱颖而出，建成具有独特韵味、别样精彩的世界名城，唯有从深厚传统的积淀中汲取历史营养和文化精华，才可能展示出自己有别于其他城市的特有底蕴。星移斗转，沧海桑田，面对在千百年前土壤中孕育成长出来的传统文化之果，我们已无法不加咀嚼地整个吞咽下去。结合并分析历史条件和当代需求，筛选提炼杭州历史上那些具有长久生命活力的优秀文化，传承发扬那些具有发展潜质、能够转换提升的优秀传统文化，是当代杭州人的责任。

掌握杭州优秀传统文化的基本内涵和判断标准，可以提高我们的文化鉴赏、历史传承和区域自信能力，对于今天杭州人的工作、学习和生活具有重要的指导意义。

1. 培养鉴别意识

提炼"优秀"内涵和确立"判断"标准，本身就说明传统文化是存良莠、分层次和有差别的。从内涵意义上说，把握住杭州优秀传统文化传承性、进步性、大众性和价值性的内涵特征，就不会再对某个朝代偶然出现、与社会发展关系不大、极少数人醉心于此、缺乏进步价值观特质的文化内容给予太多关注，更不至于良莠不分甚至以莠代良，就会相对自觉地发现、选择和提炼出那些在历史上起过进步作用、为大众喜闻乐见、能够对当代经济社会发展起到支持作用的文化精华。

比如杭州历史上走出或现身过多位皇权统治者。一般而言，封建社会皇帝高度集权，一人在上，万民在下，这确是封建皇权统治的普遍现象。但历史是丰富多彩的，当我们走进杭州古代史，看到吴越国王兴修水利、发展农桑、修筑海塘、奖励垦田、纳土归宋等一系列"保境安民"国策，开启了杭州千载繁荣的历史先河之时，看到钱镠王要求后代"民为贵，社稷次之""多设养济院，收养无告四民""莫爱财无厌征收，毋图安乐逸豫，毋恃势力而作威，毋得罪于群臣百姓"等遗训时，有的人可能会对"皇权"如此亲民有些不解。

如果全面了解了中华和杭州的文明史，特别是把握了传统文化优秀与否的标准后，历史就会给我们这样的启示：第一，中国自秦汉以来的专制社会，相对于西方中世纪的专制政权，之所以显得相对温和，显得带有"开明专制"的特征，主要是因为中华文化素有儒家"民本"思想的积淀，钱镠"民为贵，社稷次之"

的遗训本身就是对孔孟学说的直接承袭。第二，自古以来历代统治者通过重文修史，不断总结前人治国理政的经验教训。"民本"思想和以往治国理政经验教训的总结，当然是"服务时代""服务大众"的，并且不断经受了历代的"实践检验"。第三，杭州自古以来形成的精耕细作、精雕细琢、追求完美、政商和谐的人文性格，对朝野、官民的和谐相处都有深刻影响。以上三点因素共同发生作用，在杭建都的历代王朝和杭州官吏除了权力在上的固有顽疾外，也有不少对造福百姓、对后人治国理政起到警示或借鉴作用的有为实践和思想遗产，这就不足为怪了。

2. 掌握辨析依据

在生活中，常有一些似是而非的问题困扰着人们。掌握了杭州传统文化的基本内涵和判断标准，就会对一些问题确立思考判断的"主心骨"，很多问题就容易找到共识。

比如，怎样看待现在对南宋文化的肯定和颂扬，常有一些不同认识和争论。恩格斯说过："历史是这样创造的：最终的结果总是从许多单个的意志的相互冲突中产生出来的……这样就有无数互相交错的力量，有无数个力的平行四边形，由此就产生出一个合力，即历史结果。"[①]

尽管宋高宗赵构在对金称臣、南北分治和陷害忠良方面负有洗刷不掉的历史责任，但南宋不单是赵构一个人的南宋，南宋历史也不单是南宋朝廷的历史。朝野死谏北上，宋军拼死抗金，讲和换来"临安"，农商并举发展，百业兴旺发达，文化繁荣昌盛，百姓安居乐业……这也是在南宋一个半世纪里，朝野上下、文臣武将和士农工商的真实生存情况。

在这个意义上，南宋文化的主体内容，首先是由南宋无数文臣武将、爱国志士和普通百姓用鲜血和生命铸成的精神，这就是誓死捍卫国家统一和民族独立的爱国主义精神。当年金国将领兀朮打到杭州时，宋高宗带领众大臣仓皇出逃，钱塘知县朱跸率两

[①] 《恩格斯致约瑟夫·布洛赫》，载《马克思恩格斯选集》第四卷，人民出版社，2012年，第3版，第605页。

千余人，在城北与数倍于己的金兵拼死作战，终因寡不敌众战败，朱跸中箭身亡。还有"壮志饥餐胡虏肉，笑谈渴饮匈奴血"的民族英雄岳飞、"僵卧孤村不自哀，尚思为国戍轮台"的爱国诗人陆游、"醉里挑灯看剑，梦回吹角连营。八百里分麾下炙，五十弦翻塞外声，沙场秋点兵"的南宋将领辛弃疾、"人生自古谁无死，留取丹心照汗青"的抗元大臣文天祥等，都是其中杰出的代表。此外，社会安定带来的文化繁荣，使南宋成为古代中国学术思想的巅峰时期：宋学流派纷呈，大师林立；理学被纳为官方哲学后，在"北宋五子"的基础上，南宋又出现了杨时、朱熹、柴中行、陆九渊、林希逸等一大批著名的思想家，对后世政治文化产生了深远影响。南宋也是古代中国文学艺术的鼎盛时期，宋词的兴盛、话本的兴起、南戏的出现和绘画的高峰，都对后世影响极大。南宋还是古代中国文化教育、古代中国史学的兴盛时期，私学兴盛适应了平民百姓对文化教育的需求，在历史上第一次提出了"经世致用"的修史思想。显然，这些文化成就，在民族认同、服务时代、服务大众和实践检验的意义上，都是属于优秀传统文化。

当然，南宋也有一些文化现象值得分析。比如"理学"之名始称于南宋，理学推动了忠君思想达到高潮，权力之争从外戚、权臣干政转化为对外族侵略的抗争，一定程度上维护了内部统一和社会稳定，保护了生产力发展。但理学也使一些人醉心繁文缛节，拖慢行政效能，加剧了北宋以来重文轻武的风气，国防力量羸弱和御敌能力下降，直接导致南宋灭亡，这又不符合"民族认同"的标准。理学推崇的对女性多方面禁锢和强化"贞洁"等封建思想，葬送了无数女性一生幸福，导致后代许多女性陷入封建礼教的深渊而无法自拔，这些传统糟粕显然得不到当代的"民族认同""区域认同"，不符合"服务时代""服务大众"的标准，也经不起时代的"实践检验"。

3. 增强消化能力

杭州文化是在植根民族和区域历史发展的基础上，在消化吸收外来文化的过程中丰富发展并不断创新的。杭州文化是区域文化与中原文化、楚文化、新安文化、海派文化以及海外文化融合发展的结果。在不断吸收外来文化的过程中，杭州不仅提升了自身文化的内容和品质，包容开放也成为杭州传统文化的鲜明特征之一。

了解杭州传统文化这一特性，同时把握杭州优秀传统文化的内涵和判断标准，具有重要作用。一是有利于提升对杭州文化的自信。了解了杭州自古以来外来人口的涌入、商贾云集的盛况以及对外交流的频繁，能够使后人感受到古代杭州先贤世世代代包容开放的集体性格，增强对外交往的平常心与自信心。二是有利于掌握鉴别外来文化的取舍标准。当人们对某种外来文化存疑或担心的时候，可以用一种清晰的思路来考量和分析，这种文化经过转换可不可以得到民族和区域接纳，能不能满足时代和大众需求，是不是经得起实践历练和考验，肯定答案应该大胆吸纳，否定结果就要注意规避，有利有弊就要注意提升转换和趋利避害。三是有利于杭州提高吞吐消化外来文化的综合能力。在对外交往问题上，中国自古以来一直存在不同观点和不同政策的较量。掌握了杭州优秀传统文化的内涵和判断标准，能够帮助市民提升区域文化自觉，鉴别外来文化取舍，有助于对外来文化采取宽容、分析、选择的理性态度和有效的吸收方法，在坚守自身文化属性和吸收外来文化因子的过程中，巩固和提升杭州特有的思想观念、文化心理和价值取向，不断增强区域文化的凝聚力和影响力。

4. 提高文化自信

产生和成长于古代农耕文明时期的杭州传统文化，随着现代化进程的推进，失去了一些以往生长的历史土壤，而思想观念、文化习俗又以极强的相对独立性，通过习俗影响、代际传承和生产关系延续下来。与此同时，某些传统文化逐步淡远，虽有其历史的必然性，但现代化浪潮和外域文化浸润，也使一些反映民族和区域根本价值观的文化遗存受到巨大冲击。这使得后来人常在守成与扬弃的选择时纷争不已，左右为难。

前些年，人们担心杭州发端于历史上山水穿插、人多地少背景形成的精致细腻的生活态度，会不会成为今天大胆创新的羁绊，担心南宋文化偏安一隅、歌舞升平的生活态度，会不会成为奋发有为的障碍，以至于各执一端，争论不休。如果对传统文化优秀与否的内涵和判断标准认真思考，达成共识，就不难得出这样的结论：精致细腻是人们追求美好生活态度的自然流露，也是孜孜以求工匠精神的地域表现，这种文化性格是"服务大众"生活需求的；在军事实力尚不足以收回北方领土的情况下，休养生息，发展工商，兴办教育，造福百姓，促成了南宋一百五十余年的繁荣昌盛和民生福祉，这本身也是"服务时代"和"服务大众"的。

有了这样的认知，我们对南宋时期留下的重视商业和海外贸易、鼓励南北技艺融合、推动科学技术创新、促成文化繁荣昌盛的遗产和经验，就会有足够的珍惜和传承的自信。至于南宋御街、太庙遗址、岳王庙、二十三坊巷（紧邻中山南路西侧，包括十五奎巷、丁衙巷、城隍牌楼等二十三条坊巷）等，完全应该成为今天杭州人睹物思人、追忆历史、传承南宋文化活着的遗存。

5. 奠定创新基础

上层建筑"相对独立性"的特质，使得文化创新具有一种特殊性，它和与生产力直接相关的科学技术、管理方式等不同。科学技术和管理方式可以超越原来民族、区域、国度的边界及其历史基础，实现革命性的创新和超越；文化由于和人们的生活、习俗、传统、审美以及价值观念、思维方式等如影随形，深入其中，很难完全分离。脱离本土历史根基的文化创新，既缺乏逻辑基础，也没有成功先例。

还应注意的是，文化的演进有"显性"和"隐性"两个维度。"创新"文化因为现身在当下，表现为显性维度，容易被看到和重视；"传统"文化因为隐身于过去，辉煌于既往，不易察觉其在当下的作用，因此容易被忽略其与今天的血脉关联。这如同海面冰山的上端和下端，好比平地大树的枝干和根基。区别在于："传统"隐含着我们的基因和根底，提示我们"从哪里来"；"创新"给我们的肌体注入能量和活力，引导我们"到哪里去"。

文化创新的途径，无非两条：一是在继承的前提下"取其精华，去其糟粕"，"推陈出新，革故鼎新"。但不了解"陈"怎知道"新"，不懂得"故"也无所谓"新"了。二是某一民族、区域面向域外博采众长时，如果对本土历史文化不甚了了就去兼收并蓄，"学习"会因缺乏长短对比和优劣鉴别，失去文化自信。亚洲日本、韩国、新加坡等国学习西方又不忘儒家传统，保证了国家稳定富强；拉美一些国家照搬他国制度文化，导致"水土不服"，内乱不已。这是正反两方面的经验教训。

把握住本国本地文化的特质、优势和基本内容，文化创新才有深厚根基和上升方向，才能站在民族、区域深厚历史背景的独有平台上，展示和创造出更加灿烂辉煌的文化精品。纵览杭州文化史，良渚、吴越、南宋辉煌的古城工程设计建设，为杭州城市建设给定了框架格局和超前创意的示范；由杭州山水、文学、艺术、工艺、园林等构成的城市审美性格，成为江南文化的核心要素和杭州别样精彩的艺术灵魂；在山水穿插、移民不断、中心城市、商业文明背景下培育起来的精致和谐、大气开放的城市性格，为历代包括今天杭州"不温不火"又"风风火火"的发展节奏提供了人文注脚；古代先贤创造并享誉中外的玉琮、丝绸、宋瓷、雕版、龙井茶、中医药等等，事实上成为今天杭州人敢为人先、心想事成的历史基因。

杭州的今天，早就孕育在曾经辉煌的优秀文化里；杭州的未来，也能在既往历史中汲取丰厚营养，得到永续动能。

第二章 杭州的历史发展演变和文化生成背景

杭州优秀传统文化，产生于杭州历史的发展演变过程中。而漫长历史演变及其造就的文化生成背景，是了解这方水土滋养出的传统文化的类型、特色、成就、代表人物和精神特质的基本条件。

一、杭州的历史发展演变

谭其骧的《杭州都市发展之经过》，开篇就将杭州史作了一个大历史的纵览：

> 杭州自秦始皇三十七年（公元前210年）始见于记载，迄今凡二千一百五十七年，依其都市发展的经过而言，约可分为六个时期。秦汉六朝八百年为一期，是（一）山中小县时代；隋唐三百年为一期（起隋文帝开皇十一年，公元591年），是（二）江干大郡时代；五代北宋二百四十年为一期（起唐昭宗乾宁三年，公元896年），是（三）吴越国都及两浙路路治时代；南宋一百四十年为一期（起宋高宗绍兴八年，公元1138年），是（四）首都时代；元代八十年为一期（起元世祖至元十三年，公元1276年），是（五）江浙行省省会时代；自明至今五百九十年为一期（起元顺帝至正十六年，公元1356年），是（六）浙江省省会时代。

谭其骧给杭州作的这六个历史分期，基于史实，无可置疑。这一视角的优点，是从政治地位、行政角度来观察杭州的历史演变的，这是城史观察中最重要的一个考量因子。这是比较客观的，获得了较为普遍的认可，但也存在着不足。比如早期历史中的良渚时代，因为当时没有一般意义上的行政级别，也就没有纳入行政视角的六大分段框架中。因此，我们在谭其骧的六个阶段前后，分别加上了一头一尾——史前时期和清末民国初两个阶段，构成了一个杭州历史演变的叙述结构。这一叙述的主要视角是以杭州城市发展为中心，兼顾政治、经济、文化的变迁，以及整个中国历史的发展阶段。这也将是我们理解杭州文化的一个时间视角和历史背景。

1. 史前时期：以良渚王城为重点

杭州历史悠久，史前时期的文化就十分灿烂，领先于全国。萧山跨湖桥遗址，出土了目前世界上最古老的独木舟，距今七八千年，可谓是杭州的第一项世界之最。

不过如果从城市的角度着眼，杭州城史的起点，还是要放在良渚古城。在良渚古城发现之前，良渚文化已经令人瞩目。五千年前的良渚文化，广泛分布于环太湖流域。大量的考古发现，特别是包括玉琮王、玉钺王在内的许多精美良渚玉器的出土，反映出良渚古国有浓厚的神权色彩和高度发达的技术能力。过去人们一直用"文明的曙光"的概念界定良渚文化，可"文明的曙光"的说法，意味着良渚文化还处在文明产生的门槛边沿，真正的文明突破是此后中原的夏商文明。而良渚古城遗址的横空出世，震惊了世人，完全刷新了我们对良渚文化、对杭州、对中华文明的认识。

良渚文化的核心区就在杭州良渚。良渚古城当是良渚古国的王城。2007年发现了良渚古城，随后对良渚区域内的约100平方千米作了比较详细的调查和不断的考古发掘，也有了一系列重大发现。

整个良渚古城其实不仅仅是一道城墙，而且是一个复杂的古城体系，一般认为共有三重结构，即宫城、内城、外郭城，还有外围的水利系统等配套布局。宫城，也就是良渚王城的宫殿区。

内城，即一般意义上讲的良渚古城，面积近3平方千米，城墙一圈约6千米长。整个城修建的工程量是非常惊人的。2010年，又在良渚古城的外围发现了外郭城。外郭城面积（含内城面积）大约有8平方千米，规模之宏伟，令人惊叹。从更大的视野观察可以发现，整个良渚古城正处于南北两山之间居中的位置。可以认为，其地理布局是经过精心安排的。

惊人的发现还有古城外围西北方向的水利系统。从1996年发现第一条塘山长堤开始，一直到2015年，总共确认了11条水坝。最远的水坝离良渚古城有十几千米远。其中2009—2015年发现的10条水坝是堆筑在山体之间沟谷地带的，构成谷口高坝和平原低坝两组水坝群。水坝群共同组成了约14平方千米的一个库区。另有一条约5千米长的塘山长堤（又称山前长堤），将水引到良渚古城的北边。这个大型水利工程比传说中的大禹治水还要早一千年，也是目前为止世界上时间最早、规模最大的水利系统。

总之，良渚古城及其水利系统这些大型工程，反映的首先是强大而且周密的规划能力，以及对城市建设严谨的规划设计；反映出良渚古国强大的社会组织管理能力；而许多精美玉器及"神人兽面纹"神徽等，反映出良渚古国不仅有着浓厚的神权色彩，而且具有统一的社会信仰。

良渚古城有力地证明，杭州是中国古文明新起点的标志之一。

2. 战国秦汉六朝时期：钱唐县时代

这一历史时期跨度很长，但在行政级别方面，古代杭州一直是县一级政区（战国时代也可推测为县治），先后归属于会稽郡、吴郡。

根据其城址变迁的不同，可以再分为三个阶段：战国之半山时代、秦汉之灵隐时代、东汉六朝之宝石山时代。

（1）钱唐县治的半山时代

一般叙述杭州历史，往往会从秦朝立钱唐县开始，如谭其骧的大作《杭州都市发展之经过》即是如此。但谭其骧曾经有过分析："也可能在战国时楚已置县，而秦因之。"实际上，战国时期，各国设置郡县制度已经非常普遍了。楚国的郡县制也很发达，是最早设置郡县制的国家之一。而钱唐的地理位置十分重要，尤其是交通战略位置很突显。战国中期，楚国大败越国，将钱塘江以北的地区全部囊括，与越国形成隔江对峙局面。而钱唐正处于最前线之地，在此设置一个县，非常有必要。一有可能，二有必要，三有事实。所以，战国时代，楚国在这里设"县治"（楚国也许有别的名称，这里姑且称为"钱唐县"）是完全可能的。

杭州东北方向的半山脚下，曾发掘出大批战国墓，当是战国钱唐县的间接证据。这里出土了战国水晶杯，其主人的身份，考古专家杜正贤推论"应为这一带的统治者"，甚至就是一位"行政长官或军事首领"。既然有大型墓葬群，那么附近存在着一个大型聚落应该是可以肯定的。从自然环境来看，古代的钱塘江江岸远比今天岸线要更靠北，乃至直逼半山附近。那么在半山一带的山麓高地，作为聚落点，乃至县治所在，也是完全可以理解的。

（2）钱唐县治的灵隐时代

秦汉时代的钱唐县建在灵隐山下，故可称为"灵隐时代"。刘道真[①]《钱唐记》（一作《钱塘记》）说："昔县境逼近江流，县在灵隐山下，至今基址犹存。"[②] 刘道真曾经做过钱唐县令，他写下的《钱唐记》可以说是第一手资料，非常可靠。《水经注》中也有类似说法："浙江又东径灵隐山……山下有钱唐故县。"所谓的"故县"，就是旧基址，当是汉代的钱唐县县址。

西湖西部地区，前后有过多次考古发现，都是汉代的墓葬，数量很多，而且墓葬档次也都比较高。林华东总结说："秦至西汉时期的钱唐县治应在茅家埠（鸡笼山下）至灵隐寺，再沿灵峰山下顺东北方向由白乐桥至玉泉和浙大，然后沿浙大路南折入曙

---

① 一作刘真道，南朝彭城人，宋元嘉年间（424—453）任钱唐县令，因理政有方，受朝廷嘉奖。刘道真于南朝宋元嘉十三年（436）前后撰写的《钱唐记》，可视为杭州历史上最早的地方志书。因书已失传，后人只能从北魏、唐宋等古籍中引用的段落转引其书部分内容。

② 《太平御览》卷一百七十《州郡部十六·杭州》，中华书局1960年影印本。

光路、西山路至西湖国宾馆（即刘庄）一带范围内。这里方圆数里，地势较平，水源丰富，三面环山，一面水，确是人类繁衍生息的好地方。"[1]可以说，这个结论既有较为可靠的文献参考，也有相当充分的考古证据，是目前最为可靠的结论，也是目前学界的主流观点。

另外，秦始皇在南巡会稽的时候，曾两次经过钱唐县。秦始皇还开通了"陵水道"，是今大运河杭州段的前身。

钱唐县长期是秦汉时期会稽郡（东汉以后为吴郡）的西部都尉治所。"部都尉"虽然是郡以下的军事性管理区划，但也有一定的行政管理职能。实际上，部都尉是后来很多郡的雏形。可见，钱唐在秦汉时已经具有钱塘江流域的区域中心地位。

（3）钱唐县治的宝石山时代

如果说从半山到灵隐是钱唐县治变迁的第一步，那么第二步要走向哪里呢？这一步是从灵隐山下跨步来到宝石山东麓，从西湖的西边来到了西湖的东北位置。

这个变迁意义重大，与自然地理条件变化有关，又与"华信修海塘"有关。其记载也出自刘道真的《钱唐记》，如唐《元和郡县志》卷二十五：

> 昔州境逼近海，县理灵隐山下，今余址犹存。郡议曹华信乃立塘以防海水，募有能致土石者即与钱。及塘成，县境蒙利，乃迁理此地，于是改为钱塘。

此言钱塘得名由来，是不可信的，但筑塘之事是事实。筑堤坝海塘的活动，本是与海争田。但是海塘修好之后，整个钱唐县都蒙利了，西湖东北一片地区有了安全保障，最后使得钱唐县治从山中搬迁出来，移到了宝石山东麓的平原地带。

钱唐县治在宝石山东麓这一位置的时间相当之久，从东汉开

---

[1] 林华东：《钱唐故址考辨》，《浙江学刊》1987年第3期。

始，经历了六朝、隋唐，一直到吴越、北宋。至今，此地附近还有一个"钱塘门"遗址，保留了钱唐旧县治的一丝痕迹。

六朝时期，钱塘江流域得到了很大的开发。作为南北交通的咽喉之地，钱唐①县也越发受到重视，钱塘江第一渡口——柳浦渡屡次出现在文献中。《南齐书·顾宪之传》提到当时西陵（今西兴）戍主杜元懿的一个奏启，建议在柳浦等渡口收过税，一年可达百万之多。可见这条钱塘江航线很繁忙。

3. 隋唐时期：东南名郡时代

隋朝时间虽短，但就杭州而言，意义非凡，主要有两个关键性突破：一是杭州立州，从钱唐县一举升为州，并自此稳定地成为直属中央的一级政权治所；二是全国性的大运河开通，以杭州为端点之一。这两点都为杭州成为区域中心城市开启了大门，是杭州的新起点。

开皇九年（589）杭州初设时，治所在余杭县，故称杭州。次年，杭州州治移到了钱唐县。开皇十一年（591），到江南地区平叛的杨素创建了杭州州城，州治移入城内。杭州州城为子城性质，位置在钱塘江北岸的柳浦西（今凤凰山东麓），其周围约十里。隋唐时期，南杭州州城、北钱塘县城长期并存，成为杭州历史上的"双城时代"。白居易的《余杭形胜》诗曰"州傍青山县枕湖"，乃是隋唐时代杭州城面貌的真实写照。

隋炀帝敕令凿通江南运河，南以杭州为终点。大运河的开通，使得杭州进入全国的交通网络中，成为关键节点。这一变化对于杭州此后的经济文化发展有着极为重要的意义。大运河不仅是国家东南赋税物流载体，也从北方不断运输人口和物资南下，并逐渐使杭州成为一个重要的工商业城市。唐代李华描述的"骈樯二十里，开肆三万室"，正是杭州交通运输与贸易发达的形象表述。

漫长的唐朝为杭州的城市发展夯实了基础，集中体现在两个方面：一是杭州城市经济的突出发展；二是城市建设和城市面貌

---

① 唐之前多写作"钱唐"，唐之后多用"钱塘"。

的很大改观。杭州城市发展的特殊之处在于腹地不广，农业经济不算发达，但是城市经济相对而言特别发达。这在很大程度上是由杭州的交通优势所决定的贸易便利，导致城市商业特别发达。

到了唐代中后期，杭州在城市建设方面有了新的突破，体现在海塘和沙河的修建、西湖的整治和开发、六井引水系统的建设等方面。这使得杭州的城市面貌有很大改观，由聚落"点"，逐步沿运河汇成"线"，并向"面"扩展。

唐代李泌任杭州刺史，开始建设一个六井引水系统，将西湖水引入城中，成为日常生活饮用水。六井引水系统使得西湖以东地域逐渐成为宜居地区，而居住区扩大又使得原来的"钱唐（塘）湖"逐渐变成了"西湖"——湖在城居以西。唐代白居易是第一个使用"西湖"之称的人，而到北宋苏轼时，西湖已成为官方的叫法[1]。

4. 吴越国北宋时期：区域中心时代

（1）吴越国时代的首府

五代十国期间，钱镠主政的吴越国控制范围地跨吴、越，略大于今浙江省范围。钱镠以杭州为首府，杭州因此得以迅速发展繁荣，升级为"东南第一州"。

杭州的另一个关键变化是钱镠多次修筑城墙,包括子城、夹城、罗城。罗城即外城，钱镠修筑的杭州罗城规模很大，周回七十里，将相距较远的州城、县城都纳入其中，由此建成一个南北狭长的"腰鼓城"，奠定了此后杭州城的基础，而今杭州城的主体部分也首次被纳入城墙包围之中。

吴越国在控江保湖、保障城市方面作出了巨大贡献。钱镠统率兵民，沿江筑成用木桩、竹笼、巨石构筑的捍海塘，使杭州少受潮水的侵袭。钱镠还十分注重"保湖"，疏浚了西湖、市河、运河及其他水域。

---

[1] 如白居易《西湖晚归回望孤山寺赠诸客》诗题、《杭州回舫》"报与西湖风月知"诗句；苏轼《杭州乞度牒开西湖状》，第一次在公文中使用"西湖"之名。

此外，钱氏崇佛兴寺，名刹如林，古塔挺秀，如雷峰塔、保俶塔、闸口白塔、六和塔等，使杭州成为"东南佛国"。

吴越时，从钱塘县及海盐县分出钱江县（979年改名为仁和县）。自此，杭州一城分设两县。

（2）北宋时代的两浙路路治

吴越和平归宋后，杭州仍然保留了两浙中心的政治地位，是两浙路的路治所在。北宋仁宗嘉祐二年（1057），梅挚任杭州知州，仁宗皇帝以诗相赠，其中"地有湖山美，东南第一州"的名句，钦定了杭州"东南第一州"的地位。

杭州之所以有这样的地位，一定意义上也是因为两浙路已经成了国家的财赋奥区，国家一日不可或缺。

杭州城市经济发达体现在两个方面：一是人口繁多。苏轼知杭州时，在《论叶温叟分擘度牒不公状》中提到："窃缘杭州城内，生齿不可胜数，约计四五十万人。里外九县主客户口，共三十余万。"城居人口数量高达四五十万，占总人口的比例超过50%，这是杭州城市发达的基础。二是城市工商业发达。城居人口众多，带动了杭州城市经济迅猛发展。据《宋会要辑稿·食货》的数据，北宋庆历三年（1043）前商税岁额，杭州城区及城外场（镇）务为120303贯；熙宁十年（1077），则为173813余贯，甚至超过了东京开封，居全国第一。杭州酒税岁额也居全国第一。苏轼在《杭州乞度牒开西湖状》中写道："天下酒税之盛，未有如杭者也，岁课二十余万缗。"宋代，酒是专卖品，价格不菲，属于高档消费。酒税的高低，能反映一个城市经济水平的高低。

杭州在北宋的城市发展水平，为接下来南宋成为全国首都准备了基础条件。没有北宋的杭州，就不会有南宋的临安府。

5. 南宋：全国首都时代

绍兴八年（1138），南宋定都临安府（今杭州），称"行在所"，开始了杭州历史上最为辉煌的一段时期。

南宋初年，在金兵的追击下，都城靡定，朝野有建都建康（今江苏南京）、扬州、绍兴、杭州等争论。其后，经过多番考量，最终升杭州为临安府，以临安府为"行在"。南宋时期杭州虽被称为"行在"，意指天子巡行之地，却已是南宋事实上的都城，即全国政治、经济、文化中心。

杭州之所以脱颖而出，一方面有地理优势，南宋王朝"面海立国"，杭州的近海优势就比建康等城市更明显；另一方面有城市规模和城市经济优势，北宋的"东南第一州"地位，证明杭州已经是全国一流大城市，特别是运输物流的便利条件，也使得杭州超过了绍兴等城市，成为首都之选。

南宋杭州既为都城，城市建设较以往突飞猛进，城居人口大为增加。在政治上，皇宫及中央官府都在杭州，庞大军队驻扎杭州。另外，众多北方流民南下，也大量补充了杭州人口，人口超过了百万之众。除了在城墙范围之内的人口居住十分密集，城墙之外也聚集了大量人口，形成了城市人口"溢出"现象。总之，南宋杭州是当时世界上最大的城市之一。在城市经济方面，南宋杭州也有了更大发展。一方面，南宋杭州彻底打破了坊市分离的制度，各类店铺遍地开设，城市生活丰富多样。作为全国最大的商业都会，城市内外遍布作坊、邸店、酒楼、茶坊、瓦舍等等。另一方面，杭州城市开始出现了各种功能分区，已经具备了新型经济型城市的一些特征。在文化上，杭州成为全国文化中心，众多文人在杭州生活交流。

值得一提的还有西湖，历任临安知府都很注重西湖的治理，先后进行七次较大规模的疏浚，并在西湖周边营造园林，美化环境。当时的西湖既是游览胜地，也是文化地标。西湖进一步与城市相结合，实现城湖一体化。

总之，南宋定都杭州，不仅是杭州本身历史的巅峰，也对中国历史发展产生了深远影响。经济和文化重心南移，使得东南地区成为中国最发达的地区之一。

6. 元代：江浙行省省会时代

杭州在元时是江浙行省的治所。元代开始实行地方一级行政建制——行省制度，当时的江浙等处行中书省（简称江浙行省），在全国来说是区域较大、经济实力最强的一级地方行政区。江浙行省所辖范围，有三十路一府，包括今浙江、福建两省，江苏、安徽两省长江以南地区，上海市及江西省鄱阳湖以东地区。所以，元代杭州比起明清浙江，更配得上全国经济中心这样的国家级地位。

元代杭州并未因南宋灭亡而衰落，其城市经济继续有所发展，仍然是中国南方最大的城市和全国经济中心。元代杭州人口在百万左右，杭州城方圆百里，城中有大市十所，每个城门外又有八里左右的街市。元代杭州私营丝织业十分发达，开始出现雇工生产，杭产丝织品精美绝伦，行销全国；商贸集市繁盛，商品流通和销售位居全国首位；大量使用纸币，消费发达，大街小巷店铺林立，日常所需，供应充足，交易兴旺，依然是一个"销金锅儿"。马可·波罗在其游记中写道："行在城所供给之快乐，世界诸城无有及之者，人处其中，自信为置身天堂。……此州极为重要，既为都会，而其财富为世界其他诸城所不及也。"[1]

元代杭州是当时除大都外南北文化交流极为重要的中心。入元之后，杭州吸引了大量汉人和其他地区的南人前来仕宦或寓居，也有许多阿拉伯、波斯商人前来杭州经商或寓居，民族的融合与社会精英的交流，奠定了杭州作为南北文化交流中心的地位。随着穆斯林大量移居杭州，伊斯兰教在杭州兴盛起来，重建于元世祖至元十八年（1281）的凤凰寺，是杭州宗教历史文化的重要遗产。元代统治者排斥儒家文士，使杭州由科举名利场变为士人盘游吟咏之地，由此奠定了其作为元代雅文化中心地位的基础。元朝统一南方后的数十年间，戏剧作家和演员逐渐向杭州迁移，杂剧中心由大都转移到杭州，杭州又成为元代俗文化的中心。

同时，杭州也进一步成为连通全国和世界的交通枢纽之一，成为大运河南北交通及海洋东西交通十字贸易线路的枢纽点。

元代，京杭大运河截直后全线贯通，杭州是仅次于大都的全

---

[1] 沙海昂注，冯承钧译：《马可波罗行纪》第一五一（重）章《补述行在》，中华书局，2003年，第578、586页。

国第二大交通中心。杭州又恢复设置市舶司（后并入税务司），增设外港——澉浦，由此成为全国七大港口之一。从杭州放洋，东可达日本、高丽，南可达南洋各国，西可到北印度洋沿岸各国，远至波斯湾、东非等地，远洋物资从海外运至杭州，再经大运河转运到中国北方和中亚、东欧各地。

7. 明清时期：浙江行省的省会时代

明清两朝，杭州是浙江行省的治所。其虽然已失去了南宋的全国中心地位，但也属于中国东南部的区域性都会，城市本身也有一定的持续发展。

明清杭州是全国重要的商业和手工业城市，也是全国财赋重地。杭州的大小店铺很多，技艺世代相传，涌现了许多名店名产，如杭线、杭剪、杭扇、杭粉、杭烟等所谓"五杭"。织造局在客观上起到了推动杭州丝织生产发展的作用，杭州官营丝绸生产步入极盛时期，织造生产规模位居江南三织造之首。杭州民间的丝绸生产在清代也发展到极盛。清代中期，杭州民营丝织机共有2万张，占江南地区民营织机总数的25%，是杭州官营织造织机数的30倍左右。杭州城内形成了丝织专业区域。同时，在杭州城内外出现了许多市镇。这些市镇商贾集聚，和城区商业一起形成了一个庞大的商业网络。

元末杭州被张士诚占据。他下令重筑杭州城，放弃了原来宋代的皇宫一带，最南到凤山门，同时往东扩展到贴沙河一带，使得原来过于狭长的杭州城稍微方正了一些。这次筑城奠定了此后杭州城的基本格局。清代杭州驻有满洲八旗军，故在靠近西湖的繁华地带（今湖滨一带），特地构筑了"满城"，作为八旗屯驻之地，称"旗营"，形成了一个城中之城的格局。

8. 晚清民国初时期：浙江省省会时代

1895年4月，中日《马关条约》签订，杭州由此开埠，成为近代浙江继宁波、温州之后对外开放的第三处通商口岸。外域文化大量传入杭州，近代工业、西式医院、新式教育、铁路交通、新型娱乐等在杭州逐渐发展起来。在中国近代化进程中，杭州作为浙江省会，又地处东南沿海地区，得风气之先，一直走在近代化前沿。

19世纪末，求是书院、蚕学馆、养正书塾先后在杭州创办，三校为浙江省开创高等教育、职业学校和普通中等教育的先河。1905年，江浙两省决定自建沪杭铁路，同时开工的还有江墅线（南起江干闸口，北至拱宸桥新埠）。在汤寿潜的主持下，沪杭铁路于1909年全线开通，不仅便捷了沪杭两地的交往互动，稳固提升了杭州在长三角地区的地位和影响力，而且对杭州的城市格局也有重大影响。

辛亥革命胜利后，1911年11月杭州光复，结束了清王朝在杭州二百六十余年的统治，杭州的近代化进程加速。浙江军政府拆除湖滨旗营，按照现代城市设计理念进行湖滨开发，开辟新市场，建设新路网。西湖融入了杭州都市风景之中，城市面貌为之一新。

二、杭州优秀传统文化的生成背景

杭州传统文化养成于中华文化母体，历经了多种文化交融，体现了鲜明地域特征。它能够独树一帜，传承久远，得益于其特殊的历史演变和生成背景。站在历史长河的今天回望，杭州传统文化有以下几个重要的生成背景：

1.政治环境：保境安民，战乱较少

古代中国的朝代更替，多以本族争夺权位、外族争抢地盘的战争形式为特征。有文献记载以来的中国史，是一部烽火连天的战争史。相对而言，杭州在漫长发展史上却少有刀光剑影，改朝换代之际也大多能和平过渡。可以说，区域安定，社会祥和，是杭州文化发展的首要政治环境原因。

特别典型的当属吴越国时期。隋朝始设杭州后，杭州地区进入快速发展期。到了唐末，天下大乱，杭州临安人钱镠依靠八都兵建立起吴越国，成为一方霸主。但钱镠并没有穷兵黩武，而是采取了"保境安民"政策，对外主动向中原王朝称臣纳贡，对内则兴修水利、发展经济、招引人才等，使得在战乱不已的五代十国，吴越国始终保持了国内安定和经济文化繁荣的局面。历史地理学家谭其骧认为："使杭州从第三等超越到第一等的是五代时的吴越钱氏。"①

北宋开始展示出统一形势后，吴越国王钱俶审时度势，当机立断，上表宋廷，献所据两浙十三州一军之地。对于这一"纳土归宋"的不凡举动，欧阳修在《有美堂记》中有高度赞美，他在比较了南唐首府金陵和吴越首府杭州后，认为："独钱塘自五代时，知尊中国，效臣顺，及其亡也，顿首请命，不烦干戈，今其民幸富完安乐。"② 北宋另一位大文豪苏轼也特地写过一篇《表忠观碑》记文，赞美吴越国王爱好和平，大大造福了杭州人民："其民至于老死不识兵革，四时嬉游歌鼓之声相闻，至于今不废，其有德于斯民甚厚。"③

南宋约一个半世纪里，杭州成为国都。中国南方基本上处在和平、安定的发展环境之中，而杭州是这一发展的集中体现。杭州作为当时中国的政治经济中心，极大促进了文化繁荣，在绘画、歌舞、曲艺、园林、宗教等各个方面都达到了较高水准，在全国影响深广，遗韵至今。南宋最后入元时，在杭州也没有发生战火，杭州城的繁荣得以最大的可能被保持下来，以至于马可·波罗在见到了杭州城的繁华后，不禁赞为"世界上最美丽华贵之天城"。

可以说，从隋唐到宋元这约八百年时间内，杭州基本上不为干戈所扰，保证了其稳步前进。

2. 区域环境：中心城市，地位持久

杭州长久保持了区域中心城市的地位。这使得杭州具备了政治型城市的优势，即拥有较大的发展腹地。

杭州很早就具备了钱塘江流域的中心城市地位，但只具有地

---

① 谭其骧：《杭州都市发展之经过》，载谭其骧《长水集》（上），人民出版社，1987年，第422页。
② 欧阳修：《欧阳修全集》卷四十《有美堂记》，李逸安点校，中华书局，2001年，第585页。
③ 苏轼：《苏轼文集》卷十七《表忠观碑》，孔凡礼点校，中华书局，1986年，第499页。

理优势，并没有政治优势。隋代首立杭州，但杭州的腹地相对狭小，下属几个县多山地，少平原，并不能有力地支撑杭州发展。直到吴越国时，杭州获得长足发展，很大程度上来自整个吴越国的"输血"效应。南宋时期，杭州更因为是全国首都，可以得到全国赋税的有力支持。元明清时期，杭州都是省会城市，其区域中心的地位非常稳固。

如果从"腹地－中心"这对关系来观察杭州城市发展，可以发现杭州的腹地，从大的范围来说，就是整个江南。而江南地区，正是中国历史后半期的经济重心所在。江南地区作为经济重心，不仅是量上的领先，也有质的突破。唐宋时代的江南，还是以粮食农业为主，故有谚语"苏湖熟，天下足"。到了明清时期，谚语变成了"湖广熟，天下足"，全国的粮食基地转移到了两湖地区。江南地区则从粮食基地转变为大量种植经济作物，在此基础上，出现了大规模进行以棉纺织、丝绸业为主导的新型经济，完成了一次经济转型升级，再次领先于全国。而居于江南地区中心地位的杭州，也自然就有了全国领先的优势地位，这其实是水涨船高的自然结果。

3. 交通环境：南北枢纽，四通八达

杭州经济发达的一个重要特点是城市经济发达，城市的人口与城市工商业经济十分突出。这一优势与杭州的交通便利有直接联系。从大的视野看，杭州正处于一个交通线路的十字路口，东西一横是钱塘江，而南北一竖是跨越钱塘江的运河（由京杭运河与浙东运河构成）。

南北交通地理优势，来自杭州的地理位置的特殊性——山海交汇。杭州正处在钱塘江出山口，同时也处在钱塘江的入海口位置。出山口和入海口十分接近，杭州正处在山、海之间。山、海都是阻遏交通的，所以杭州这个位置就成了一个咽喉，是南北两地、浙东浙西的交通咽喉。可以说，跨越钱塘江的南北交通，舍杭州之外，别无选择。跨过钱塘江往南，一是可以经由浙东运河，连通宁绍平原地带，更远还沿着曹娥江进入沿海地区。这也是所谓

"唐诗之路"。二是往南经过浦阳江进入金衢盆地。而从杭州往北，又有两个方向：东北方向以京杭运河为主线，连通苏州等太湖沿岸地区，更远可以过江，进入江淮一带；西北方向则经东苕溪到太湖以西地区，更远可以达长江沿岸，或芜湖、南京等地。

东西交通优势，则来自钱塘江。由钱塘江往西，既可以经新安江进入徽州地区，更远再进入长江；也可以往兰江走，进入金衢盆地，更远进入鄱阳湖、赣江流域。由钱塘江往东是大海，由于杭州湾通行不是很便利，通海之路主要经由浙东运河，通过明州（今浙江宁波）这个点，连接广阔的海外世界。

总之，杭州确实处于一个四通八达的交通节点上。如果我们从宏观的全国、全球视野去看，杭州也处在一个关键节点上，那就是杭州处于大运河和海上丝绸之路的连接点上，又进一步沟通了陆上丝绸之路和海上丝绸之路，乃至于沟通全球网络。

4. 人口环境：城居繁盛，移民众多

杭州作为交通极为便利的城市，同时又是区域中心城市，其人口有两个明显特点：一是移民众多；二是城市居民占比很高，城居繁盛。

隋唐以后，杭州城市人口开始繁盛，其实先要归功于大运河。特别是隋朝开通了南北大运河，使得杭州成为全国物流、人口迁移的一个重要端点。比如，在隋末动荡中，大量人口沿着运河南下，就大量聚集在杭州这个端点，以至于唐初人口统计中，可以看到杭州的人口有着特别突出的增长，当是来自北方的大量移民。

唐代杭州随着人口增加，城市面貌有很大改观，首先与刺史李泌开六井有关。正如苏轼在《杭州乞度牒开西湖状》中所说："杭之为州，本江海故地，水泉咸苦，居民零落。自唐李泌始引湖水作六井，然后民足于水，井邑日富，百万生聚，待此而后食。"六井的重要意义，在于扩大了杭州百姓的城市居住空间。杭州城市区域，早期因为地下水咸苦，无法饮用，人们只能生活在离山不远处，依赖山泉水。而六井引西湖水，延伸至西湖以东的大片地区。因此，有了六井之后，杭州人口开始繁盛起来。

吴越国时期，杭州发展的"人口红利"与其国都地位有重要关系。据《太平寰宇记》记载，宋初，杭州总人口17万多，而苏州人口只有3万多，两者达到近六倍之差。要知道，唐末时期，苏州人口是远超杭州人口的。经过吴越国时期的发展，杭州人口大大反超，这充分显示了作为国都的集聚效应有多么强大。

北宋时，杭州城市人口方面也有突出表现，据《元丰九域志》记载，元丰元年（1078），苏州173969户，越州152922户，杭州202816户。可见杭州为江南人口最多的州郡之一。苏轼知杭州时曾提到："窃缘杭州城内，生齿不可胜数，约计四五十万人。里外九县主客户口，共三十余万。"[①]可知，当时杭州城居人口数量可能高达四五十万，而且城居人口占总人口比例超过50%。也就是说，杭州城市化率异常之高，远超出宋朝城市化率的一般水平。

南宋时期杭州为都城，城市建设较以往突飞猛进，城居人口大为增加。首先是大量的官僚和军队人口都集中在杭州城，也是重要的消费型人口；其次，北方人口大量南下，也大多集中到杭州。据估计，杭州城居人口当超过了百万之众。

元代杭州是当时除大都外非常重要的国家级城市，吸引了大量人口，同时还具有新的时代特点，即非汉族人口大量增加。外来移民中，包括大量少数民族。现杭州城内的全国重点文物保护单位凤凰寺，就是始建于元代的清真寺。而元帝国具有的世界性，也使很多外国人来到杭州，比如马可·波罗就来过杭州，并留下了浓墨重彩的记录。这些都给杭州文化的多元性带来非常重要的影响。

明清时期，杭州作为省会城市，继续保持了应有的繁盛局面。如明李鼎在《借箸编·早计第一》中感叹："武林生聚繁茂，益以列郡之期会至者，殊方之贸迁至者，奚翅二三百万，即以百万计之，日食米万石，岁可三四百万。"清代杭州城内增加了一个"满

[①] 王存：《元丰九域志》卷五《两浙路》，王文楚、魏嵩山点校，中华书局，1984年，第209、210、207页；苏轼：《苏轼文集》卷三十《奏议·论叶温叟分擘度牒不公状》，孔凡礼点校，中华书局，1986年，第861页。

城",聚集了大批的满人军队,也是杭州外来移民的重要组成部分。

从杭州人口发展的历史可以看到,杭州人口中,外来移民居于非常重要的地位。他们不断加入杭州这座城市,不仅提供了丰足的劳动力和消费市场,促进了工商业的发达,也为建筑园林、文学艺术、工艺风物、休闲旅游等方面聚集了多样化人才。

5. 经济环境:商业繁华,百业兴旺

杭州经济方面的特点,一是农业发展水平不低,但腹地较小;二是城市经济发达,工商业十分繁盛。

杭州地处长江三角洲南缘和钱塘江流域,地势低平,河网密布,水源充足,属于气候温和、四季分明、降水充沛的地区,适宜水稻、蔬果等多种农作物生长。杭州历代地方官员大多重视农田水利的兴修,以保证农业经济和百姓生活。特别是历代注重对西湖的疏浚和保护,其中比较突出的代表有唐代的白居易、宋代的苏轼、明代的杨孟瑛等。他们在任职期间都曾疏治西湖,扩大西湖的蓄水量。他们不仅保护了西湖的美景,更重要的是保证了农田灌溉的水源。但当时杭州周边空间不大,腹地不广,导致农业经济总量不大,杭州的粮食很早就需要从湖州、嘉兴等地输入。

与此相反,交通优势带来的贸易便利,使得杭州转向以商业经济包括海外贸易为主的商业经济模式。特别是隋朝开通了南北大运河,使得杭州成为全国物流、人口迁移的一个重要端点。到了唐代后期,每年朝廷从杭州所收商税达五十万缗,占全国财政收入的百分之四,其富裕程度可见一斑。李华《杭州刺史厅壁记》描述杭州十分经典——"骈樯二十里,开肆三万室",这正是杭州交通运输与贸易发达的形象表述。

五代十国时期,杭州经过钱氏王朝数十年经营,"富庶盛于东南"[①]。陶毂《清异录》赞曰:"轻清秀丽,东南为甲,富兼华夷,余杭(今杭州)又为甲,百事富庶,地上天宫也。"

北宋杭州的经济延续了吴越国时代的势头,纺织、印刷、酿酒、

---

① 司马光:《资治通鉴》卷二百六十七《后梁纪二》,《四部丛刊》本。

造纸业都较发达，对外贸易进一步开展，杭州成为全国四大商港之一，与日本、高丽及东南亚、西亚等国家和地区均有贸易往来。苏轼在《杭州乞度牒开西湖状》中说过："天下酒税之盛，未有如杭者也，岁课二十余万缗。"宋代酒是专卖，价格很高，属于高档消费。酒税的高低，非常能反映一个城市经济的水平。

南宋杭州作为全国政治中心，也是中国最繁华的商业城市。最繁荣的商业区集中在御街一带；还有一些定期的、专业性很强的集市。御街两旁丝绸、瓷器、金银首饰、手工艺品、刻字印刷、各种小吃等店铺琳琅满目，遍及城内外不同位置的勾栏瓦舍、酒楼茶馆、饭庄商铺服务到深夜，南宋杭州成为十二三世纪世界上人口密集、商业繁盛、开放度高的代表性都城。

到了元代，杭州依然保持了南方经济中心的地位，明清时依然是全国一流城市。杭州既是江南丝绸业的重要城市，也是全国丝绸业的中心之一。清代在杭州设织造局，衙门在涌金门一带，为"江南三织造"之一。

以杭州为代表的南方城市，发展逻辑呈现的是"交通—贸易—城市经济"的顺序。因此，杭州的城市经济，与其说是政治型的，不如说是经济型主导的。可以说，在农业经济主导的古代，杭州是最早的一批"新经济"的领先者。工商业的发达和繁盛，不仅为古代杭州的文化提供了物质条件，也使人们有了较多闲情逸致，追求、创作和欣赏丰富的文化生活。

6. 治理环境：经验丰富，多有独创

杭州的城市人口众多，城市经济发达，直接促使了城市管理水平比较领先，并在很多方面体现出独创性，比如厢坊管理模式、城市消防及管理系统、引水系统等，为杭州的城市发展提供了坚实支持和保障。

第一，分县管理。吴越国时，从钱塘县及盐官县分出钱江县（后改名为仁和县），自此，杭州一城分设两县进行管理。这就是城市分区的雏形，加强了城市管理的力度。

第二，厢坊管理模式。南宋时期，杭州的城墙区域内部划分为八个厢，厢以下再细分坊，正式构成"厢坊制"管理模式。相比县乡模式，厢坊制显然更加能适应城市管理的需要。另外，当时杭州城外因为聚集了大量的城市化人口，也都设置了"厢"，纳入城市管理模式中。与此相配套的还有巡检司等管理机构。到了元代，出现了更加纯粹的行政管理分区模式——录事司。在全国的诸多城市中，一般都是一个录事司，而杭州则有四个录事司（后省为两司），反映了杭州城市管理的难度和复杂性。这些制度都是城市管理的新突破，是城市管理的新经验，当然，也最大可能地促进了城市经济和城市社会的良性发展。

第三，引水系统也是一个城市管理水平的佳例。唐代李泌任杭州刺史，他开始建设六井引水系统——将西湖（时称钱塘湖）水通过地下涵管引入西湖以东地区，以满足居民日常生活用水，类似于后来的自来水系统。苏轼有《钱塘六井记》等文详细记载了六井的发展历史，2015—2016年杭州考古也发掘出了西湖边南宋时期的地下引水管道。李泌创建的六井系统，关键在于埋在地下的引水的管道，在石制的管道中放置用竹子做的水管，称为"笕"。而且，"湖底高，井管低"，引水系统设计为自流的系统，并不需要动力。总之，六井引水系统因地制宜，设计精妙，引水效果良好。正是有了六井引水系统，西湖以东地区的人口日渐增加，到了半个多世纪之后，生活在这一带的人们开始将他们西边的"钱塘湖"称为"西湖"，而白居易接受并记录了这一个名称，确实是杭州历史上十分凑巧，也十分珍贵的一份记录。

引西湖水作为生活用水，在杭州历史上长期存在。从《咸淳临安志》及考古发掘也可以看到，南宋依然没有摆脱六井引水系统的使用。可以说，六井引水系统，对杭州的城市发展有着极为重要的促进作用。

第四，消防设施的完备。火灾一直是杭州城市的一大灾害。杭州城市经济发达，城居人口众多，密度很大，加上房屋多是竹木结构，经常发生火灾，甚至连皇宫也不能幸免；而且屡屡发生大火灾，一次就波及大半城市，烧毁大片房屋，可谓灾难深重。

面对这种灾难，杭州的消防措施也就不断随之发展。北宋后期已经出现专职消防队。到南宋时，杭州的消防措施已经相当完善。当时杭州城内有专职军队负责消防事务，城内有2000人，城外有1200人。同时在人口密集处设有八座9米高的望火楼，警报白昼以举旗为号，夜晚则悬灯为号。望火楼乃是世界上古代城市建设中的首创，对后世影响巨大。

宋代的消防责任制已相当规范，且对于火灾后的安置也有很多相应措施。灾民不仅能有临时住所，寄居于船、寺庙等，还有一定的救济金可以拿。可见，从预防、救灾，到灾后救济等等，杭州在对付火灾的措施方面已经十分全面，这在古代社会条件下已经十分难得。

除此之外，在别的日常生活中，南宋及后世政府也有各种相应的赈灾和救济的措施，力度很大，惠及百姓的面也很广。

可以说，在杭州的城市管理中，处处都展示出人道主义精神，这在古代的城市中是相当少见的，也是领先于时代的，甚至在今天也具有一定的现实意义。

7. 生活环境：山川秀美，衣食丰足

杭州号称人间天堂，以山水美丽著称。在杭州的山水之美中，需要特别强调西湖对于杭州文化的意义。从唐代开始，西湖脱颖而出，日渐成为杭州风景的代表，影响越来越大。南宋时期，杭州作为首都，西湖风景区不仅是达官贵人们的憩息游宴之地，也为城市的经济、文化活动提供了广阔的地理空间，为这座当时全世界最大的城市提供了无限的生命力。元明清以后，杭州维系城市影响力的，在很大程度上仍依赖西湖的魅力。杭州的山水之美，尤其是西湖之美，成为杭州城市美誉度的关键点，西湖成了杭州的代名词，杭州和西湖是一对分不开的概念。

杭州因湖而名，以湖为魂。"天下西湖三十六，就中最好是杭州。"杭州三面云山、一水抱城的山光水色，"一湖、二塔、三岛、三堤"的湖景格局，以及西湖周围群山层次分明、山形行云流水、湖裹山中灵秀、山屏湖外端庄的山水格局，吸引了无数文人墨客和才子佳人。除了西湖景观本身综合了山水风情、文化底蕴之外，西湖与杭州城市密迩咫尺、呼吸相关，恐怕是一个极为重要的因素。

西湖的文化底蕴中突出的一点是雅俗共赏，这也是西湖美景深入人心、广为传颂的一个深层原因。西湖一方面有了白居易、苏东坡这样的大家背书，在雅文化中居有不可动摇的地位；另一方面又被广大杭州市民衷心喜爱，宋以后有关西湖的各种民间故事传说层出不穷，尤以白蛇传、梁山伯与祝英台（简称梁祝）的故事深入人心。可以说，西湖在俗文化中的地位也几乎无他者可及。

西湖自然景观和文化遗产的完美契合，也是西湖的一个特点。杭州的历史遗迹，有相当一部分分布在西湖周围和钱塘江两岸。历史遗迹与自然景观高度联结，形成了自然景观与文化景观高度融合、互相依存的独特面貌。杭州西湖文化景观，是被作为"关联性文化景观"类型列入世界遗产的。世界遗产委员会认为，"杭州西湖文化景观"是世界文化景观的一个杰出典范，它极为清晰地展现了中国景观的美学思想，对中国乃至世界的园林设计影响深远。

山川秀美，衣食丰足，加上历史形成的杭州人精耕细作、勤勉劳作的民风，以及交通便利、商业繁华的经济环境，引得历代文化精英、宗教名流、能工巧匠会集于此。在徜徉山水、融入美景的过程中，他们吟诗作画，怀古论今，建寺造塔，细琢精雕，为后人留下了无数文化瑰宝和历史遗痕。

8. 文化环境：中心城市，人文渊薮

杭州从隋唐开始，就有"东南名郡"之誉，吴越国一跃成为东南第一流的中心城市，此后长期保持国内一线城市地位，这自然为杭州的文化繁荣带来了一系列有利条件：一是杭州得以吸引全国各地名人名流，为文化繁荣注入了人才力量和创作动力；二是很多重大国策在杭州启动，为杭州的文化和艺术创作提供了丰富素材；三是中心城市的地位和水陆交通的便利，为杭州与国内城市交往和海外通商及西学东渐提供了条件，杭州成为江南文化的重镇和中西文化交流的集聚地,杭州人的眼光、胸怀和精神面貌,较早得到了丰富提升。杭州文化,除了传统的雅文化的发达之外,更突出的在于俗文化,或者市民文化的发达。

杭州城市人口众多,也自然就有了市民阶层,也产生了相应的市民文化。这在古代社会是一种新型的存在。首先从经济活动上看,与杭州人基本上都从事工商业及消费娱乐业相关。单就杭州的娱乐消费而言,其形式多样,内容丰富,每逢节庆,更是热闹非凡。城市生活区中那些堪称休闲娱乐的中心,存在着许多比较固定的表演场所,叫作"瓦子"或"瓦舍"。在这样的环境中,很多市民就依赖娱乐活动来谋生。姚旅在《露书》中认为"古有四民……今有二十四民",除士、农、工、商及兵、僧外,还有道家、医者、卜者、星命、相面、优人等十八民,职业分化,更是十分精细。

在如此繁荣多样的经济生活的前提下,所谓"消费主义"的观念成了市民的普遍价值观,崇奢之风流行于杭州的各个阶层。王士性描绘道:"杭俗儇巧繁华,恶拘检而乐游旷……即舆夫仆隶奔劳终日,夜则归市肴酒,夫妇团醉而后已,明日又别为计。"①正是这样的消费观念、消费行为,又反过来促进了城市经济的发展。如杭州的夜生活极显繁盛,夜市自宋代以来就一直颇为兴盛,规模也大,"灯火盈街,夜市如昼",堪称城市生活繁盛的重要体现。

总体而言,城乡经济活跃,流动人口较多,服务行业兴盛,生活方便,信息便捷,更有许多奢侈性消费场所,共同构建出一派繁华的生活景象。这些城市文化的风尚习俗,在古代人的记述中,往往带有批评的态度,视之为奢侈、浪费、腐朽等。但如果抛开政治因素,以今日的眼光看,这正是新型经济和都市型生活、市民文化的一种具体表现。实际上,有些见识高明的士人也提出了正面肯定意见。如王士性就针对杭州西湖休闲娱乐业指出:一个地方一旦发展为休闲胜地,那么"细民所藉为利,日不止千金",

---

① 王士性:《广志绎》卷四《江南诸省》,吕景琳点校,中华书局,1981年,第69页。

即使官方欲行禁革，那些渔者、舟者、戏者、市者、酤者等，都要失业，反而会引起社会的不安定。这些反对禁革娱乐业的思想，可以视为市民文化的一种现实呼声。

总之，环境影响社会，反过来也受到社会影响。杭州因优良的地理、自然、交通和生活环境，成为理想的居住地，即使遇到灾害和困难，也能较快恢复生机。这是杭州优秀传统文化得以形成和不断丰富的天然基础。但优越的生存、发展环境除了大自然的恩赐外，也得益于杭州先民们几千年来不断战胜灾害、战争带来的艰难困苦，坚韧不拔地为追求幸福生活长期奋斗和辛勤劳作。古代历史给杭州留下的鱼米之乡、丝绸之府、东南佛国、地上天宫等美名，无不浸透着历代杭州人的辛勤汗水、聪明才智和奋发有为品质，无不是古代杭州人勤勉努力、追求卓越的结果。这些构成杭州优秀传统文化重要组成部分的精神特质和行为方式，本书将在第十章中作专题分析。

第三章　杭州优秀传统文化的发展阶段

杭州优秀传统文化的背景，上一章已有横向、概括的分析提炼。这里有必要再从纵向视角，梳理出杭州传统文化的历史演变背景。有了对历史背景纵、横两方面的认知，杭州传统文化自身演变的四个历史发展阶段就呼之欲出了。

杭州传统文化的发展，和历史发展既密切相关，又有着自己内在发展节奏。为了更好地叙述，需要在上述杭州大的历史背景下，重新结合文化史的角度进行新的划分。根据杭州历史、文化发展的特点，可以将杭州文化史分为四个大的阶段：生长期、突破期、成熟期、稳定期。

一、生长期（史前—六朝）

所谓的"生长期"，一是生，二是长。

"生"，是指杭州的传统文化大量地是从这一阶段开始产生的。从无到有的产生，就有开创的含义。"长"，是指杭州的传统文化在这一阶段也有了长久的成长过程。这正好比是一个婴儿呱呱坠地之后，有漫长的儿童时期和少年时期。"生长期"是杭州历史的第一个发展阶段，后面三个阶段的杭州文化，大量的是继承自第一阶段。当然，这并不意味着后来的阶段没有创新，只是创新之中必然隐含着传承的内容。

不过，除此之外，还需要注意两个方面：

一是杭州的文化创造者具有多样性。杭州的文化传统，并不完全都是由"杭州人"原创的。实际上，从文化传播的视角看，大量的文化传统是在交流、传播过程中产生的。还有一个明显的事实是：这一历史阶段，杭州地区的人也出现了多次变化。创造跨湖桥文化、良渚文化、越文化的人，不一定就是同一个人群的延续；而秦汉时期，更有着大规模的国家移民，本土的越人大量北迁，而北来的中原人大量居于越地；到了永嘉南渡时，更是形成了北方人群大规模、成家族地南移，在文化上造成了很大的冲突与逐步融合现象。可以说，历史上的移民问题所带来的文化冲突与融合，是杭州文化的一个非常重要的底层背景。当然，杭州的精神特质之一是兼容并包，正是这一精神让杭州文化充满活力。

二是有些文化"不见"了。我们今天还无法了解和追溯很多文化的真正源头。越早期的历史阶段，留存的信息越少，自然会出现很多曾经繁荣的历史文化现象，我们不得而知或知之甚少。就以良渚文化为例，如果不是因为有了今天考古工作的成果，我们无法通过历史文献的记载来发现如此伟大而古老的文化。再比如越文化，虽然既有考古，也有文献，但我们依然知之不多，还处在艰难摸索阶段。需要指出的是，大量的文化"不见"了，并不是消失了，而是融入了传统文化的血液之中，潜藏在文化的集体无意识当中，只是有很多我们无法清晰地识别出来而已。

如果将这一层含义再引申一下，我们需要自我提醒：杭州优秀传统文化，不仅仅体现为那些雅文化、显文化，也蕴藏在那些俗文化、"缄默"的文化之中。很多文化传统，其实正潜藏在底层的、日常的生活风俗之中，是"日用而不自知"的文化传承。比如地名文化中，就有大量的文化遗存，往往不被人意识到。像"武林"这个词，最早出现在《汉书·地理志》中，指的是"武林山""武林水"。今天的杭州，"武林"不仅是杭州城中一条具体的路，而且还被用于命名"武林门"等地名，衍生出"武林门公交站""武林门地铁站""武林门码头"等日常名词。"武林"作为杭州的一个别称，也广为人知。

总之，生长期阶段的杭州文化，是杭州传统文化的源头。比如，浙江省博物馆的浙江历史文化基本陈列展，取名为"越地长歌"，以"越"来指代浙江，这个源头无疑就来自春秋时期的越国。正是这个源头，让浙江人认同了"越"。杭州博物馆则坐落在吴山上，也颇有巧合的意味。古代杭州位于钱塘江北，也常常被视为"吴"

地。这种地名，也暗含着一种文化追源的认同感。

"生长期"的第二个含义是"长"，是杭州文化不断成长。这一阶段，总体上来说，杭州文化还处于弱势。文化毕竟很大程度上取决于经济、政治的发展程度。从经济地理位置上看，从吴、越时期到秦汉时期，不要说杭州，几乎整个南方地区都处于边缘地区，再加上人口稀少，经济不够发达。在政治上，古代文献记载的"钱唐"，只是一个最基层的县级行政区，这一阶段在史上留名的"杭州人"屈指可数。

另外一个值得指出的特点是，初始阶段的"生长期"显得特别长。史前阶段且不论，可以分开。但哪怕就是从秦开始作为起点，从秦到隋，这就是八百多年的漫长时间。这不仅是四个阶段中最长的一个，也远超其他三个阶段的时间跨度。

在这一漫长的"生长期"中，也存在着不同的小阶段，文化面貌也有着很大的变化。特别是六朝时期，因为南方政权的首都设在了建康（今南京），所以杭州地区一下从政治边缘地区成了京畿之地。虽然钱唐依然只是一个县，但京畿的县比边缘的县，整个地位明显上升了，甚至本土人物也多在政治中崭露头角。南朝后期的朱异，深得皇帝信任，是所谓"寒人掌机要"政治的代表性人物。朱异就是标准的杭州人，他的故居就在后来的江涨桥边。六朝时期典籍记载的钱唐县令，远比隋唐时期的多。这说明，六朝时的钱唐县受到很大重视，其县令也前途很好，多有机会载入正史。南朝宋时的刘道真，因为曾任钱唐县令，还写过一本《钱唐记》，为我们留下了不少珍贵史料。

最后，之所以将这一阶段都划为"生长期"，也有内在的一致性。从秦到隋之前，杭州此地都只是县级政权的地位，是整个行政序列中最低的一级。与此同时，其经济和文化的发展也受到了较大的局限，显得还有点"弱"。当然，这个"弱"的背后，是一个生机勃勃的生命在不断酝酿和积蓄力量，在为接下来的一个阶段实现突破准备着条件。

以上是从城史发展的角度分析的，还可以从更多的文化层面来观察和分析"生长期"。

如果从景观文化角度看,这一阶段,钱塘江一线和灵隐山一带得到了很多关注,特别是六朝以来,山水文化得到重视,杭州地区的很多景观也进入了人们的视野,并留下了很多文学名篇。如东晋南朝时谢灵运等人的诗作,以及吴均"自富阳至桐庐,一百许里,奇山异水,天下独绝"的经典描述。还有不少山水也留下了著名的人物故事,如慧理与灵隐、谢灵运与翻经台、葛洪与葛岭等传说。这一时期的西湖虽然有记载,但还远没得到重视,正如明代文学家袁宏道所说"六朝以上人,不闻西湖好"。这一时期,也有一些自然景观在后来消失了,比如泛洋湖、临平湖、诏息湖等。特别是临平湖,在历史上曾留下了浓重的一笔。

从遗迹文化来说,这一阶段的史前文化可谓大放异彩,良渚文化遗址,特别是良渚古城的发现,实证了中华五千多年文明史,具有全国及世界性意义。秦汉六朝时期虽然也有不少遗存,但总体上数量偏少,也反映了这一阶段是文化的"生长期"特点。早期的历史遗迹主要分布在城北的半山(战国古墓群)和钱塘江南岸的萧山(茅湾里窑址、越王城遗址)等。秦汉六朝时期的遗迹也相对分散,有桐庐严子陵钓台、孝泉井,余杭洞霄宫遗迹,萧山孔湖窑址、上董越窑窑址、石盖窑址,临安昭明禅院、洗眼池,建德六合古井,等等。

艺术方面也有一些特点。良渚玉器的艺术水准是惊人的,类型丰富,制作精良,特别是良渚玉器上的神人兽面纹,雕刻精细,号称"神徽",使良渚玉器又成为神灵崇拜的主要载体,标志着高度一致的社会信仰,堪称艺术之宝、时代之光。但是其他的艺术门类都还较为欠缺。

六朝之前的"杭州文学"属于萌芽阶段,其标志就是缺少在全国有影响的文学家,但神话传说和民间故事较多,有些对中国文化发展产生了深远影响。如稻谷起源神话、蚕桑丝绸神话等,都具有鲜明的浙江地域色彩。六朝时期,文学较为繁荣,特别是谢灵运的山水诗对唐代乃至以后的山水诗影响都极为深远。

从工艺文化角度看，这一阶段也和艺术文化类似，有些特别突出，但总体上门类不多。比如萧山跨湖桥遗址出土的独木舟是迄今我国最早的水上交通工具，堪称"中华第一舟"，也是杭州先民们最早的木作成果。良渚玉器，按功用大体可分为两大类：玉礼器，如玉琮、玉璧、玉钺、冠状饰、三叉形器、玉璜、成组锥形器，以及玉织具、玉纺轮、玉镰刀等礼仪性用具；一般装饰品，如玉镯、玉串饰、动物形佩饰等。萧山茅湾里窑址的文物，反映了先民们的制陶技艺和精湛的工艺水平。

杭州本地籍名人的真正出现，要推在汉武帝元鼎六年（前111）统一东越的战争中，以楼船军卒投身战斗的辕终古（一作榬终古）。此后，东汉会稽郡议曹华信，筑塘使西湖与钱塘江分开，成为治理杭州的第一功臣。东汉末年孙坚、孙策和孙权父子三人，以及会稽王孙亮、景帝孙休、末帝孙皓，均是吴郡富春县人。由此，杭州地区也出现了一批名将和政治家，如余杭人凌操、凌统，钱唐人全柔、全琮、范平，富春人孙贲，等等。其中，范平还是浙江历史上最早的藏书家。两晋和南朝，杭州地区名人有所涌现，但总体上仍然不多。较为突出的，政治人物有朱异，文化名人则有增多的趋势，如东晋时钱唐杜子恭为著名道士。南朝时宋文帝曾将褚胤的围棋和钱唐杜道鞠的弹棋、范悦的诗、褚欣远的模书和徐道度的医术，并称为"天下五绝"，说："天下有五绝，而皆出钱唐。"此外，在这一时期，杭州还有许多外来的名人，如汉代名臣朱买臣、方储、方侪、方俨，隐士严光，炼丹术家魏伯阳，高僧慧理、佛图澄、竺法旷，道士葛玄、许迈、孙泰、孙恩、葛洪，文学家谢灵运，等等。

从思想文化层面看，这一阶段的杭州地区是原始宗教信仰较为浓厚的地区，有较长的巫政传统。因自然山水与佛道崇尚的修炼境域接近，所以后来许多著名道教、佛教人物率先进入，建立了较多寺观设施，社会影响不断扩大。东汉以后，佛道超越原始信仰，成为主要的宗教信仰。

二、突破期（隋唐—北宋）

"突破期"的含义，是指出现了"质的飞跃"，而且是多方面的质的飞跃。

一是政治地位获得了连续突破。隋朝废钱唐设杭州，是第一个突破；吴越国时期杭州成为吴越国首府、两浙路治，是第二个突破。第一个突破，使得杭州成为直属中央管辖的一级行政区，而不是隶属于吴郡的县。从此，杭州就有了下属的县，有一个面积较大的统辖范围。第二个突破，使杭州成了东南区域的一个中心城市。第二个突破对杭州来说更加重要，杭州从此长期稳定地成为一个区域中心城市，这一属性一直保持到今天。当然，杭州在南宋的时候成为首都，被今天列为中国七大古都之一。但一定意义上，杭州成为全国首都带有一定偶然性，而且时间不算太长；所谓的"全国"也只有半壁江山。而杭州作为区域中心城市，则是历史之必然，牢不可破。

二是经济发展的突破，从一个农业小县成了一个人口众多、工商业繁荣的新型大城市，而且在全国居于前茅。之前的钱唐县，由于地理空间的局限，农业生产水平不高，人口也较少。但由于交通地理的优势，在"突破期"获得了一个新的增长方向，即工商业的大力发展，以至于在唐代即有了"开肆三万室"的繁荣。到了北宋，杭州的城市经济水平已经领先于全国，甚至超过首都开封。可以说，在农业经济主导的时代，杭州成了城市新经济的领先者。

三是杭州的美誉度大增，从默默无闻的小县变成了"东南名郡"，再变成了"东南第一州"。唐代李华写的《杭州刺史厅壁记》中，将杭州称为"东南名郡"；到了北宋，仁宗皇帝钦赐诗中有了"地有湖山美，东南第一州"的赞叹，而欧阳修还特地为杭州写下《有美堂记》，为杭州的"东南第一州"背书。事实上，"上有天堂，下有苏杭"这句谚语，就是这一阶段日渐形成的。"上有天堂，下有苏杭"一语，反映的内涵其实是"上有天堂，下有江南"。

谚语萌芽于唐，形成于宋。江南有代表性的城市很多，之所以单推"苏杭"，实则因为苏、杭乃是以江南为腹地的两大区域中心城市，是江南城市的最佳代表。

四是杭州实打实地成了全国文化重地。这首先要归功于白居易、苏轼两位古代地方官。他们不仅对西湖、对杭州作出了治理改造的巨大贡献，更重要的是通过声情并茂的诗文，让西湖成为中国文学的主角之一、中国美学的重要标杆，成为中国文化的永恒经典。成为文化重地的另一个标志，是从北宋开始，杭州一直是全国刻书中心。虽然刻书量不是最大的，但公认质量最佳，甚至国子监的刻书都要委托杭州来完成。

五是杭州成为一个人才辈出的地方，仅举两位——毕昇和沈括，两人都是北宋时的杭州人（毕昇没有很确切的史料）。隋以前，杭州名人多来自外地。到了北宋时，杭州不仅本地名人大增，而且分量也很重，有很多全国级别的名人了。

杭州在这一阶段能获得突破性发展，是有大背景的，即从唐到北宋，正是中国经济重心南移完成的时期。唐朝时，黄河流域与长江流域都达到了一个发展新高度，可以说是"南北齐飞"。但到了唐后期，由于北方藩镇驻扎重兵，中央财政全面依赖于南方，即所谓的"东南八道"，其中江南又是重中之重。五代十国时期，南方人口第一次超过了北方。而到了北宋，南方的经济优势进一步扩大和巩固，优势地位正式确立。所以这一阶段杭州的发展，除了自身的努力之外，也享受到经济重心转移的便利，以至于在较短的时间内连续出现了突破性发展。

当然，有了江南整体发展的背景，并不必然引出杭州"躺赢"的结果。与杭州可以对比的另外一座城市越州（今浙江绍兴），历史基础更加雄厚，长期是越地的中心区域城市，但在唐宋时期却相对滞后了，以至于两浙地区呈现出"杭越易位"的现象。在那个历史转换时期，杭州抓住了发展的机遇，完成了突破，实现了超越。

从城史发展的角度看，这一阶段杭州政治、经济、文化地位都实现了质的飞跃，而且奠定了后来发展的基础——杭州的基本地位是一座区域中心城市，一直保持到今天。

从景观文化方面看，这一阶段大放异彩的自然是西湖。一方面，西湖被历代一大批地方官尽心加以保护，同时也充分发挥了西湖的水利功能；另一方面，西湖景观的塑造也基本完成，特别是白居易、苏轼的颂扬，使西湖的审美价值获得充分肯定。西湖作为中国风景的一种典范，受到上自帝王贵胄、下到贩夫仆妇的由衷喜爱，他们莫不以西湖为自己眼中的风景之最。除此之外，景观文化的人文底蕴更加丰富，特别是吴越国时期"东南佛国"之称，就体现了这种繁荣面貌。

从遗迹文化来看，这一阶段出现了一个高峰期——吴越国时期。吴越国统治虽然时间不算长，却留下了至今依然令人瞩目的大量遗存，在全国都有重要地位，可以说是五代十国时期不可忽视的文物重地，墓葬遗迹如钱氏家族墓等，水利工程遗迹如钱塘第一井、吴越钱氏捍海塘等。特别是吴越国号称"东南佛国"，有许多佛教遗迹，如六和塔、保俶塔、雷峰塔、白塔等四塔（前三塔都有过重修，但起点都是吴越国），及梵天寺经幢等。唐代和北宋也有一些重要遗迹，如唐代有相国井、龙兴寺经幢等，北宋有苏堤、六一泉等。

杭州文学真正崭露头角并具有全国性影响，是在这一阶段的隋唐时代。特别是以白居易为代表的诗人们对西湖、对杭州的颂扬诗词，标志着杭州西湖文学成为具有鲜明特色的文学样式，进入中国文学的历史。本土诗人方干、罗隐等，也以各自富有特色的诗作，丰富了杭州文学的宝库。而北宋的苏轼在杭州期间的创作经历，对扩大杭州文学在江南文学乃至中国文学的影响，起到至关重要的作用。柳永的《望海潮》既开拓了宋词的题材领域，也丰富了它的美学风貌和艺术表现手法，对后世影响极大。隐居孤山而善于咏梅的林逋，则开启了一个以书写梅花表现文人恬淡隐逸处世态度的传统，对后世文人影响极大。

吴越国时期，杭州寺院林立，佛塔遍布，梵音不绝于耳。这个时期"投龙祈雨",在风俗史上有着十分重要的分量。尤其要提到的是"钱王射潮"的壮举,这是一个流传千古的传说,历来让杭州人引以为自豪。据文献记载,钱镠还十分喜欢唱当地民歌,一次回家乡探亲,和家乡父老同唱当地民歌,留下千古佳话。

从工艺文化角度看,吴越国所建雷峰塔塔砖之内的《一切如来心秘密全身舍利宝箧印陀罗尼经》,是难得的存世经卷实物。其纸墨俱佳,刻印精良,达到了较高的工艺水平。北宋开始,更是在杭州开辟了我国刻书史上的第一个辉煌时代。浙江手工业发达,商业兴盛,又盛产纸张,具备发展雕版印刷业的有利条件。北宋国子监除了遍刻儒家经典以外,还大量校刻史书、子书、医书、算书、类书、诗文总集等。这些监本大都在杭州雕版。王国维《五代两宋监本考》载,宋代监本有182种,其中大半为杭州刻印。宋代杭州的雕版印刷已达到成熟和完美的程度,朝廷和地方官府等刻书,被称为"官刻"。富阳泗洲宋代造纸作坊遗址的再现,印证了杭州富阳造纸的悠久历史。富阳泗洲宋代造纸遗址,是我国现已发现的年代最早、规模最大、工艺流程最全、拥有先进造纸工艺的古代造纸遗址,再现了"宋代造纸厂"的风采,是对中国古代四大发明之一造纸术的一个重要实证,具有重大的历史文化和科研价值。

钱镠在乱世中坚持"保境安民"的国策,兴修水利,治河筑堤,发展生产,对两浙地区的老百姓来说,自然是一大善政。此后,两浙地区又平稳地过渡到宋朝。上面政权安定有序,下面民众就可以休养生息,这时候的衣食住行与商贸娱乐变得丰富多彩起来。北宋苏轼曾在《表忠观碑》中评说:"其民(指吴越百姓)至于老死不识兵革,四时嬉游歌鼓之声相闻,至于今不废,其有德于斯民甚厚。"杭州人在这个时期的生活相对安康和顺。

隋唐时期,随着杭州经济的发展,本地籍人才开始兴起。主要名人集中在政治和文化两个领域。总的来说,隋唐时期杭州本地籍人才还比较少,名人更少,且在全国的地位普遍不高。在近三千名唐代诗人中,杭州本地籍的知名诗人只有数名。外来的名人扮演了主要的角色。从城市建设来说，杨素、李泌、白居易等都是外地人；从杭州"东南佛国"的建设来说，外来的宗教人物扮演了主角，如径山寺开山祖师道钦、韬光寺开山者韬光、虎跑寺开山者寰中等。此外，外来名人还有"茶圣"陆羽、画家萧悦等。

到了吴越国时期，本地籍名人明显增加，地位上升，杭州出现了几位全国性有影响的人物。如在政治上，有钱镠及其后继者钱元瓘、钱佐、钱倧、钱俶；吴越国重臣杜建徽、水丘昭券和名将吴公约。文化名人有罗隐、延寿、文益等。外地名人有皮光业、贯休、喻皓、赞宁、德韶等。

北宋，杭州出现了毕昇、沈括等影响力跨越国界的人物。至于全国性的人物则更多，名臣有钱惟演、唐肃、李用和、唐询、沈遘、沈辽、虞策、沈括、强渊明、唐恪，余杭盛度，富阳谢绛、谢景初、谢景温，睦州建德江公望，等等。

从思想文化角度看，到唐宋之际，杭州已成为全国性佛教中心和道教南宗中心。宗教思想文化的繁盛发展，儒学思想和科举、教育意识逐渐强化，形成了以山水诗为代表的新的审美文化传统，经济方面的效益和市场意识开始萌发。它们相互作用，不仅很大程度使地域思想文化发展水平逐渐赶超中原，而且创造了一些比中原更先进的思想文化成果，如商品经济和思想文化世俗化意识，为此后杭州的发展奠定了社会基础。

三、成熟期（南宋—元）

杭州的南宋和元代，两个时期都很辉煌，但时间都不算太长，合起来也就二百多年。在四个阶段分期中是最短的；但其城市地位，乃至政治、经济、文化地位，都是最高的，因此命名这个阶段为"成熟期"。

"成熟期"的第一个含义就是高峰期。高峰期是指南宋时期，杭州是全国首都，是全国政治、经济、文化的中心；元朝时，杭州虽然政治上只是行省的省会，在政治地位上已不及南宋时期，但从经济、文化的地位看，元代的杭州是可以和南宋媲美的。首先，元代江浙行省的地位非常重要，人口、赋税在全国都占据了大部分，杭州依然称得上是全国级别的中心城市。其次，从全球贸易网的地位看，元代的杭州在海上丝绸之路的核心地位更为凸显。此外，元代的杭州不仅是南方文化的中心，也是南北文化、民族文化甚至中外文化融合的一个中心所在。从这个意义上说，元代的杭州在文化的某些方面，还胜南宋杭州一筹。

"成熟期"的第二个含义，是这一阶段的文化对后世杭州文化有着巨大而持续的影响。从宏大一点视角看，南宋是中国特色文化的真正成熟期，学者刘子健在《中国转向内在》一书中认为，中国文化在南宋时转向了"内在"，从而基本规范之后，中国古典文化的基调再也没有质的变化。从杭州本身文化看，南宋时期的杭州市井文化非常繁荣，形成了本地特有的"风俗"，或者说"价值观"，直接对元明清的杭州城市文化带来深刻影响。从"临安三志"及《西湖老人繁胜录》《梦粱录》《武林旧事》等典籍中，无不可以看到南宋杭州城市的繁荣和市民文化的勃勃生机。谢和耐的汉学名著《蒙元入侵前夜的中国日常生活》，与其说勾勒了南宋的中国，不如说是描绘了一幅南宋杭州的全景图。

在此还要作一个说明：为什么要把南宋和元代放在一起？在杭州历史分期的一般论著中，往往会将南宋和元代分为两个不同的历史阶段，比如将南宋与北宋放一起，作为"两宋"的阶段论述；而元代则多与明清一起，构成"元明清"的历史阶段。但对于杭州而言，南宋时这里成为首都的特殊性，对城市经济、文化和社会带来的影响，是其他时代都无法比拟的。把南宋和元代分开分析当然可以，也容易被人接受；但从南宋和元代时期杭州经济文化的发展情况看，将这两个朝代合为杭州传统文化发展的高峰期，更符合地域的实际情况。

首先，这两个时期的杭州在全国的地位都很高，可以说都是国家级中心城市，而不仅仅是区域中心城市。南宋临安府是行在，是首都，自然不用说；而元代的杭州虽已经不是首都，但仍是江浙行省的省会①，而元代的江浙行省范围极大，几乎占据了整个东南地区，包括今天的江浙闽大部。更重要的是，江浙行省的人口、经济占据全国的比重，均达到五分之四左右，其重要性远超别的行省区域。从这一角度而言，元代的杭州虽非一国之都，但仍然是江南军政重镇，是元朝名副其实的南方统治中心；在繁荣程度上，也不逊色于北方的大都（今北京）。从另一角度来看，南宋时的疆域限于半壁江山，临安府也只能算是"南方中国"的首都；而元代的杭州虽然只是江浙行省的治所，但由于江浙行省的重要性，也可堪称是"一半江山"，特别是在经济文化方面。所以，南宋和元代的杭州，都堪称"南方中心"，在这个意义上，两者是可以齐高并肩的。

其次，元代的杭州全面继承了南宋的临安。蒙古人在征服天下的过程中，征战必然伴随着残酷的杀戮，四川、湖广等地曾经受到重创。但在攻克南宋临安时，忽必烈特别授命伯颜不要开杀戒，临安城在南宋君臣投降后，没有遭到屠城之害。因此，元代杭州大体保持住了南宋以来的繁荣局面。甚至由于京杭大运河的截直贯通，随着元朝作为世界帝国的建立，杭州反而成为范围更广大的世界性网络的重要节点，相比南宋时代，也有了新的发展机遇。

另外，关于这种继承性在思想文化上的体现，可以借用日本学者池田静夫的说法："南宋之后，继承它的元是蒙古人所建立的，他们将大都即北京城定为都城。不过元统治者并不能真正受到汉

---

① 元灭南宋后，于1276年在原淮南东路路治扬州设江淮行省，统辖原南宋统治核心区域两淮（淮南东路、淮南西路）、两浙（两浙东路、两浙西路）及江南东路之地。八年后的至元二十一年（1284），江淮行省徙治杭州并改称江浙行省，1286年又迁省会于扬州，复称江淮行省，很快于1289年最终定省会于杭州，次年定名为江浙等处行中书省，简称江浙行省。1291年，江浙行省长江以北部分（原淮东、西两路）划归河南江北行省，长江以南部分仍称江浙行省，到1299年福建行省撤销，其地也改属江浙行省，此后江浙行省省域较为稳定。总之，元朝历时九十八年，除去最初未设行省的几年，此后江浙行省区域有十一年称"江淮行省"，省会在扬州外，其余绝大部分时间称"江浙行省"，省会设在杭州。这些历史变迁过程，反映了杭州当时的地位和影响力，正如当年南宋选址先择绍兴而最终定都杭州一样。

人的敬服,在当时汉人的心目中,都城依旧是杭州。那些不满元朝政治的一群文化人集中在他们心中的都城杭州,以此地为中心展开了一场很大的文化运动,而这些起源于杭州的文化就逐渐向四方流传。后来,那些与杭州文化关系密切的文化人逐渐分散到各地,成为地方文化的母胎。这些文化不断地相互排斥又相互影响,最终形成近世的中国文化。"

最后,南宋和元代,对杭州城市发展而言,都有一定程度的偶然性。当年宋高宗赵构定都杭州,自然是最佳选择,但是半壁江山本身的政治形势,又使杭州成为首都具有很大的偶然性。实际上,中国历史上定都于此的朝代,南宋以后,再无来者;如果和南京相比,就更明显了。南京早就是六朝金陵帝都,后来十国时期做过南唐国首都,到了明代再次成为帝都,回响不绝。元代时蒙古统治者带来的异族色彩和世界色彩,在进入明代后被大量清除,其继承性并不强。而南宋、元代的杭州相比别的时代,有着较强的特殊性,单独合成一个历史时期,有其合理性。

再从具体的文化层面来看,比如从景观文化来看,南宋西湖出现了"西湖十景",成为题名文化的最佳典范。大量的园林建设,也进一步增强了西湖及杭州景观的丰富性。佛道及民间信仰的异常繁荣,也造就了大量的宗教人文景观,如吴山上密集排列着众多庙宇,蔚为大观。

作为中国古都之一,杭州南宋时期历史遗迹集中程度之高、多样性之丰富,在七大古都之中首屈一指。历年的考古发掘,如太庙、御街等,曾多次名列全国十大考古新发现之列,充分说明作为首都的遗址,其分量与众不同。值得一提的是,以《乾道临安志》《淳祐临安志》《咸淳临安志》为代表的"临安三志"中,已经记载了相当丰富的杭州古地名。元代,有了很多少数民族和宗教特色的珍贵遗存,飞来峰上密宗摩崖造像、宝成寺麻曷葛剌造像、凤凰寺等都非常有特色。

南宋时,与杭州有关的词人蔚为大观。朱淑真、陆游、陈亮、吴文英、周密等均为大家。其中,杭州本土词人周邦彦在文学领域占有一席之地。特别值得注意的是，随着南宋定都杭州，话本的创作和传播进入黄金时期。而进入元代后，杭州的文学也更加往戏剧、散曲和小说等方向发展，可以说是与南宋的趋势相衔接了。元杂剧的很多代表性作家，如关汉卿、白朴、马致远、郑光祖等，都到过杭州并有作品问世。元后期，杭州是全国杂剧的中心所在。

南宋时，艺术文化方面突出点也很多，比如杭州绘画达到中国古典艺术史的高峰。南宋一代的书画，为后世的中国文人画兴起界定了画风逸趣与隶家[①]身份两个特征。"南宋四家"是其代表。元代的杭州，吸引了中国最杰出的书画家在此地切磋互动，而且文人、书画家与僧人、道士的来往非常频繁，留下了无数佳话，赵孟頫、黄公望等都是翘楚。

南宋官窑，特指宋室南渡之后，官府在南宋都城临安专设的为皇室宫廷烧造的瓷窑，具体地说，就是修内司窑和郊坛下窑。其釉色晶莹剔透，有冰裂纹，粉青紫口铁足。官窑与宋代汝窑、哥窑、钧窑、定窑合称中国五大名窑。南宋临安是当时最大的工商业都市，是工商业行会（手工业行会）聚集地。宋代手工业行会、商会组织，被称为"行"或者"团"，如"花团""青果团"等。据记载，当时临安的作坊有碾玉作、钻卷作等23种之多。元代的杭州丝绸业也非常发达，一个重要特点是官营织造空前发达，其数量和规模远在宋、金之上。

南宋城市的发展、经济的繁荣，对民众日常生活势必产生很大影响。众所周知的"杭州话"，也就诞生在这个特殊时期。杭州话，一般指杭州四城门之内居民使用的一种官话。由于大量北方人口定居杭州，这里的许多生活习惯以及语言习惯，逐渐出现北方化的趋势。节日风俗，许多地方都受北宋京城开封的影响。仔细对照记述开封风俗的《东京梦华录》和记述杭州风俗的《梦粱录》二书，便可以发现这种影响无处不在。有学者指出，南宋临安的许多岁时节日里，都可以发现昔日开封的影子。

---

① 隶家，即外行，此指非职业画家。

南宋虽然定都在了杭州，然而本地籍名人仍然以文化名人为主。其中以绘画最为突出，著名画家有刘松年、夏圭、马和之、林椿、李嵩、史显祖、陈清波等。其他文化名人方面，文学家有女词人朱淑真，思想家有张九成，科学家有宋元四大数学家之一的杨辉，名医有嵇清、李立之、罗知悌等，书商兼藏书家有陈起、陈思，诗人兼藏书家有洪咨夔，学者有钱时等。这一时期的杭州名人，由于南宋杭州吸引人才的有利条件，外地籍名人依然占据大多数。

元代杭州的本地文学家，在文学史上留下了重要篇章，其中前期集中在诗词，后期集中在杂剧。杭州外来的书画家有赵孟頫、黄公望、王蒙、张雨、王冕等。他们的艺术活动为中国绘画增添了极其辉煌的篇章。

在思想文化方面，这一阶段也非常突出。以市场化和市民化为特征的"近世化"进程，给杭州带来了思想文化的全面繁荣。其突出表现在思想文化的世俗化，宋学的多样性发展，科举的全面推行与官学私学的全面繁荣，典籍思想观的形成与思想文化的公共表达和传播，科学技术思想的系统化，商工经济和商农经济观的形成，等等。南宋建都临安，进入临安的有北方各种地域思想文化，更有南方大量入都的人口带来多种南方思想文化。多种思想文化聚化为集成性的新文化，不仅集汉、唐、宋思想文化之大成，而且对整个中国古代思想文化也具有总结性意义。另外，由于元代多民族汇聚杭州及今杭州市域，西域商业思想也带来了较强的影响。

四、稳定期（明清）

"稳定期"是指在明清五百四十余年时期内，杭州文化的面貌变化不是很大，相对稳定。当然，这个稳定也暗含着杭州的文化分量和地位，不及之前一个高峰阶段。这是不难理解的。

第一个方面是政治地位上，作为浙江省省会的杭州，依然保持着区域中心地位，但失去了全国级别的中心地位。即便是在江南地区的中心城市地位，特别是在经济和文化两方面，也受到了苏州的挑战，略有不及。当然，这主要不是杭州城市本身的问题，而是与城市辐射的腹地差异有很大关系。

第二个方面，"稳定"不意味着黯淡无光。事实上，从各个角度来看，杭州文化都有繁荣的一面，从雅文化（书院、藏书、人才、科举等）和俗文化（小说戏曲、市民风俗等）两个方面看，都达到了很高的水准。不仅横向比较，杭州居于全国的前列，就从纵向比较来说，杭州也有较大发展。我们今天论及杭州古代文化，明清时期的内容其实占据了很大部分。这里当然有着时代靠近的优势，但也正因为时代靠近今天，明清的杭州文化，对于今天杭州文化传承而言，才有着非常直接的重要影响。其实，我们在讨论杭州传统文化的时候，多是以明清时期的杭州文化为对象的。仅以人物来论，明清时期的杭州名人，就要远超其他各个时代的总和。除了因年代近而保留更多的资料外，更明显的是，杭州本土成了真正的文化中心城市，本土成了文化深厚的土壤，培养出成批的高水平文化人才。

第三个方面，虽然以"稳定期"概括了本历史时段，但这个阶段也是有不少新变动的。一是明末天主教传入后，杭州成为接受天主教及近代科技文化的重要基地；二是在清末民初这段时间，杭州也跨入了近代时期，出现了各个方面的近代化进程。这是更加全面而深刻的社会和文化变革。作为省会城市，同时又居于沿海地区，杭州吸收外来文化本来也是较早和相对便利的。因此，杭州虽然没有出现如上海这样的巨变，但也是整个中国迈向近代社会的前沿城市。

补充说明一点，从时间跨度来说，应该还包括清亡之后的一小段时间，即1911—1919年。若从性质来说，可以将1840年之后的近代开端设为起点，以1919年为终点，划为第五个阶段。实际上这一阶段的文化内涵和巨大变革，都是非常值得提示和关注的。只是因为本书"传统文化"主题的限定，为了更简明而将明清整体划为最后一个阶段，将民国初年的一小段也纳入了这一阶段中。

从城史发展角度看，这一阶段，杭州的省会地位稳定不变，其辐射范围——浙江省的范围也一直稳定不变；城市发展规模也相当稳定，城墙一直没有变动；在经济方面，工商业持续繁荣，尤其是丝织业成了支柱性产业；浙江省文化中心的地位也越发巩固。

从景观文化看，西湖得到持续的清理和整治发展，特别是康熙和乾隆来到杭州，在欣赏西湖之余，还将西湖景观移植到北方的皇家园林中，扩大了西湖在全国的影响。运河的发展也很明显，北关夜市是明清市井繁荣的标志性景观。以西湖香市（或称天竺香市）为代表的佛教旅游，也形成了一大特色。

明清时期的遗迹，从数量的角度来看，占据了现存遗迹的多数，内容也很丰富，有代表性的多集中在建筑和古墓方面，如新叶村乡土建筑、杭州海塘、狮城水下古城、芹川王氏宗祠、胡庆余堂、文澜阁、郭庄、杭州天主教堂、于谦墓、张煌言墓、卫匡国墓等等。从遗址的空间布局上来看，相对比较分散。值得一提的是，虽然明清时期的遗迹数量最多，但在意涵发掘和知名度等方面，都还有很多工作要做。

辞章文化方面，这一阶段称得上十分繁荣，作者众多。就诗歌创作而言，明代诗坛许多著名诗人都在杭州留下了诗篇，如王世贞、李攀龙、袁宏道、谭元春等。杭州的诗歌创作，明清时期依然保持繁荣势头，而晚清的仁和人龚自珍，是这一阶段杭州文学最杰出的代表人物。清代杭州还出现了一位极富才华的女性作家陈端生，让杭州文学有了可与其他地域女性作家相提并论的底气。明代后期是西湖游记的繁荣期，标志是出现了田汝成的《西湖游览志》《西湖游览志余》等。明末张岱长期生活在杭州，写下了《陶庵梦忆》《西湖梦寻》等名作。宋元时期集中出现的西湖小说，到了明末清初又迎来了一次创作高峰。戏曲方面的创作，明代以高濂的《玉簪记》为代表，清代以洪昇的《长生殿》为代表。钱塘人袁枚的诗歌理论阐述，主要体现在《小仓山房文集》和《随园诗话》中，久居杭州的李渔的戏曲理论著作是《闲情偶寄》，他们在中国文学理论上都占有重要地位。

艺术文化方面，戴进的作品在明代中期被大众认为是经典艺术，成为明代前期画坛主流，画史称作"浙派"。另一代表人物蓝瑛，被视作"武林派"首领。董邦达、董诰父子，成为乾嘉朝词臣画家翘楚，是清代中期颇有影响的文人画大家。

明清的市井文化很发达，小说、戏曲等通俗文学盛行。这一阶段，杭州雕版印刷业迎来第二个高峰时期。清代杭州官营丝织业非常发达，处于全国领先地位，江南三所织造局分别设在江宁（今江苏南京）、苏州、杭州，主要功能是供应宫廷、内务府、各部所用的丝织用品，皆属钦办要件，地位重要，责任重大。

杭州的风俗一方面继承了前人早已形成的一系列传统，另一方面也总是因时因地因事不断有所变革，有所演进。衣食住行游购娱，都已经形成了相对稳定的方式。

明清时期，杭州是全国出进士人数最多的城市：明代有进士477人，其中状元2人；清代有进士892人，其中状元5人。这一阶段，杭州本地籍的政治名人不断涌现，名臣有于谦、夏时正、商辂等。书画篆刻艺术的名人在全国占有重要地位。著名学者也很多，如毛奇龄、梁诗正、朱彭、卢文弨、丁谦等。科学家有火器专家戴梓、水利学家陈潢、地理学家赵一清、医学家王士雄、数学家方克猷等。藏书家和出版家，有吴焯、鲍廷博（祖籍安徽黟县）、丁丙、劳格、朱学勤、汪康年等。此外，工艺名匠和商人也有很多涌现，如张小泉、王星斋、胡雪岩等。同时，外地名人移宦或寓居于杭州的也很多，如徐渭、陈洪绶、张岱、李渔、魏源、林启、俞樾、秋瑾、吴昌硕、苏曼殊，甚至外国人卫匡国，等等。

从思想文化角度看，明清时期杭州继续推进近世化，最突出的是商工经济和商农经济意识进一步强化。随着明代中期大航海时代的到来，西方人开始大规模进入东方，中西方展开了大规模直接贸易。这种贸易基本呈现为"东洋往市、南洋互市、西洋来市"的局面，杭州成为当时中国经济和思想最为开放的地区之一，思想文化更高程度实现国际化。元代以后，政治中心北移，杭州不再具有融会广域文化的最强优势，但因位处东南沿海且承继着南宋的传统，仍然能较多地吸收外来文化，不仅积累丰厚，而且保有多元开放性格。明末以后更是引进西学，较早系统地接触了现代政治、经济、文化、科学、教育等思想理念和相关方法论，推动其在对外开放中开启现代化历程。除经济思想外，在教育普及理念强化、学术思想发展、科学技术进化、生态思想文化坚持、慈善思想文化提升等方面，不仅延续了宋代的优势，而且有许多新的创设，对杭州的现代化产生巨大影响。

  杭州文化的四个大分期，只是各种分期的一种选择。其实，文化分期和历史背景分期，在大的节点上是重合的。这说明文化的发展深受社会历史发展阶段的影响，这种影响甚至是决定性的。同时，如果用四大分期去套每个具体的文化发展历程，互相不"配套"的情况也是常见的。对于某个具体的文化类型，它本身存在着内在的发展逻辑。外因通过内因起作用时，往往会出现时间的迟滞，使得不同视角的分期和分析，节点其实会有不同。

  进而言之，不是所有的具体的文化内涵都适合用阶段分期的方式来分析，因为文化并不都是线性发展的。尽管大部分历史的发展确实有着一个从低到高、从简单到复杂的发展过程，但也有一些文化内涵，特别是有些与社会生活深度相关的文化内涵，因为不同时代衣食住行、欣赏品味之间的差异，并不都能用"高低"之别来衡量。只有这样，当我们进入具体分析领域时，才可能更准确地把握住传统文化的深刻价值。

第四章　杭州优秀传统文化的基本分类

　　杭州传统文化经过了几千年的历史积累，内容极其丰富，涉及的人物、事件和物体十分繁杂。了解它的基本分类和主要特点，有助于总体把握历史现象，深入思考文化表征，进而对传统文化形成一个主要形态上的完整认识。

　　就像"文化"这个概念很难定论一样，由于涉及不同视角、不同偏爱、不同需要、不同地域等因素，文化的分类也见仁见智，无法定于一尊。但分类又是对林林总总、难以尽数的文化现象作出梳理，以利读者提纲挈领必须做的事情。本书把杭州优秀传统文化的内容作了十个方面的分类，并予以适当分析说明。

一、城史文化

　　杭州的城史文化，包括杭州历史发展脉络和沿革、重大断代建城史、重大历史事件和人物、杭州历史上在国内外的地位和影响、城市发展给后人生活质量的影响等。

　　所谓的城史，是指城市历史（主要是古代杭州城，也稍涉及古代严州城等）。关于城市史的内容是非常丰富的，起码包括地位、空间、结构、居民、管理制度、城市精神等要素。

　　从最宏观的视角来看，某城市在全国的地位变迁，首先是体现在政治、行政上的地位，其次是经济方面的地位，再则就是军事、交通方面的地位，当然还有文化方面的地位，等等。总之，以上这些因素的综合，就构成了该城市的地位。

　　再从空间范围来说，首先是整座城市城址变迁，有时候幅度还很大。杭州城址就有多次变迁和调整。其次是城墙的修建和变化等。事实上，要用"都市圈"的概念来理解城市的空间。城市是一个复杂的系统，更像是一个有机体，与周围环境构成呼吸吐纳的生态关系。

从城市的物理载体来看，首先是街道、坊巷、水系、桥梁、城门等，构成了城市结构的框架和肌理。其次是各种建筑，大到宫城、皇城，再到各种官方衙门设施，如县衙、府治、仓库乃至军营等，还有属于公共空间的如寺观祠庙、各种商铺瓦子等，最后也是最大量的，自然要属官员宅第和民居等，占据着城市主要空间。另外，还有河流、湖泊、井泉、山体等自然体，制约着城市的发展变化。想起杭州，就会想到西湖，我们无法想象一个没有了西湖的杭州。

最不能忽略的，当然还有城居的人，以及相应的管理制度。首先是每个个体，杭州历史上曾经涌现过很多杰出人士，包括本地籍的，也有很多是外来的为官者和寓居者，他们都成了杭州城史密不可分的一部分。其次，从群体的角度来看，可以分为不同的阶层、职业、来源等。他们是杭州城市的真正主人，也是杭州城史的灵魂。再如果从城市管理的角度来看，也有多个层面。如杭州城市既有府、县这种传统管理模式，也逐步出现了厢坊、录事司这种新型的、更具城市化特点的管理方式。此外，还有街道管理、消防、救济、慈善等各种社会事务，也都构成了城市管理的细节，需要加以关注。

最后，不能不提的就是城市精神。城市精神也可以分为两个方面：一是指杭州的传统文化，可以称之为"城市价值观"，如"西湖三杰"代表的忠义精神，如所谓"杭铁头""杭儿风"等市民文化；二是指城市的文化性格，比如杭州城经常被视为江南文化的代表之一，呈现出江南文化的审美特征，"美"成了杭州的一个意象。

二、景观文化

杭州的景观文化，包括杭州著名文化景点、山水景观中的历史内涵、人文积淀、美学价值及其对于中国文化、杭州人生产生活的影响等。

风景又被分为多种类型：那些以自然景观为主的，被细分为自然保护区、湿地、地质公园、森林公园等等；那些以风貌环境、人文历史、乡土风情和民俗生活为主的，被定义为历史文化名城、名镇、名村。至于风景名胜，实际上是指那些既有自然风景，又有人文历史积淀，而人文历史积淀又相对比较丰富和重要的地方。但即便是历史文化名城、名镇、名村，其评价标准也离不开环境和自然因素。所以，自然是全部风景最基本、最重要的因素。

杭州是一座山水名城，集山、海、江、河、湖于一身，历来以风景秀丽著称于世。作为当代中国最著名的风景旅游城市之一，杭州拥有国家级风景名胜区2处、国家级自然保护区2处、国家级湿地公园1处、国家级森林公园9处。多次被国际和国内权威机构评为最佳旅游目的地，是一座宜游、宜居、宜学、宜创业的城市。

在空间上，杭州风景可以分为三大系列的景观，即天目山山体景观系列、钱塘山水景观系列和新安富春山水景观系列。天目山山体景观以山地景观和动植物为主，钱塘山水景观则主要是指有山峦配合的潟湖、湿地类型，新安富春山水景观是以新安江、富春江为代表的江流峡谷类型。三者在景观上有很大的差异，却都是杭州最有代表性、最富特色的景观类型。

具体来说，天目山山体景观是指杭州市域范围内天目山系列的风景，主要是临安及周边地区的天目山山脉，均以山地景观为主。这一景观系列主要包括东西天目山、清凉峰、大涤山、径山、功臣山及太庙山等。

钱塘山水景观主要是指杭州城区及近郊的风景，主要指老余杭县城以东，钱塘江下游（周浦、袁浦以下）两岸的景观，大致分布于杭州老城区中心及附近区域。这一景观系列包括西湖、西溪、运河塘栖、皋亭山、萧山湘湖、钱塘江潮涌等。

新安富春山水景观系列，主要指的是从建德县城经过梅城到富阳的钱塘江中游这一段的山水风景，其主要特征是江流型景观。这一景观系列包括新安江段、梅城段、七里泷段、桐君山段、富阳城区段等。

三、遗迹文化

杭州的遗迹文化，包括杭州各个时期的古文化遗址、古墓葬、古建筑、古海塘、石窟寺和石刻、壁画古迹等遗迹的由来、修建、沿革与兴废的历史，以及这些遗迹的历史价值、科学价值和艺术价值等。

历史遗迹是指人类活动的遗迹、遗物，通常还包括遗址，既属于历史文物范畴，也是文物学研究的对象。历史遗迹是一个民族和国家历史的记录，反映了历史各个时代的政治、经济、文化、科技、建筑、艺术、风俗等特点和水平，具有重大的历史价值、艺术价值和科学价值。联合国教科文组织第17届会议通过的《保护世界文化和自然遗产公约》将"不可移动文物"分为三类：古迹、建筑群、遗址。从历史遗迹的性质、内涵、功能等综合考虑，按照《中华人民共和国文物保护法》的分类原则，划分为古遗址、古建筑、古墓葬、石窟寺及石刻、近现代重要史迹及代表建筑和其他六类。

杭州的历史遗迹众多，经过第三次全国文物普查，全市共调查发现不可移动文物2.04万处，其中按标准规范登录1.11万处，一般登记9065处。[①] 杭州的遗迹文化水平也很高，已有世界遗产3处、国家级历史文化名镇1处、中国历史文化名村3处、国家级和省级考古遗址公园各1处。历史文化街区（地段）26处。全国重点文物保护单位39处（群）[②]、省级101处（群）、市县级487处，文物保护点316处。另外，还有历史建筑1600余处，也是十分有价值的历史遗迹。

杭州有代表性的遗迹数量众多、价值突出。其中，古遗址类有浙江最早的"建德人"发现地建德乌龟洞、见证浙江八千年文

---

① 杭州市人民政府地方志办公室：《杭州年鉴（2013）》，方志出版社，2013年，第349页。
② 至2019年10月第八批全国重点文物保护单位被公布，杭州已拥有48处全国重点文物保护单位。

化史的跨湖桥遗址,而良渚遗址更被誉为"实证中华五千多年文明史的圣地"。南宋临安城考古成果相当丰硕,多次入选"全国十大考古新发现"。西湖、大运河与捍海塘遗址等也备受瞩目。

古建筑中涵盖了从五代至清代的各个朝代。现存的木构建筑,除少量明代建筑外,基本以清代建筑为主。在类别上,杭州现存的古建筑包括民居建筑、商业会馆建筑、宗教建筑等,同时囊括以古村落、古桥、古井、古塔、古海塘、古城门、古码头等为代表的功能性建筑。

古墓葬中则有良渚反山墓地和瑶山墓地,半山石塘古墓群,以钱镠墓为代表的钱氏家族墓,还有数量众多的从宋元到明清历代名人墓葬,如林和靖墓、岳飞墓等。

石窟寺及石刻方面,种类齐全,数量可观,分布广泛。其大致可分为石刻造像、摩崖题刻、名碑碣石三类。其中,又以石刻造像最具代表性,以飞来峰、烟霞洞、天龙寺、宝石山、慈云岭等为中心构成了杭州西湖特有的石刻景观。

四、辞章文化

杭州的辞章文化,是指在长期历史演进过程中,在杭州特有政治经济文化及外来文化等多重因素影响下产生发展的诸多文学现象、文学活动(包括文学创作、文学评论及理论、风格流派、文学社团等)和一系列文学衍生品的总称,包括杭州历代诗词、楹联、散曲、散文、小说等各类体裁文学名篇的艺术魅力和历史价值,以及作者的思想感情、审美情趣和社会影响等。

杭州辞章文化的分类,除了具体的文学载体之外,还包括文学现象、文学活动等无形的内容。这种视角丰富了辞章文化的内涵。从自身发展演变看,辞章文化大致可划分为五个阶段,即六朝及六朝之前时期、唐代及吴越国时期、宋元时期、明清时期和近代时期;从作者分类,则可分为杭州本籍人士和寓杭人士(后者又可分为长期和短期之别);从主题上分,在以杭州为主题的大范围内,还有一些带有杭州本地特色的主题分类文学,如西湖文学、西溪文学、钱塘江文学、运河文学等。

当然,最主流的分类法还是通过体裁进行分类,其具体考量如下:首先,在纳入"杭州文学"论述范围内的作品中,诗词占有最大数量,而在所有诗词创作中,以"西湖"或"杭州"为题材的大大超过其他题材,且水平高、影响大。其次,在游记、散文和小说、戏曲剧本之外,把神话及民间传说单独分类,是因为杭州文学发展史上这方面的成果很丰硕,且有在中国文学史上产生深远影响的作品。最后,杭州文学发展史上产生很多有影响的文学理论及理论大师,自然应给予重视并单独分类。基于以上的考虑,综合历代杭州文学的特色、实际发展状况以及文学风格类型等因素,辞章文化大致可分为如下几大类:

一是诗词。又可根据内容不同而具体划分为三类:山水题材诗词,以"西湖""西溪"诗词为主,代表作家白居易、苏轼、柳永等;爱国主义、民族主义题材诗词,代表作家岳飞、陆游、于谦等;隐逸、休闲题材诗词,代表作家林和靖、袁枚等。

二是游记、散文。代表作如张岱的《湖心亭看雪》、袁宏道的《西湖》等。

三是话本及白话小说。宋代及之后为繁荣期,代表作如《西湖二集》、《西湖佳话》、弹词小说《再生缘》等。

四是戏曲剧本、散曲。代表作家关汉卿、王实甫、白朴等及洪昇等本土作家。

五是神话、民间传说。如白蛇传传说、梁祝传说、西湖传说、济公传说等。

六是文学理论。代表人物有袁枚、李渔、龚自珍、章太炎等。

七是笔记。代表作有《都城纪胜》《西湖老人繁胜录》《梦粱录》《武林旧事》《西湖游览志》等。

五、艺术文化

杭州的艺术文化,包括杭州历史上各个时期书法、绘画、篆刻、音乐、戏曲等艺术大家的主要作品,及其艺术风格、美学特点、历史价值和对后世的影响等。

艺术文化的内容非常博杂，根据杭州艺术文化的发展历程和特色，大致可分为：

一是雕刻与纹饰艺术，细分为跨湖桥文化契刻、良渚文化玉器与纹饰、陶瓷纹饰（杭州主要有印纹硬陶与原始青瓷、青瓷与黑釉瓷等类型，特别是越窑秘色瓷器）、其他时代玉器纹饰、丝织品纹饰（特别是杭绣）等。

二是书画篆刻艺术，细分为南宋之前的杭州书画（有全国影响的书画家有褚遂良、孙过庭、贺知章、萧悦等，五代贯休的佛教罗汉题材）、南宋书法、南宋绘画（"南宋四大家"是南宋画院的画家代表）、元代绘画（赵孟頫、鲜于枢、虞集、黄公望、王蒙等代表人物会聚杭州）、明清绘画（明代绘画中的浙派、武林派都源自杭州，清代金农被公推为扬州画派的领袖）、清末民初绘画（任伯年跻身海派四大家中最著名的人物画家，杭州国立艺术院的设立拉开了中国近代高等美术教育的序幕）、印学（杭州西泠印社成为中国书法篆刻艺术的一块丰碑）。

三是戏曲和曲艺艺术，细分为唐宋歌舞、南宋南戏、元代杂剧（杭州成为大都之后元杂剧作家新的大本营）、明清戏曲、民间曲艺（大体分为散说类、叙唱类、滑稽类。散说类以杭州评话为代表，叙唱类包括杭州评词、杭州摊簧、武林调、绍兴莲花落，滑稽类包括独角戏、杭州小热昏）[①]。

四是音乐艺术，细分为浙派古琴（一是指南宋以来，以郭沔为代表的古琴流派；二是指民国以来，以徐元白为代表的古琴流派）、南宋宫廷音乐与词曲演唱、古代民间音乐（南宋时，杭州的娱乐场所"瓦子"非常繁荣，音乐类技艺有叫声、唱令曲小词、叫果子、鼓板等等）、江南丝竹（杭州是浙江江南丝竹音乐的主要流行地之一）。

五是杂技魔术艺术。南宋杭州，魔术（幻术）形成了"手法、

---

① 摊簧，一作"滩簧"；独角戏，一作"独脚戏"，又称"滑稽"。

撮弄、藏撇"三大体系，并出现了魔术行业的团体——云机社。杂技一类表演艺术称为"百戏踢弄家"。

六是石窟造像与佛塔经幢艺术，细分为五代及宋元石窟（吴越国的有烟霞洞造像、慈云岭造像等，飞来峰一带是宋元造像最密集处）、佛塔经幢（除在灵隐、净慈等建塔外，还有保俶塔、六和塔、雷峰塔和闸口白塔；此外，还有龙兴寺经幢、梵天寺经幢、灵隐寺双石幢等）。

七是古典园林与建筑艺术，细分为南宋宫殿与园林（皇宫后苑与德寿宫园囿最为工致，还有玉津园等十多个著名御苑）、"西湖十景"与西湖园林（"西湖十景"是中国原创的景观设计"题名景观"中最著名的艺术作品）、寺观建筑（可分为城市型寺观、山林型寺观、综合型寺观）。

八是古代书籍刊刻艺术，细分为书籍刊刻艺术（可分为宋代官刻、家刻、坊刻等类，达到了空前繁荣的程度）、明清武林版画艺术（武林版画是明代以杭州为中心的风格近似的版画插图的统称，是浙江乃至中国木刻画艺术的一块瑰宝）。

六、工艺文化

杭州的工艺文化，包括从良渚玉器到杭绣、官窑瓷器、剪伞扇、鸡血石等杭州历代工艺风物和地方特产的历史发展、技艺流程、作品赏析，其所承载的精神价值和艺术魅力，以及对杭州人精致、典雅生活的积极影响等。

工艺美术产生于生活，最初是人类因生存需要而制作的用具，以实用性为主要功能，在各个历史时期，推动着人类社会的进步；后随着人们对生活品质的追求，也逐渐产生了祈福、审美的功能。杭州工艺美术盛于南宋，周密在《武林旧事》卷六《小经纪》中记载，当时临安有177种职业，其中很多是以手工业为特征的职业。明清以后，杭州的工艺美术朝着分工更细、门类更多、涉及面更广的趋势发展。随着社会的变化、生活习俗的更替，一些传统的手工艺在社会的变迁、生活方式的改变、激烈的市场竞争中，逐步被新的更为时尚的手工艺所替代。

杭州工艺美术的内容也十分丰富，按质地和工艺大致可分为：

一是木雕，特别是建筑构件中的木雕。跨湖桥遗址出土的独木舟，是杭州最早的木雕制品。东晋时期佛教兴起，为杭州木雕开辟了广阔的题材。

二是玉石雕刻，细分为玉雕（以良渚玉器为代表，又以玉琮为突出特色）、石雕（包括石窟造像、印石雕刻，石窟造像以飞来峰造像为代表；杭州还盛产印石，如昌化鸡血石、田黄石和萧山红石均是杭州特有的石材，兼具工艺和收藏的功能）。

三是陶瓷，如良渚黑陶（黑陶是良渚文化的代表之一）、萧山印纹硬陶和原始瓷（茅湾里窑址代表了中国东南沿海独有的陶文化现象）、南宋官窑青瓷（南宋官窑青瓷集宋代美学于一体，成为中国瓷器的典范）、天目瓷。

四是造纸和雕版印刷，如富阳纸（富阳泗洲宋代造纸作坊遗址是有力实证）、由拳纸（余杭由拳山旁由拳村所出的藤纸，成为贡品）、杭州雕版（以刻工精良而著称，古籍收藏的最佳版本之一）。

五是竹编，如竹制灯笼、杭州竹篮，具有鲜明的地域风格。

六是织绣，如杭州丝织（杭罗与江苏的云锦、苏缎被并称为中国的"东南三宝"）、杭绣、萧山花边、八都麻绣（淳安的八都麻绣具有较强的地域特色）。

七是手工艺品中的老字号，如张小泉剪刀、边福茂鞋庄、邵芝岩笔庄、孔凤春香粉店、信源银楼、王星记扇子、朱府铜艺等。这些都是杭州各行各业的佼佼者，有些甚至成为杭城手工艺行业的代名词，也是具有全国知名度的老字号。

八是其他民间手工艺，如泥孩儿（宋代民间十分流行泥孩儿玩具，以至于形成了产业）、面塑（又称"粉捏"，类似于泥孩儿）、杭州灯彩（元宵节时的各种灯品，技艺高超）、天竺筷（取杭州天竺山一带的实心大叶箬竹制成，质地良好，绘有图案，是杭州的名产）。

七、起居文化

杭州的起居文化，包括古代杭州人在饮食、居所、家具、服饰、出行、游赏、娱乐、购物、养生等方面的历史源流、区域特色和美学价值，以及古代杭州人的生活态度、生活方式和生活品质等。

起居文化与人们的日常生活最为密切，凡是生老病死、衣食住行等行为规范和文化都是起居文化。一般认为，上述范畴里的文化现象又是民俗的主要组成部分。在此，我们把这些内容大致分成饮食生活、服饰生活、民居生活、集市商贸生活、游览生活、娱乐生活等六个部分，即衣、食、住、市、游、娱六个方面。

一是服饰。杭州丝织业发达，织锦、丝绵闻名，相关产业如西湖绸伞、杭绣、杭州机绣、萧山花边、八都麻绣、蓝印花布、萧山过江布等，都颇具地方特色。

二是饮食，又可以分为饮、食两部分。杭帮菜融合南北风味，享誉全国，小吃丰富多样；饮品中，酒以严东关致中和五加皮尤为闻名，茶因龙井而使得杭州有了"茶都"之美称，径山茶宴也入选国家级非遗名录，茶馆文化是市井文化的重要组成部分。

三是民居。古镇古村中保留了众多古代建筑，而水乡特色的建筑风格也很鲜明。古建筑中，除了部分成为文物保护单位（点）外，还有大量的历史建筑被保留，有助于留下杭州的城市旧风貌。

四是集市商贸。杭州历来工商业发达，至今老字号颇多。宋代以御街为商业中心，明清时期的"北关夜市""西湖香市"等颇负盛名。

五是游览。杭州自古就是风景名胜之地，除了西湖、钱塘江、灵隐等地闻名遐迩，还有运河、西溪，以及西湖周围的吴山、宝石山、北高峰、午潮山，杭城北面的皋亭山，以及临安的天目山、桐庐的桐君山，等等。

六是娱乐。音乐方面有古琴、丝竹、楼塔细十番等；舞蹈方面有余杭滚灯和淳安竹马等；戏曲中，本地戏有淳安三角戏和杭剧等；曲艺更是有杭州评话、杭州评词、杭州小热昏、武林调、杭州摊簧、独角戏六项进入非遗名录。传统体育、游艺与杂技又是一大门类，包括萧山翻九楼、五常十八般武艺两项进入非遗名录，南拳、船拳、拳灯也都极其精彩。游戏类中，诸如斗蟋蟀、斗鸡、放风筝、荡秋千、跳绳、踢毽子、捉迷藏、捉龙头、打陀螺、滚铁环、造房子、挑花线、拉大锯等。

八、风俗文化

杭州的风俗文化，包括杭州特有的方言风格、神话传说、民间故事、歌谣谚语、岁时节日、礼仪风尚、家风家训，以及古代杭州人丰富多彩的民间生活内容等。

风俗是人民大众共同创造，又得到社会一致认同，在人民大众中世代相传的行为方式、心理意识和语言现象。风俗又是非物质文化遗产的重要组成部分。它主要是用口耳相传、心意相授的方式世代承袭下来，可以不通过文字的记载和阅读，却依旧在各自的人群中广为流播。

通常把民间的风俗习惯即民俗，又分成物质生产民俗、物质生活民俗、社会组织民俗、岁时节日民俗、人生仪礼、民俗信仰、民间科学技术、民间口头文学、民间语言、民间艺术、民间游戏娱乐等类别。杭州的传统风俗分类，根据其特色，集中在其狭义的定义内，大致可分三部分：

一是民风习俗，如生产商贸风俗（特别是江南特色的水稻种植和蚕桑丝绸方面的风俗）、岁时节日风俗（除了普遍性岁时节日，还有一些杭州特有的地方风俗，如八月十五观潮、中秋斗香，以及地方性庙会等）、社会组织风俗（包括家庭与家族、村落与社会、民间结社和交际仪礼等内容，特别是各地的家风家训，行业和会馆也很活跃，还有特殊职业如船民的特有风俗）、人生礼仪（包括诞生、成年、婚姻、寿诞、丧葬等仪礼）、民俗信仰（也称为民间信仰，由民众自发形成的一整套神灵崇拜观念、行为习惯和相应的仪式制度，如西湖香市等）。

二是民间文学，如神话传说（如白蛇传传说、梁祝传说、西湖传说、钱王传说、苏东坡传说已被公布为国家级非物质文化遗产）、民间故事（指神话传说以外的那些富有幻想色彩或现实性较强的口头故事，也包括民间寓言和民间笑话在内，一般都有类型化特点）、歌谣与叙事诗（指民间口耳相传的、可以歌唱或吟诵的韵文体作品，历来也成为民众日常生活的一部分；宝卷也是一种集教化、信仰、娱乐于一体的特殊民间文学样式）、谚语谜语及其他（谚语、谜语，以及各种俗语、熟语、歇后语、行话，也属于民众口头创作的韵文体作品，其中杭州灯谜已被公布为浙江省级非物质文化遗产）。

三是方言。杭州话，习惯上专指杭州市区、古代十城门以内地区的人们所普遍使用的方言，具有"方言岛"的特点。各地方言虽然都同属吴语区，但也存有差异，因而可以细分为余杭话、萧山话、富阳话、桐庐话、建德话、淳安话、临安话等，各不相同。

九、名人文化

杭州的名人文化，包括历代名人（杭州籍或对杭州有影响的非杭州籍名人）在杭州的经历、风采、成就、历史地位及其对杭州产生的积极影响等。

我们将"杭州名人"界定为：一是在中国历史上某一领域有突出贡献或非凡成就，对中国政治、经济、文化和社会发展产生过一定影响的杭州人；二是对杭州历史与文化产生过重要影响或给后人留下深刻影响的杭州人或非杭州人。由此引出的"杭州的名人文化"，则可界定为：杭州历史上在某一领域有所建树、产生过广泛影响、具有代表性的人物所创造的物质财富和精神财富，包括他们的思想、经历、风采和成就等，他们丰富了杭州的历史与文化，是杭州传统文化的重要组成部分。

历史人物的分类，在学术界历来存在着不同的方法，可以通过三个角度进行多方位分类：

一是历史贡献或地区影响分类法。从贡献的角度分类，特别适合本书主题。缺点是分类难免会有重合之处，也有部分人物不容易纳入其中一项；更重要的是，完全排除了"反面"人物。比如秦桧，从影响和某些成就看可以成为杭州名人，但因为历史上声名狼藉，就很难在立功、立德、立言这个角度将他纳入；贾似道对杭州城市建设也有贡献，但因被列为奸臣，只能舍去。

如果按贡献级别，可以分为：有世界影响的人物，如毕昇、沈括；有全国影响的人物，如孙权、杨素、褚遂良、李泌、白居易、钱镠、贯休、苏轼、赵构、岳飞、黄公望、于谦、龚自珍、袁枚、厉鹗、丁敬、林启等（以《辞海》《中国大百科全书》等权威性工具书收录的人物为参照）；有区域影响的人物，如华信、田汝成、杨孟瑛、丁丙、惠兴等。

二是身份分类法。古代传记往往就以身份分类。其又可分为两大类型：一种是从职业角度看，如循吏、儒林、文苑等；一种是从道德角度或其体现的社会价值方面看，分为普遍认可的好人和坏人。好人中又可分为忠臣、孝友、义行等，坏人则可分为酷吏、奸臣、叛臣等。现代分类多接近于职业分类，也是继承了这种分类原则。如分为政治名人、文学名人、艺术名人、宗教名人等，或政治家、军事家和民族英雄、思想家、文学家、艺术家、科学家、教育家、企业家、宗教人士等。这种分类法的优点是便于今人较好地理解该名人的价值。

三是籍贯分类法。其可分为两类：一是杭州人；二是非杭州人。杭州人又可分为两种情况：一种是祖居杭州的；另一种是长久寓居杭州的，他虽为外地籍，但因久居杭州，也就被视为"杭州人"。非杭州人也可分为两种：一是来杭州为官的；二是来杭州经商、旅游、考科举的等等。这些都属于暂居杭州的人，他们自己也不会认同为杭州人；但他们中有些人会在杭州留下很深的印记，作出巨大贡献，如白居易、苏轼等。

十、思想文化

杭州的思想文化，包括杭州历史上的哲学家（含宗教人士）、教育家、医学家、艺术家、科学家、军事家、外交家、工商巨擘等各界名流的思想渊源、精神价值、历史贡献、代表人物和对后世的影响等。

历史上杭州及今杭州市域因对外交流频繁，广泛吸收外来因素，思想文化发展特别具有多面性和丰富性，有的地域性特征也具有普遍的价值意义。结合杭州本地的思想文化特色，从内容方面可划分为十类：

一是儒家思想。宋学的核心人物都在这里活动过，尤其是南宋大儒大多到过临安，对浙学和整个中国的学术思想发展影响巨大。

二是宗教思想。杭州是原始宗教信仰较为浓厚的地区，有较长的巫政传统。东汉以后，佛道超越原始信仰，成为主要的宗教信仰。唐宋之际，杭州形成全国性的佛教中心和道教南宗中心。宋元及以后，有大批穆斯林生活在杭州，有重要的伊斯兰教寺庙凤凰寺。明清之际，杭州成为天主教、基督教中心之一。

三是史学思想。杭州史学名家众多，成就斐然，南宋"临安三志"是中国方志的典范。明清之际，许多史学家继续专注于史学研究而贡献巨大。

四是教育思想。隋唐以后，杭州更加重视教育，官学私学并举意识一直很强，科举与教育互生互动。晚清民国，杭州兴起教育改革风潮，率先创办新式学校。

五是典籍思想。宋代以后，杭州典籍文化兴盛，典籍出版和传播繁荣，公共图书意识萌发，至晚清率先发展现代意义上的公共图书馆。

六是科学技术思想。宋代孕育出沈括这样的综合性科学技术人物，明末以来还在西学影响下较早进行了学术范式改造，晚清李善兰等继之掀起中国第二次引进西方科学技术理论的高潮。

七是生态思想。杭州的城市建设和社会治理实践，具有十分显著的生态思想特征，即与自然山水接应、城市园林化、经济生态化。

八是美学思想。杭州及今杭州市域是山水文学的萌发地，促成了中国山水审美意象的形成。宋代的文化世俗化则造就了市民文化和市民社会，实现了中国古典诗学的性理转换和内在审美主体构建，为中国美学思想现代化创造了条件。

九是经济思想。杭州是中国古代市场经济思想自觉最早，且市场经济发展最充分的地区之一。宋代以商用理念为导向，推动了手工业体系化资本化发展、农业商品化与多种经营意识强化、商农商工经济与商业文化自觉、新兴商人群体的地缘崛起与开行商风气等。

十是慈善思想。宋代发展荒政，并建立社会保障常制，有了比较系统的慈善思想和慈善理论。晚清时更是出现中国历史上最大的慈善组织——杭州善举联合体和一代慈善家丁丙，构成慈善思想文化发展的高峰。

这样的分类，自然并不能涵盖杭州文化的全部内容，肯定会有所遗漏，比如思想文化里面的科技思想、生态思想和教育思想等，也完全可以单列出来。此外，这样分类叙述，本身还会有重叠交叉部分，比如辞章文化、艺术文化、工艺文化都离不开名人文化，城史文化必然与城市的文学、艺术、景观、遗迹文化等相伴而生，等等。但从文无定法、类是人分的意义上看，从以往分类有待解决或太笼统或太具体两个极端的需求上说，这样的分类可以起到覆盖传统内容、突出内容重点、兼顾繁简大小、易于读者把握的作用。无论怎么分类，所有的分类都是人为的和主观的，只是某个视角的认识方法。所有类别的文化，根本都来自文化本身，而每一种文化本身，其实是一个整体的、有机的、生生不息的生命体，因此，时刻保持一个动态的、整体的观察视角，是面对任何一种分类时都要注意的。

第五章 杭州优秀传统文化的主要特色

杭州优秀传统文化的特色，蕴藏在杭州文化传统之中。所谓"特色"，是指与众不同的风格、形式和韵味等。杭州传统文化中有特色的内容较多，本书分别从民俗文化特色、艺术文化特色、思想文化特色三个方面进行叙述分析。

一、杭州传统文化中的民俗文化特色

杭州的民俗文化，是历代杭州民间生活风俗的统称，是古代杭州集居的民众所创造、共享、传承的生活习惯所呈现出来的风貌，是古代杭州普通民众（相对于官方及艺术名流而言）在生产生活中形成的一系列非物质的、日常的、约定俗成的生活习惯和感情特征。

杭州的民俗文化，和全国各地的民俗文化有很多相仿的地方，但也有其强烈的个性特色。一方水土养育一方人，杭州民众的文化性格离不开环境的影响：杭州地处钱塘江的出海口，钱江潮大气磅礴，令人叹为观止，同时它又引发了无数次重大灾难，激发杭州人在自强不息中与之抗争；杭州的山水秀美，尤以西湖最为引人入胜，这样的秀美风光浸润，同样融入日常生活的方方面面，融入杭州人的行为举止和生活习惯中。

杭州的民俗文化，还受到物质生产方式的深刻影响。水稻生产和蚕桑丝织生产，是杭州百姓长期赖以生存的两种主要的生产方式，种桑养蚕、缫丝织绸所形成的这样一种独特的生产方式，千百年来潜移默化熏陶着这里的每一个人，在他们身上留下不可磨灭的印记。加上杭州历代移民、地少人多、对外交往频繁等因素，对于塑造养成杭州人的人文性格，也起到了重要的作用。

1. 十分注重感情色彩

杭州的百姓不但热爱身边的每一个人,还热爱与自己休戚相关的动物、植物。杭州的百姓时刻记着要报恩,要感谢大自然,感谢神灵,感谢祖先,当然更要感谢身边的每一个人。杭州的农民世代养蚕,蚕是很容易生病的,古称"忧虫"。但杭州的蚕农总是像看护婴儿一般地去看护蚕,把养蚕的女子,不管已婚未婚都叫作蚕娘,把蚕叫作蚕宝宝,把养蚕叫作看蚕,就是在告诫她们要像母亲看护婴儿那样去养蚕。旧时杭州城里许多人家里用井水,过年有封井的习俗。人们以为,水井用了一年,它也很辛苦。过年前用红纸条纵横交叉贴在井栏上,不许从井中打水,让它休息休息。开年再祭祀一番,然后方可开井用水。这样的慈悲心是值得尊敬的。西湖古称"放生池",西湖一带的放生风俗由来已久,有人以为"放生"贵在慈悲心。许多动物报恩故事所表达的主题,也都是人类与动物之间这样一种极其深厚的朴素感情。

2. 充满象征的诗情画意

杭州人过年,旧时有供隔年饭、揪隔年火、扫隔年地的风俗,传达的就是一种象征的意境,令人回味无穷。所谓"隔年火",是用铜脚炉煨上用炭做成的"欢喜团",用来保存火种。过年时让它能延续到新的一年,称为"欢喜过年"。新年里需要火种,要从这隔年的铜脚炉里去取。穷人家不用铜脚炉,也会在灶膛里煨几个树墩头,用来保存火种,也称隔年火。这里有"薪尽火传,绵绵无绝"的美好寓意。隔年饭是在除夕夜,家家要留一些剩饭到第二年吃,有钱人家留下的饭还会好好装饰一番,供奉在祖宗神像前面。这是一种"年年有余"的象征。扫隔年地也一样,旧时人家除夕夜把地扫干净,年初一是不许扫地的。有的人家过年还会将两支红皮甘蔗包上红绿纸,用来祭祀门神;祭毕,把大门关上,又用写有"封门大吉"四字的红纸交叉着贴在门上;再用那两支甘蔗撑住自家大门,直到年初一天亮才开门,人称"甘蔗封门",其中蕴含的诗情画意和美好愿望不言而喻。

至于在那些脍炙人口的传说故事里,总是要用象征的手法去叙述情节。梁祝传说中的"化蝶",白蛇传传说中的人蛇恋情,千百年来令无数人陶醉,更是达到了艺术创造的巅峰。

3. 讲究生活的闲情逸致

杭州历史上有"销金锅儿"的谚语,喻花费钱财多的地方。换一个视角,杭州地处江南水乡,物质条件优越,确也激发了人们的玩乐情趣,并且相沿成习,成为一种市井风俗。同样是端午节的龙舟竞渡,别地往往以激越争先的竞渡为特色,有专家指出其中有竞送瘟神的深意。然而杭州的龙舟风俗与众不同。清代范祖述《杭俗遗风》记载,那时西湖里的龙舟很大,有上下两层,船头有龙头太子和秋千架,秋千可以推移,这是一种当年盛行的女子跳水表演。船上陈列各种兵器,插满旗帜和彩伞,中舱下层坐了很多演奏的人。这种龙舟很豪华,却不是用来竞渡的。又说围着这艘大船的四周,有许多小龙舟鱼贯而行。届时,大船上会抛出鸭子和铜钱到水里,于是众多小龙舟上的水手们纷纷下水去抢。鸭子要游走,铜钱会沉入湖底淤泥之中,要抢到手都是很难的。谁抢到了,重重有赏。这是一种与别处迥然不同的节日风貌。不得不说,那时候的杭州人真会玩。

在今天的杭州郊区,蒋村、五常一带的端午节龙舟竞渡依旧十分兴盛。究其风格,似乎与清代西湖里的龙舟游乐有相似之处。这一带的河道弯弯曲曲,也不够开阔,无法展开我们常见的那种竞渡,不过人们却可以尽情嬉水。有的龙船上插满了旗帜,有的龙船前方的龙头还会不断地吐出水来,煞是有趣。蒋村和五常的龙舟胜会,都已被公布为国家级非物质文化遗产,探究其风俗个性,不在竞速,而在玩乐。

4. 亲近自然,天人合一

古代杭州人生活在优越的自然环境中,亲近山水,喜爱品赏。这里"三面云山一面城",西湖山水的完美结合为世界所罕见;又有钱塘潮这一天下奇观,令人震撼,流连忘返;还有和西湖、西泠并称"三西"的西溪美景,自然景观幽雅,人文积淀深厚;还有那远看如行云流水、近观满目葱茏的各种山脉,和江、河、湖、海、溪山水相连，使得杭州气候适宜居住，物产富庶丰饶，世代杭州人充分享用着大自然的恩赐，秉承"天人合一"的思想，为自己营造着精致和谐的日常生活，在"衣食住行游购娱"等各个方面，都呈现出与大自然和谐相处的特点。

5. 追求精致，讲究品位

历史上的杭州文风炽盛，人才辈出，人文传统儒雅而卓越，同时不断吸引着各地的优秀人才来这里生活。久而久之，这里的人们以精致典雅为其生活的追求目标，凡事讲求品位，讲求建得精美，做得精细，吃得惬意，穿得得体，住得舒适，玩得尽兴。各行各业也盛行其道，无论做餐饮、做服饰、做工艺、建住宅、经营游览项目还是传承游艺技能，事无巨细，总是力求精益求精，做得精美精细、精致高雅，自己出手惬意，他人享受满意。这样的风格，在丝绸、茶叶、瓷器、餐饮、园林、建筑、雕刻等领域里，都有同样表现。这其中，折射出先辈们兢兢业业、追求在美好劳作中沉淀的一种精神。

6. 知足常乐，幸福感强

古代社会，毕竟有很多不尽如人意的地方，历史上的天灾人祸总有出现，防不胜防。然而，古代杭州人习惯于面对现实，大多能做到知足常乐，在客观环境许可的范围里，在努力劳作、克服困难中寻找快乐。一般认为，所谓的"幸福感"，除了客观现实之外，更多地取决于主观的生活态度，是指人们基于自身的满足感与安全感而产生的一系列主观的愉悦状态。吴自牧《梦粱录》记述南宋杭城的中秋："虽陋巷贫窭之人，解衣市酒，勉强迎欢，不肯虚度。此夜天街卖买，直至五鼓，玩月游人，婆娑于市，至晓不绝。盖金吾不禁故也。"这里就提到了当年这里的穷人又是怎样过中秋的。腊月迎新当然就更是如此了。明代王士性在《广志绎》中写道："杭俗儇巧繁华，恶拘检而乐游旷……即舆夫仆隶奔劳终日，夜则归市肴酒，夫妻团醉而后已，明日又别为计。"昔日杭州底层民众这种苦中作乐、知足常乐的心态，哪怕处于逆境，依旧能够乐观面对的性格，很大程度上支撑了杭州历代普通民众积极生活。

7. 特有的钱塘江"潮文化"

钱塘江的大潮自古闻名，是世界奇观。这一奇观，对于杭州民众的风俗文化，也有着独特的塑造功能。杭州与钱塘潮相关的，首先是修筑海塘防潮，随之而来的还有相应的潮神文化。

其次则是观潮活动。古代诗人们就留下了大量观潮的诗文，同时观潮也是杭州市民的一项民俗活动。特别是古代杭州"八月十八观潮"的民俗，有着"数百里士女，共观舟人渔子溯涛触浪"的盛况。甚至官方也参与组织活动，成为杭城盛事，也是一个特殊的节日活动。

再次还有非常具有杭州特色的斗潮文化，俗称"弄潮"。弄潮，其实是杭州历史上颇具特色的一种竞技风俗，大概起于唐，盛于宋，明清渐衰。一般认为，这种风俗的肇始与当时人们祭祀伍子胥的信仰有关。人们以为伍子胥是潮神，每年八月十八大潮汛时要祭祀他，巫师要迎着潮头去迎接，逐渐形成一定的仪式。不过到了宋代，弄潮则已经衍变为当众表演的一种竞技了。宋代的《梦粱录》《武林旧事》《淳祐临安志》《咸淳临安志》和明代的《西湖游览志》等文献里，都有相关记载。弄潮儿在汹涌澎湃的钱塘潮头做踏浪表演，使得凡是见到过这种表演的人都为之陶醉，为之鼓舞，成为一种独特的节日风俗。近现代，这一带滨海乡间仍有"抢潮头鱼"绝技在传承，与昔日的弄潮儿有着某种渊源关系。

北宋词人潘阆有《酒泉子》传世，词云："长忆观潮，满郭人争江上望。来疑沧海尽成空，万面鼓声中。　弄潮儿向涛头立，手把红旗旗不湿。别来几向梦中看，梦觉尚心寒。"歌咏的正是这样一种弄潮儿精神和盛况。历代文人对这样一种精神的颂扬不绝于世，弄潮儿精神也成为一种杭州精神，激励着后人乘风破浪，奋勇向前。

8. 较早的商业经济自觉

宋代兴起重商主义，南宋更是从国家重商主义转向社会重商主义，重视工商业和金融货币创造出的利益，造就了早期商品经济市场。杭州是南宋时市场开放度最高的地区，所以经济发展逐渐达到全国最高水平。元明清几代，全国市场化趋势逆转，但杭州还在稳步发展。可以说，杭州发达的商农经济和商工经济意识，创造了早期商品经济市场。

反过来，杭州浓厚的商工经济文化氛围，也推动了经济顺势向现代经济转换。宋代的商农经济和商工经济，已有了现代市场经济的一些因素。城市手工业不断突破原有的市场边界呈爆发式发展，农村市场、城市市场和跨地区市场联系密切，杭州的这种倾向更加明显。元明清时期遇到巨大阻扼，但在商农经济和商工经济思想文化推动下，晚明和晚清时不断冲破阻力，不断推动和积累着经济现代化的要素。

9. 较早的市民意识和市民社会萌生

宋代社会较此前社会的差异，主要是具有近世特征的早期市民意识的兴起。思想文化世俗化与市民意识的兴起是互生互动的。宋代经济市场化推动了思想文化世俗化，造就了此前从未有过的与农民阶级极大不同的市民阶层。南宋临安及今杭州市域的世俗文化，开始全面兴起，市民成为文化消费主体，俗文艺创作繁荣，乃至士人审美也出现俗化趋势，市民意识开始觉醒并逐渐强化。

宋代良贱制度逐渐消亡，府兵制、均田制、坊市制瓦解，对臣民的身份和人身控制放松。城市一般平民更多地成为商人和手工业者，社会化程度不断提高，出现了以富人和未出仕但有文化影响力的士人为主的，带有中间层次性质的社会成分。他们以经济实力和文化实现，确立了自己的市民身份。思想文化世俗化构建了城市多元文化主体，带来了普遍的思想文化自觉，促进了各种市民身份的确认。

10. 名人文化对民俗文化有深刻影响

每个社会中，由名人文化创造的雅文化，往往占据主导地位，直接影响到民俗文化的发展。杭州的民俗文化中，名人文化的作用也十分突出。比如，杭州地处钱塘江出海口，历代杭州人既把观潮当作一种娱乐，更把捍潮、镇潮、与潮水搏斗当作与千家万户的身家性命休戚相关的头等大事。在杭州民间传说中,有关捍潮、镇潮、筑堤的英雄人物,可以说前仆后继,震撼人心,光彩照人,成为杭州百姓崇拜的楷模。其中,钱王射潮尤其令人振奋。钱王射潮,与中国远古神话中的后羿射日一脉相承,实际上传颂了一种明知不可为而为之的抗争精神,鼓舞着世世代代的杭州人为了理想,敢于克服千难万险,勇往直前去争取最后的胜利。再如岳飞的传说,在杭州影响非常深远。岳庙八百年来屹立于西湖之畔,有关岳飞的民间传说一直在杭州的街巷里弄广为传播,著名小吃"葱包桧"更是家喻户晓,妇孺皆知。种种民间风俗和民间文学,一直在潜移默化中教化着杭州人。

二、杭州传统文化中的艺术文化特色

艺术文化,是指满足主观和情感需求、对社会生活进行形象创作的表现方式,包括文学、书画、音乐、舞蹈、戏剧、雕塑、建筑等。

1. 杭州文学的江南特色鲜明

首先,杭州文学具有鲜明的地域特色,即江南特色。但在江南众多城市的文学发展史中,杭州文学又有自己的独特之处,即表现为自然景观与人文景观的统一以及世俗生活与宗教世界的统一。

前者体现为西湖诗词中大量对西湖三堤两塔、周边寺庙的描述,既是对自然景观的赞美,又蕴含着丰富的人文底蕴。而苏轼那句著名的"欲把西湖比西子,淡妆浓抹总相宜",其实就是中华传统文化强调"天人合一"理念的形象写照,同时带有浓郁的西湖文化特色。又如张岱的名篇《湖心亭看雪》,其意境营造的成功和境界之阔大,可以和柳宗元的《江雪》相媲美,但显然具有鲜明的杭州文化特色。

至于后者,在大量的话本小说、戏曲以及民间传说中有充分体现。它们一方面通过对杭州市民生活安逸的描写,流露出对世俗世界的赞美;另一方面又通过大量对杭州周边佛寺幽静环境的描写及对僧侣孤苦清净宗教生活的肯定，传达出对彼岸世界的向往。很多时候，这两者又通过对西湖、西溪及杭州周边风景的描绘得到统一，让百姓既对世俗生活流连忘返，又对宗教世界满怀神往。白居易、苏轼等一些大家的作品在这方面最有成就，而白蛇传以及济公传说等，也在这两方面的统一上取得很大成功。

2. 杭州文学中吴、越文化融合明显

历史上以钱塘江为界，浙江本土文化大致可分为浙东和浙西两种文化传统，其渊源最早可以追溯至古代的吴、越文化。而杭州恰恰处于两种地域文化的结合点，因此在文学发展中呈现出它们之间既冲突又融合的痕迹。

一般浙东文化特色是古典（精进）的、刚毅的，强调复仇精神（体现淑世情怀）；而浙西是浪漫的、悠闲（细腻）的，注重看淡世俗功利（较多出世趣味）。杭州文学恰恰同时具备这两种风格，其诗词创作既有西湖般的柔美秀丽，又有钱塘潮那样的雄壮豪放。在民间传说中的代表就是白蛇传，传说中前半部白娘子的浪漫温柔和后半部的刚烈复仇构成鲜明对比，从而使得这一文学形象极具立体感和冲击力，最终成为不朽的文学典型。至于杭州本土作家兼收浙东、浙西文化最明显者当为龚自珍，其诗文中典型的意象"剑气箫心"就是这两种地域文化的形象体现，而其一生经历更是这一意象的绝妙注脚。

3. 杭州文学中的都市文化风格突出

杭州文学的鲜明特色受到都市文化的很大影响。这在宋代及其以后的白话小说中表现得尤为突出，其中塑造的杭州市民的形象以及小说中反映的杭州市井生活，都极为生动具体，具有原生态性质，可以看作是当时杭州社会的真实记录。在杭州成为南宋都城后，所谓的"帝都情结"也必然在小说中得到体现。如《西湖老人繁胜录》中，记录了百官朝会、时令岁节、佛日庙会、商业行市等等。《都城纪胜》对市井、诸行、酒肆、食店、茶坊、瓦舍众伎、园苑、舟船、坊院、闲人和三教外地等十四门的记录，以及叙述南渡后临安土俗民风之大略，虽显杂乱琐细，但足以表现当时临安都市的繁盛景象。《梦粱录》通过记载临安四时节序、朝廷典礼、大内宫观、百工杂戏等，缅怀南宋临安城池苑囿之富、风俗人物之盛。《武林旧事》通过记述南宋宫廷、市井旧事，为我们展示出13世纪南宋都城临安的繁华盛景。这些南宋时的翔实记录，为后人追想杭州当时的繁华提供了丰富的史料。

4. 杭州文学的爱国主义和隐士风格主题鲜明

千百年来，杭州文学中的英雄传统与隐士传统、帝京传统与佛教文化传统等一起，构成杭州文学精神的基本骨架，与杭州渊源深厚的人文精神和西湖秀丽多姿的自然风光相得益彰。

由于受到统治者文化政策的巨大影响（特别是南宋定都和明清易代时期），杭州文学总体呈现出与政治经济发展的同步状态。加上特定时期外族入侵、国难当头给人们心灵造成的巨大冲击，催生了一批忧国忧民的具有爱国主义情怀的大作家。

同时，由于佛教和道教思想影响，隐逸文学成就也较为突出。值得注意的是，由于中国传统文人对入世与避世之人生态度的理解，他们在爱国主义理想受到挫折后，往往容易转向消极避世，并在其文学创作中有所表现。

值得注意的是，这些复杂多样的文学传统和风格特色，常常体现在同一位杭州作家的创作中，使其创作既具有相对突出之特点，又呈现出题材和风格的多样性，白居易、苏轼、林逋和龚自珍等人的创作就是如此。此外，如于谦、洪昇、李渔和袁枚等人，在这方面也都较为突出。

5. 杭州文学与自然山水有密切关联

中国文化传统强调人与自然的和谐统一，所以对自然山水的欣赏与表现，一直是中国文学的主要题材。这在杭州文学中，就更多体现为对杭州特有的西湖、西溪、钱塘潮和大运河等景观的描写。杭州文人由于对西湖、西溪、钱塘潮等自然风景极为熟悉，自然特别重视山水题材的创作，并由此生发出纯粹歌咏自然山水的山水文学、借物咏志的忧国忧民和爱国主义文学以及表现避世情怀的隐逸文学等。杭州文学中这些山水纪游题材作品，在保持中国文化对自然的景仰和强调"天人合一"思想的同时，又始终注意表现杭州独特的人文自然景观特色和地域文化风俗，并逐渐形成自己的独特风格，从而蔚为大观，成就斐然。白居易、苏轼、柳永、岳飞、于谦、张岱、袁枚、龚自珍等，可以视为这方面的代表性作家。

6. 杭州是中国书画核心流派和代表人物的中心

南宋院体绘画和宋元明清书法，带动了江南艺术在中国文化大格局中的强势崛起。南宋院体绘画追求写实、寓理于乐的美学旨趣，在山水画中寻觅到并放大了"江南"这个兼有地域和文化主题的双重价值，使南宋杭州绘画成为中国古典艺术史的一座高峰。而同期至清代的书法大家，大多具有精深的专业造诣和广博的文化素养，也将书法创作和理论研究提高到一个新的境界。以杭州为中心，产生和集聚了一大批流芳百世、影响中国后世书画的丹青国手。杭州本土产生了褚遂良、孙过庭、贺知章、刘松年、马远、夏圭、戴进、蓝瑛、董邦达、董诰、金农、丁敬等一大批名家大师。非杭州籍的苏轼、米芾、李唐、赵孟頫、黄公望、董其昌、陈洪绶、吴昌硕、李叔同等一大批名家大师，在这里也留下了珍贵的作品和典故。

7. 杭州是金石与印学重镇

明末到清初，是中国思想史和学术史的转折期。明末受王学影响重心性而轻实学；清初顾炎武、黄宗羲等反思明亡教训，认为左派王学为祸极深，故倡为实学，始开乾嘉朴学之风，思想学术风气发生转变。浙江的知识分子强调实学，主张经世致用，以浙东学派为代表，大量研究古物、传世或出土的金石碑刻等，并作为重要的学术依据。这股学术热情又激发了同时期篆刻的兴盛。乾隆年间，杭州官员阮元和民间文人丁敬、黄易已是国内首屈一指的金石学研究学者。同时，丁敬开创的浙派篆刻，以学理扎实、印风醇厚行之于世，迅速促使金石印学由文字学和历史学属性向艺术学属性过渡。"西泠八家"的出现，使得金石印人为杭州增加了一道古雅而新颖的文化标签。而且，浙派印人又能够汲取汉学的精髓,把汉代官印浑朴的构成、缪篆分明的字体、审美高简的意趣,与自身的篆刻主张有机结合,形成了以古为今、卓尔不群的浙派特色。

随着道光、咸丰年间汉魏碑文出土渐多,探讨钟鼎、碑碣、印玺、封泥的学者日渐增多,金石学与书法学研究打开了一个新局面。到了清末,在延续一千余年的科举制行将逝去的历史关头,杭州印人将学术研究与艺术创作实现了无缝对接,由"西泠八家"开创的浙派印学体系接力传承。通过宁波、绍兴等诸多名家的个性化探索,以及西泠印社"创社四友"的承继,到了吴昌硕担任社长期间,两个核心愿景被长期践行,即金石的妥善保存和印学的不断弘扬。这标志着以"天下第一名社"为核心的杭州印学名城品牌正式确立。

8. 杭州的园林是中国公共园林的典范

杭州西湖文化景观,体现了公共园林概念的成功确立和布局,是一个持续了上千年的伟大工程,形成了以下主要特色:一是杭州造园历史悠久,造园理念集美学、哲学和科学于一体,是传承至今少见的园林城市典范。中国传统造园理念以自然山水为旨趣,但现存园林多为模山范水之作。杭州西湖却能借助自然山水之胜,辅以人工,将城市景观融于其中,是天然山水园林的佳作。二是环西湖与西溪的私人名庄,呈现出有别于他处园林景观的兼容气质,既具有北方园林以大观小的空间布局优势,又内含南方园林以小见大的细节处理能力。三是杭州古典园林与建筑蕴含着丰富的诗词文章与名人典故,为杭州增添了浓郁的文人特色。杭州不但自然景观得天独厚,而且在寺观庙墓、楼阁亭台、碑刻造像、庄园别墅等人文景观中,也留下了历代名家的风雅诗篇和经典逸事。

三、杭州传统文化中的思想文化特色

1. 包容和学习精神十分突出

历史上的杭州,具有明显的包容学习的思想特征,抓住各种机遇聚合外源性资源，借助外在力量进行集成创新，形成了特殊的思想文化优势。集成创新的基本方法是"涵泳"，即对移民的包容接纳和对外来文化的涵化吸收。

杭州的新石器文化以钱塘江为界，可分为南北两系。杭州建德市发现的建德人化石，是杭州也是中国东南地区首次发现的旧石器人类化石。距今约8000年、分布于杭州萧山区的跨湖桥文化，和距今5300—4300年、处于中国文明起源阶段的良渚文化，在经历了"相似—趋异—渗透—趋同"的发展轨迹后，良渚文化最终统一了整个地区。

良渚文化衰落后，东南地区进入相对沉寂的时期，早期文献笼统地将这一地区归为百越地区。越文化此后很大程度上被作为浙江文化的象征或代称。越国与吴国的边界原来在槜李，即今桐乡市濮院镇。杭州较早时属越国，后来主要属吴国，主体部分属吴文化区。商末周初泰伯建立吴国，吴地土著文化与中原文化融合，形成了吴文化。吴文化对长江三角洲区域文化进行多次重大整合，又将吴越（吴会）地区即后来的两浙地区总体上改造为吴文化区。汉语代替了越语（形成吴语），民风逐渐由"尚武"转变为"尚文"，思想文化传统实现了质的转换。

经历秦汉以后数次人口迁徙，杭州的外来思想文化因素进一步增多。南宋时期更是吸纳了全国各地人群，思想文化形态趋向多元。元代学者郝经、明代史学家陈邦瞻和近代史学家雷海宗，将汉、唐、宋归结为"后三代"[1]，宋代时期完成了对中国民族本位思想文化的重新确认，使新旧思想文化因素、中外思想文化因素真正融会贯通起来，重建了中国文化。准确地说，这种重建是南宋时期实现的。南宋由此创造了后世中国的基本思想文化范式——这种意义上的杭州思想文化，又超越于吴文化而成为中华

---

[1] 郝经：《陵川集》卷三十九《使宋文移·上宋主陈请归国万言书》，文渊阁《四库全书》本，上海古籍出版社，1987—1989年；陈邦瞻：《宋史纪事本末·郝经之留》，中华书局，1977年；雷海宗：《断代问题与中国历史的分期》，载《社会科学》1936年第2卷第1期。

思想文化的集合和象征。

元代以后政治中心北移，杭州仍然因位处东南沿海的有利条件，吸收西来思想文化，改造固有思想文化。元代西域多民族汇聚杭州，明清之际杭州作为中国东南门户，思想文化所受影响由西域或近东、中东推延至远西。西方的学术思想、产业理念、制度体系和社会观念的进入，使杭州思想文化得到新的提升。

2. 宝刹众多、佛教流行而被称为"东南佛国"

六朝时，佛教高僧在杭州市域活动者颇多。东晋天竺僧慧理至武林山连建灵鹫寺、灵隐寺等五刹。东晋时对上层社会影响较大的高僧释支遁，出家前曾隐居余杭。释支遁是"六家七宗"中即色宗的创立者，长于般若学。他也是糅合、沟通佛、玄的代表人物，曾在白马寺与刘系之等论《庄子·逍遥游》，名噪一时，被称为"支理"。这个时期，杭州市域籍僧人也较多，如东晋余杭人释昙翼，刘宋余杭人释慧静、释净度、释瑜、释翼，南齐钱唐人释慧基、於潜人释法匮，萧梁於潜人释慧集等。据《舆地名胜志》等记载，晋代今浙江境内创建寺院55所，其中杭州市域内有11所。南朝寺庙同样比重较高。著名者如玉泉寺、祥符寺、慈光寺、众安寺、相国寺、永福寺（孤山寺）等。

宋朝建立后，吴越王听从高僧延寿大师劝谕"纳土归宋"，杭州佛教受宋王朝的青睐，并在蔡襄、苏轼等州官的支持下，佛寺增至360所。灵隐寺在吴越扩建的基础上，又获宋皇室赐田13000余亩，再次扩建殿宇、僧舍。南宋建都临安（今杭州），一面盛行佛事家庙化，众多佛寺成为皇亲国戚、后妃内侍、官僚显贵的香火院、功德院，一面新建大小寺宇、梵宫佛刹，寺庙骤增至480所，杭州佛教由此进入全盛时期。在南宋临安可确定创建年代的寺院中，建于北宋的9所、建于南宋的139所；所辖七县建于北宋的4所、建于南宋的29所。《梦粱录》卷十五《城内外寺院》记载，临安府辖九县，共有各类寺院庵堂671所。"佛事在浙右为劣"①的严州（建德府）也有寺院139所②。嘉定年间（1208—1224）将江南15所著名禅寺和15所著名教寺分别按等级定为禅院"五山十刹"和教院"五山十刹"，其中临安府即有9所。昭庆寺、六通寺、法相寺、菩提寺、灵芝寺、祥符寺等被定为律寺，临安因此成为全国律学中心。

明代倡导佛教，但也严加整肃和控制。太祖借在应天府举办法会举荐听命者，先后邀杭州释无旨、释德隐等出主净慈寺，封灵隐寺释来复等为"十大高僧"，授释可纯为杭州都掌教以掌管教务，也以"文字狱"大加迫害。清代特别是晚清民国时期一些政治家和思想家以佛学为思想武器，如章炳麟的《五无论》《建立宗教论》等著述以佛学为理论基础。许多僧人也投身民主革命中，涌现出释谛闲、释弘一、释太虚、释巨赞、释圆瑛等爱国高僧。清末禅宗高僧释道阶在杭州创办僧教育会，是为杭州最早的佛教学府。

3. 官学私学并举推动大众教育兴盛

杭州在隋唐以前因远离中原王朝统治中心，官学发展相对滞后，作为自我补救的私学发展较早。后来官学、私学均受重视。

隋唐时，杭州开始建立较为完备的学校教育体系。《咸淳临安志》卷五十六《文事》载杭州府学"旧有先圣庙，在通越门外"。"旧有"当指隋唐已有。又有富阳、昌化县学。其他各县应也已有县学。吴越国的官学处于低谷，但民间私人聚徒讲授和家庭教育之风甚浓。青溪人方昊在淳安县创办上贵精舍。《吴越备史》卷一载有径山书院。

北宋杭州地方官学、书院、乡塾村校进一步发展，体现了劝学育才的风尚。知州李咨重修至圣文宣王庙（孔庙），增置学舍数十间。范仲淹先后任睦州和杭州知州，重视兴办教育。知州蒲

---

① 方回：《桐江集》卷二《建德府南山禅寺僧堂记》，《宛委别藏》本，江苏古籍出版社，1988年。
② 何梦桂：《潜斋集》卷八《白云山法华院记》，文渊阁《四库全书》本，上海古籍出版社，1987—1989年。

宗孟重建杭州州学，附设钱塘、仁和县学。至苏轼任杭州知州时，州学招生数已达二百。南宋临安设中央官学，包括太学、武学、宗学，合称"三学"。太学生员"绍兴额三百人，后数增置一千人。淳熙、开禧间各有增。今为额一千七百十有六"①。临安府学可容学生200名左右。北宋初杭州及今杭州市域书院甚少，经几次兴学运动增加较多。有记载的主要有余杭县龟山书院，桐庐县东山书院、南园书院、万卷书堂、蓝田精舍，建德县龙山书院，寿昌县默山书院、岑山书院、石台书院，遂安县瀛山书院双桂书堂等。

南宋书院走向成熟，数量和规模较大程度超越北宋。主要有钱塘县雪江讲堂，余杭县龟山书院，富阳县始置书院，昌化县南塾、百丈溪书院，桐庐县钓台书院，建德县丽泽书院，淳安县石峡书院、蜀阜书院、柘山书院、五峰书院、梅村书院、云峰书院，遂安县瀛山书院等。

元代承袭唐宋传统，还赋有更多大众教育色彩。除设杭州路学外，杭州及今杭州市域新建或修复了钱塘县西湖书院，余杭县龟山书院、集虚书院，桐庐县钓台书院、沧江书院，淳安县石峡书院，等等。西湖书院之盛为浙东西之冠。元代书院有官学化倾向。

明初为推行专制政治，曾限制书院发展。明代两百七十七年，杭州共创建和兴复书院50余所，可确考年代的32所。其中洪武到天顺八朝九十多年间仅修复2所、新建6所，且都在宣德以后。成化后，书院再度复兴，至弘治四十年间，重建西湖书院，并新建万松书院等5所书院。此后续有新建或重建。

清代多次修缮官学。清初对书院采取禁抑政策，但民间要求十分强烈，所以杭州及今杭州市域顺治年间（1644—1661）修复3所、新建1所，康熙年间（1662—1722）又修复5所、新建16所。康熙十年（1671），浙江巡抚范承谟重修万松书院，并改名太和书院、敷文书院。雍正时对书院采取宽容政策，至道光年间（1821—

---

① 潜说友：《咸淳临安志》卷十一《行在所录·学校》，《宋元方志丛刊》本，中华书局，1990年；吴自牧：《梦粱录》卷十五《学校》，浙江人民出版社，1984年。

1850），杭州及今杭州市域共修复和创建书院22所。敷文书院、崇文书院、紫阳书院和诂经精舍有"清代杭州四大书院"之称，也是浙江最著名的书院。阮元创办的诂经精舍教学内容不局限于经学，还涉及新学或西学，如天文学、数学、地理学、水利学、军事学、动植物学等，并推行研究式教学，是预示中国教育向现代转进的标志。后来由诂经精舍等杭州六所书院改并而成的专课中西实学的求是书院，是现浙江大学的前身。

4. 藏书丰富助推教育文化发展

西晋时，钱唐人范平、褚陶已开私家藏书之风。吴越国时，杭州私家藏书除了钱氏家族，也有其他私家藏书、佛寺道观藏书和一大批著名的藏书楼及藏书家，藏书的目的逐渐从特殊资源收藏转向文化传承。

宋代杭州更是形成宝藏典籍之风。北宋著名藏书家有姚铉、钱勰、钱龢、释文莹、关景仁等，南宋则有李清照、洪皓、周煇、洪咨夔、陈起、陈思、董嗣杲、周密、贾似道、廖莹中等。净慈寺、灵隐寺、径山寺、东太乙宫等寺观有大量宗教藏书。南宋政府对藏书十分重视，绍兴元年（1131）高宗驻跸绍兴时即恢复秘书省建制，重建龙图阁、天章阁、显谟阁、徽猷阁、敷文阁等北宋已有的诸阁，又新建焕章阁、华文阁、宝谟阁、宝章阁、显文阁等，复置御书院，新置缉熙殿，努力恢复国家秘阁藏书。各类官办学校也例有藏书。由于文献资料收藏的丰富完整，前代学术特别是宋学对后代学术发挥了很好的哺育作用。

元代也重视藏书，并推动版本目录学的继续发展。元代相沿南宋国子监发展而来的西湖书院设尊经阁和书库，主要贮藏南宋太学书籍和书版。收藏书版"凡经、史、子、集无虑二十余万"，3700余卷。据《西湖书院重整书目记》，计有经部51种约1100卷，史部35种约1600卷，子部11种约100卷，集部24种约900卷。[①]除少数几种为元刻外，其余均为南宋版。西湖书院也刻印了许多

---

① 陈袤：《西湖书院重整书目记》，载阮元《两浙金石志》卷十六，浙江古籍出版社，2012年。

新书，最有代表性的是苏天爵《元文类》和马端临《文献通考》。《西湖书院重整书目》则是中国书院史上最早的刻书目录，也是中国印刷出版史上最早的书目之一。

明清时期，杭州的著名藏书楼更多从事精刻图书。如明代洪楩家族的清平山堂、清代汪氏家族的振绮堂等。晚清时许多有经济实力的商人兴办藏书楼，较著名的如丁丙的八千卷楼、王绶珊的九峰旧庐、叶景葵的卷庵、蒋汝藻的密韵楼、蒋抑卮的凡将堂等。藏书家大多有强烈的公共意识，如丁丙最早以现代公共图书观将巨量藏书毫无保留地为社会服务。浙江巡抚马新贻委托丁丙筹建浙江官书局，后来改为浙江官书印售所。其所刻古籍大多赖八千卷楼所藏为底本。丁丙有十分强烈的地方文献整理意识，他主持编刻的《武林掌故丛编》计26集190种，为杭州乡邦文献之百科全书，使杭州成为中国地方文献保存最为完整系统的城市。丁丙与其兄丁申还抢救和补抄了杭州文澜阁《四库全书》。

清同治四年（1865），杭州知府薛时雨利用城东菜市桥河下孝义庵屋宇委托丁丙创办东城讲舍。光绪二十六年（1900），邵章、胡焕建东城讲舍藏书楼，又称杭州藏书楼，有藏书718种9499册、报章14种，编有《杭州东城讲舍藏书楼章程》《杭州藏书楼书目》。光绪二十九年（1903），浙江学政张亨嘉易地改建浙江藏书楼，并由杭州府办改为浙江学政主办。宣统元年（1909），浙江巡抚增韫将之与浙江官书印售所合并，改建为浙江省立图书馆，这是中国最早的公共图书馆之一。

5."天人合一"生态思想多样化呈现

古代杭州地处浙西南丘陵河谷与浙东北水网平原交接地，具有突出的山水特征。其自然和人文地理的形成，是山川资源特别是钱塘江、西溪湿地、西湖、湘湖、大运河和东海六水共导的结果。早期生态聚落和后来的城市发展无不凝聚着生态思想理念。如最早形成的良渚古城不造作、不武断，对周边山系、水系、生物环境有充分的尊重、接应和导引，利用自然地貌合理安排山林、农田和建筑群，使人类与动植物群构成良性循环的生态系统。

六朝以后，杭州逐渐成为军事要地。隋代杨素在柳浦依山筑城，又设置杭州（余杭郡），这一战略设计使杭州成为吴会地区仅次于苏州的大城市。由于隋代杭州的城区规划和建设富有远见，所以唐代没有太多扩张，主要是增建基础设施和改良人居环境。杭州刺史李泌所开六井与普通水井不同，以暗渠（阴窦）连接西湖引水。白居易任杭州刺史时将西湖一分为二，灌溉时引上湖水入下湖。吴越国时杭州进一步强化"南宫北城"格局，并形成了子城（皇城）、内城和罗城内外结构。城市设计以"保境安民"为原则，如为了防止外来势力侵犯而筑夹城、修罗城、设营屯，为了使百姓生活有保障而筑海塘、浚西湖、凿池井。南宋临安城以江河为主干，编织湿地水上交通网和陆上京畿驿道，集聚周围大小卫星镇市及澉浦港，共同构为一个城镇生态圈。罗城周回数十里，有旱门13座、水门5座，构成内跨吴山、北到武林门、东南靠钱塘江、西濒西湖的大城。

隋唐时期，大运河被当作中国的交通动脉，开始大规模修建标准较高的河道、桥梁、闸门，以及补水和溢洪的湖泊，等等。江南运河南端暨杭州城南钱塘江北岸的柳浦、龙山，以及隔江相望的西陵、定山、渔浦直至杭州东北的临平等地，成为重要码头。又开辟东苕溪航线，钱塘、於潜、余杭、临安等县航运可循东苕溪入湖州。睦州建德至寿昌的航运线则设有南关渡。唐代对浙东运河也进行了深入开发，疏通了与浙东和海外联系的通道。据《元和郡县图志》卷二十五《江南道一》记载，唐代杭州有西北至上都（长安）、西北至东都（洛阳）、西南至睦州、东南至越州、西至歙州、西北至宣州、东北至浙江入海处、北至苏州"八到"。

唐代屡次修建钱塘江海塘，规模较大的有5次。又屡次在城东开挖沙河，宣泄侵入城内的钱塘江潮水，奠定了唐末钱氏筑夹城和罗城的基础。吴越国开启了钱塘江石塘修筑的历史。这种以竹笼盛巨石、用木桩固定的"石囤木桩法"是了不起的技术发明，一直为后世所采用。宋代对钱塘江海塘进行20多次大规模修复。苏轼开浚茅山、盐桥河南接龙山河，并重修浙江、龙山两闸。明清时对钱塘江海塘也不断修复加固，并采用鱼鳞塘等新技术。

南宋以前，杭州城区的土地利用主要在钱塘江至西湖之间的潮土堆积层。南宋以后则主要转向西溪湿地，城郊地区开始镇市化开发。北宋时西溪湿地有一定规模开发，但总体而言，尚未改变西溪湿地作为自然湿地的性质。南宋以后的开发使西溪湿地逐渐导向次生湿地，人文景观已大规模取代自然景观。但这种开发仍然是有节制的，并未破坏湿地生态链。位于萧山区西部的湘湖自海相湿地转化为湖相湿地以后，历代持续占湖造田，至北宋初期几近湮废。杨时任萧山县令时重开湘湖，湖底面积24.67平方千米，可灌溉周围农田146868亩2角[1]。

此外，杭州历代以连作制、复种制等农作方式为特征，以蚕桑、养殖、捕捞、采伐等兼业或多种经营为特征，以私家园林、寺观园林和皇家园林等城市园林为特征，以饮食清淡、原味、天然的选材烹调为特征等经济、美学和生活方式的生态化，也都是杭州"天人合一"生态思想和实践的体现。

6. 商品经济推动商业意识较早较快发展

宋代杭州的小农经济或农商经济已开始转换为商农经济，农村商品意识普遍增强。南宋咸淳初，钱塘县浙江市、北郭市、江涨桥镇市、龙山市4个镇市税务，所收商税合计近26.5万贯，是城内都税务的1.7倍多。[2]

商农经济极大改变了杭州的农业生产方式。南宋临安的许多镇市稻米、小麦出产不多，却加工生产大量稻麦副食品。不断成长的市场体系为其提供了另一种途径，即用货币购买。为了获取货币，农民或开展多种经营并将产品投放市场，或出卖劳动力以换取佣钱，或兼营小规模商业以谋取小利。

商农商工经济的繁荣，使宋代的市场化水平空前提高，商业

---

[1] 毛奇龄：《湘湖水利志》卷一《萧山县湘湖均水利约束记》，载毛奇龄《西河合集》，《四库全书存目丛书》史部第224册，齐鲁社，1996年。

[2] 潜说友：《咸淳临安志》卷五十九《贡赋》，《宋元方志丛刊》本，中华书局，1990年。

资本意识逐渐形成，商业文化则有了自觉性发展。由于商业信用体系建立和金融产品日益丰富，社会交易成本普遍降低。唐代后期已出现许多专营钱币存取和借贷的金融柜坊，宋代杭州货币交换意识大大强化。北宋太宗时每年铸币80万缗，神宗熙宁六年（1073）则达到600余万缗。宋钱甚至是周边各国最为流行、最坚挺的硬通货，南海诸国也争相储藏。宋代出现种类繁多的信用票据和信用货币，如茶引、盐引等期票类交引和交子、会子等汇票类兑换券。南宋初年临安民间发行"寄付兑便钱会子"。后设立行在会子务进行管理，允许于城内外与铜钱并行。另外还存在其他类型的信用票据，如政府向茶、盐、香、矾等买卖者发行的专卖经营许可证性质的交引。这些信用票据的大量出现和使用，在中国经济史上具有里程碑意义。

与广义的金融业相关的典当业、租赁业、赌博业等在当时也较发达。南宋临安的质库即明代以后所称的典当行普遍发展，私人高利贷资本也非常活跃。"有府第富豪之家质库，城内外不下数十处，收解以千万计。"① 临安的租赁业有房屋租赁业、舟车租赁业、日用器物租赁业等，其中日用器物租赁有花轿、首饰、衣服、被褥、布囊、酒器、茶具、帏设、家具、丧具等。

明代开始，杭州较多受到徽商文化等的影响。南宋时徽州木商、茶商在临安已相当活跃，明成化以前徽商主要经营文房四宝、生漆、扣布和茶叶。成化后破"开中法"，抢占了晋商、陕商的市场，进入发展的黄金期。徽商在杭州构建了盐、典、茶、木四大行业，还涉及运输业、饮食业、布绸业、粮油业、陶瓷业、漆器业、药材业、南北货业等。清代徽商在杭州的影响进一步增大，经营范围差不多涉及所有日常生活，也涌现出许多手工业大家，如曹素功、胡开文等徽墨四大家。胡光墉（字雪岩）则是一代巨商。徽商的商业思想强化了杭州的商工商农经济意识。

晚清时，杭州及今杭州市域较多受湖州商人及其商业文化影

---

① 吴自牧：《梦粱录》卷十三《铺席》，浙江人民出版社，1984年。

响。杭州作为浙江省会，也有其他省内外商人大量进入，其中以宁波、绍兴、金华及江苏等地的商人为多。"湖州商帮"或"浔商"是中国历史上著名的丝商群体。其代表人物庞元济联合丁丙在杭州创办杭州通益公纱厂等多家企业。"宁绍商帮"形成于明朝，崛起于五口通商后的上海，辛亥革命前后达到鼎盛。除钱业或金融业外，宁绍商人在杭州还较多地涉足工商业，创办了边福茂鞋庄、蒋广昌绸庄、袁震和绸庄、邵芝岩笔庄、孔凤春香粉店、万隆腿栈、状元馆、杭州电灯公司、浙省大有利电灯股份有限公司、上海英资华通保险公司杭州分公司等企业。

晚清民国时期，杭州及今杭州市域也形成了杭商群体。影响较大的有丁丙、王星斋、都锦生、金百顺等。杭州人王星斋创办了著名的王星记扇庄。江苏武进人刘如辉、浙江萧山人金百顺创办大清银行浙江分行，二人分任总办和经理。杭商群体规模虽然不如湖州商帮和宁绍商帮大，但他们呼应了时代风气，逐渐成为现代市场主体和社会主体。晚清民国时期杭州新兴商人群体的主体是绅商，当时实施的地方自治使绅商极大地提高了经商办实业的积极性，各种商会则是地方自治的重要力量。

7. 沈括科技思想成为时代高峰

宋代中国科学技术逐渐进入发展的高峰期，有了早期科学技术思想的萌发和科学技术文化的发育。代表人物是钱塘（今杭州）人沈括。他在天文、历法、数学、地理、物理、生物、医学、文学、史学、音乐、美术、工程技术等方面，都卓有成就。他的著作遍及经、史、子、集各部。唯其如此，沈括才以自然科学和人文科学融会贯通的眼光，透析科技与人文，描述各种因果关系。他不仅是中国科学技术史的集大成者，也是中国科学技术思想体系的奠基人，对中国科学技术的发展具有深远影响。《梦溪笔谈》是沈括毕生实践的总结。李约瑟（Joseph Needham）说沈括"可能是中国整部科学史中最卓越的人物"，《梦溪笔谈》是"中国科学史上的里程碑"[1]。

沈括在《梦溪笔谈》中，涉及人事史料、自然科学、人文科学3大类25小类，有关自然科学的内容多达255条。毕昇的活字印刷术、喻皓的建筑学著作《木经》、磁州锻坊的炼钢术、淮南漕渠的复闸、苏州到昆山浅山长堤的筑法等发明，均因有《梦溪笔谈》记载而为后世所知。

沈括是世界上最早发现磁偏角的人，比哥伦布的发现早四百年。他根据自己的实践经验，对浑仪、漏壶和日晷作了重大改进，写成《浑仪》《浮漏》《景表》等重要著作。还与平民历算家卫朴一起改革旧历，创制以节气定月序的"十二气历"。改进地图制图技术，新创十二方位表示法；并用十二年时间编绘了《天下州县图》。搜集整理医药秘方，汇编《良方》一书。发现声音的共振现象，解释了凹面镜原理。还提出地质变迁成因的原理，第一个提出"石油"的命名，首创煤燃烧时烟煤的综合利用。在数学方面，创造"隙积术"和"会圆术"，为后世球面三角理论奠定基础。沈括的著作甚多，可惜大多失传。现存《梦溪笔谈》36卷、《补笔谈》3卷、《续笔谈》1卷，及《长兴集》《良方》等。

沈括主张"原其理""以理推之"[2]。他采用许多科学的研究方法，如调查、观察、实测、实验等，具有实验科学精神，在诸多研究领域取得了卓越成就。他的科学成就还建立在技术经验的基础上，十分注意核查实测或实验数据。在他的影响下，后代许多学者也重视这些方法，使晚清西方科学技术东传时能较快进行学术融汇，推动了外来科学技术的有效吸收。

---

[1] 李约瑟：《中国科学技术史》第1卷《导论》，袁翰青、何兆武、刘祖慰、鲍国宝等译，科学出版社、上海古籍出版社，1990年，第140页。
[2] 沈括撰，胡道静校证：《梦溪笔谈校证》卷二十四《杂志一》、卷七《象数一》，上海古籍出版社，1987年。

第六章 杭州优秀传统文化的突出成就

杭州传统文化的历史成就，丰富灿烂，蔚为大观。为了便于叙述，我们将之前的十种文化分类，根据文化的表现形态分成三个观察视角：空间形态类文化、物质形态类文化和精神形态类文化。

一、杭州空间形态类文化的突出成就

所谓空间形态类文化，主要是从杭州的地理和空间出发分析，内容既有自然的（如山水），也有人为的（如建筑），既有现存的（遗迹），也有消逝的（历史记忆）。

1. 城市以自然形成的景色为主

在中国风景建设的历史上，从最早的秦汉时代开始，像阿房宫、上林苑等大型风景游览区都是人工所为，山体、池沼、园囿都出于人类的设计和建造。明清的苏州园林也是人工的创造。杭州则不同，它是地道的真山真水，从不依赖人类大规模的营建活动来创造景观。这首先得益于它优越的自然条件，除了前面提到过的地理因素，即有山有水、山水相依、尺度协调外，还有气候上的原因。杭州地处北纬30度左右，属于北半球亚热带季风区，年降雨量在1500毫米以上，年平均温度16摄氏度左右，雨量充沛，四季分明，山川秀丽，极利于植被生长。在这种条件下，自然形态下的美景四季各异，比比皆是，只需要少量的人类活动对其进行整理、加工、提炼、点拨一下，就可以让其脱颖而出。我们翻检唐宋诗人的相关作品，无论是描写钱塘山水还是富春山水的，无论是山水诗还是抒情诗、纪事诗，都植根于其自然风景的本来面目，再加以联想、开掘、提炼、发挥。正是这些天然的景色，让诗人们展开了想象的翅膀。

这种尊重自然形态、"天人合一"的建设思想，反映了杭州人对自然的一种心态，即不是要征服自然，随心所欲地大规模改造自然，而是尊重自然，和自然和谐相处，在遵循自然规律的基础上，加以人工的点缀和美化。

2. 城市自然风景融入了浓厚的人文主义精神

中国的自然风景，一般都离不开人文景观的配合和扶持，杭州的山水风景，这方面结合得特别好。西湖就是一个典型的例子。

杭州西湖边，没有发生过对中国历史进程有巨大影响的伟大事件，也没有足以压倒自然景观的皇皇古建筑群，却有着令一代又一代的中国人钦佩不已的积极的人文主义精神。但凡中华传统文化所含有的价值观，如忠君报国、杀身成仁的抱负，积极奋斗、舍生取义的理想，"居庙堂之高则忧其民，处江湖之远则忧其君"的情怀，清廉自持、安贫乐道的个人品格，热爱生活、忠于爱情的生活目标，都可以在西湖找到它感人的存在，而且薪火相传，生生不息。西湖的人文主义精神，不像有的地方的人文精神带有一城一地或一个家族的地方特点，而是带有普遍性，影响遍及全国，和全体人民的情感息息相通，就像刻在他们心头似的。

西湖的人文精神是一种基于自然风光之上，与自然景观高度融合的精神境界，是一种情感和环境的交流，是人生的体验和感悟。比如，歌颂岳飞的"青山有幸埋忠骨，白铁无辜铸佞臣""正邪自古同冰炭，毁誉于今判伪真"，歌颂苏小小的"桃花流水杳然去，油壁香车不再逢""几辈英雄拜倒石榴裙下，六朝金粉尚留抔土垄中"，都既有高度，又有温度，既让你触景生情，又使你感受到内在思想力量的深刻性。

3. 城市风景具有精致和谐、大气开放的视觉效果

在艺术手法上，杭州风景选址慎重，注重细节，讲究比例、尺度和体量，追求意境之美，达到了总体上的精致、和谐、大气、开放的视觉效果。

杭州的风景建筑在设计上，不太注重建筑物本身的体量、大小、高低等外在的东西，而更看重建筑物与环境的深度融合，讲究比例、

尺度，重视细节。历史上西湖边的寺庙和园林建筑，一般都是利用山边的台地，该高就高，该临水就临水，中轴线多数只有两至三进，取"深山藏古寺，禅房花木深"的意境，以幽胜见长。

西湖文化景观，体现了公共园林概念的成功确立和布局，这是一个持续了上千年的伟大工程，形成了鲜明特色。一是造园历史悠久，造园理念集美学、哲学、科学于一体，借助自然山水之胜，辅以人工，将城市景观融于其中，是天然山水园林的典范佳作。二是环西湖与西溪的私人名庄，呈现出有别于他处园林景观的兼容气质，既具有北方园林以大观小的空间布局优势，又内涵南方园林以小见大的细节处理能力。三是杭州古典园林与建筑蕴含着丰富的诗词文章与名人典故，为杭州增添了浓郁的文脉特色。

在注重细节，突出个性方面，比如"西湖十景"，位于环西湖一带的位置上。"西湖十景"抓住了春夏秋冬、晨昏雨雪、花鸟鱼虫等不同的配置，培育出不同亮点，从而形成了一整套十景的深刻含义。在康乾时期，"西湖十景"并不像后来那样，只有简单的一碑一亭，而是一个相对完整的小景区，里面有建筑，有碑亭，还有其他相适应的构筑物，建筑和环境融为一体，既是相对独立的空间，又与西湖的大环境相通透，涵盖了人在不同情况下的审美感受，成为风景建设的开创性一绝。

4. 杭州是中国南方城市的典型代表

杭州是典型的"江南水乡"，是与山水相依的城市类型。

从大的地理视野中看杭州，杭州的地理空间定位有两个关键词：东南沿海、江南。从小的环境视野下看杭州，杭州处于两个流域（太湖流域、钱塘江流域）的交叉处，同时又处于山海交接处。这些地理环境，导致杭州周边的水体形态丰富，江河湖海溪等等都具备。从各种地名就可以看出，含有水体标志的地名特别丰富。

从纵向的历史来看，见证浙江八千年文化史的萧山跨湖桥遗址，出土了迄今世界上最早的独木舟，是吴越地区"以船为车，以楫为马"交通方式的最早实证，反映了杭州先民善于水上交通和水上生活，在一定意义上是杭州作为水城的象征。

杭州独特的地理环境，实际上在很大程度上对杭州城市本身带来了决定性影响。比如钱塘潮闻名天下，但杭州就是在与海（潮）争夺中成长的一个城市。早期的钱唐县治屡次迁移，都与钱塘江潮密切有关。随着海塘的不断修筑，不断地拓展了生存空间，也使得钱唐县治不断往南、往东迁徙，构成了"江退城进"历史进程。至于大运河、西湖对于杭州城市的意义，更是众所周知。

除了水，还有山。从大视野来看，杭州处于山海之间。早期的杭州城居都处于山麓地带，所以会出现钱塘县城和杭州州城同时并存，双城南北对峙的格局。正是由于山水等地理因素的影响，杭州城市的历史呈现出一种"自然成长"的现象，伴随着经济发展而不断伸展形态。

5. 城市遗迹的文化和艺术内涵深厚

杭州保存有丰富的历史遗迹，包括古遗址、古墓葬、古建筑、古村落乃至馆藏文物，都曾对中国历史产生重要影响。

跨湖桥遗址出土了迄今为止中国年代最早的独木舟，具有非常重要的历史认识价值；而出土的中草药遗迹，对研究中草药的起源尤其是煎药起源具有重要价值。

良渚古城遗址是中国长江下游环太湖地区的一个区域性早期国家的权力与信仰中心所在，是中华文明重要的发祥地。以其规模宏大的古城、功能复杂的水利系统、分等级墓地（含祭坛）等一系列相关遗址，以及具有信仰与制度象征的系列玉器，揭示了中国新石器时代晚期，在长江下游环太湖地区曾经存在过一个以稻作农业为经济支撑的、出现明显社会分化和具有统一信仰的区域性国家。

南宋临安城的考古成果，则在很大程度上还原了宋朝——中国历史上最重要的朝代之一的真实样貌。南宋临安城作为南宋实际上的都城，在中国古代城市发展史上占有极其重要的地位。首先，其"南宫北市"的都城布局别具一格。以皇城为中心，太庙、三省六部等中央官署集中于城市南部，市集集中于城市北部，在钱塘江和西湖之间形成了腰鼓状的城市形态，使城市与西湖有足够长度的交接面，将西湖的景观留给了城市，为杭州城市发展奠定了重要基础。同时，南宋临安城开放式、街巷式的格局，为研究中国南方城市路河相融城市风貌以及研究宋代建筑史，都提供了极其重要的史料。时至今日，杭州主城区的城市格局依旧保持了南宋以来的基本架构。

相比于西湖景观的美学价值，南宋皇城作为南宋临安城的核心，代表了当时最高的建筑设计和园林建设水平。皇城的朝区是整个皇城的重心，置于最重要的方位上。其他各殿按照各自功能，根据传统的礼仪制度并结合地形，因地制宜地配置在主殿周围，形成一个有机整体。南宋历代帝王推崇自然湖山之美，把南宋皇城营建成山水花园式皇城。皇城内亭台楼阁，百态千容，精巧奇绝，交相辉映。"北内"德寿宫内更开凿有"小西湖"，柳堤环抱，六桥横枕，层峦奇岫，亭榭之胜，御舟之华，则非外间可拟。

此外，杭州地区自唐末五代即开始开凿造像，到20世纪，已经形成以飞来峰、烟霞洞、天龙寺、宝石山、慈云岭等为中心的造像景观。其中，灵隐寺飞来峰石刻造像，集汉传佛教和藏传佛教造像艺术于一身，不仅是中国东南地区最大的石窟造像群，也是中国元代造像最多、最集中的地方。

6. 城市遗迹的科技价值极其珍贵

以良渚古城、南宋皇城及捍海塘为代表的杭州历史遗迹，反映了杭州数千年前的经济、科技发展水平，具有极高的科学价值。

良渚古城遗址是良渚文化最重要、最具代表性的遗址。古城略呈圆角长方形，呈南北走向。城墙底部铺垫石块作为基础，宽度40—60米，基础以上用较纯净的黄土堆筑，部分地段地表以上还残留4米多高的城墙，目前共发现八座水门和一座陆门。古城由内而外具有宫城、内城、外郭的完整结构，是中国古代都城三重结构的滥觞。通过考古调查发掘，确认了良渚古城外围存在一个由11条坝体构成的庞大的水利系统，控制范围约达100平方千米，距今5000年左右，一般认为具有防洪、运输和灌溉等综合功能。它目前不仅是中国最早的大型水利系统，也是世界最早的拦洪大坝工程。

海塘工程是江浙滨海地区防御风暴潮侵袭的堤防工程，又称捍海塘。相传汉代华信就曾在杭州修筑海塘。到了唐代，比较系统的海塘开始出现。五代吴越国建都杭州，杭州正处在钱塘江涌潮顶冲地段。为了保护杭州城的安全，后梁开平年间（907—911），钱镠政权在杭州候潮门到通江门一带兴筑捍海塘，率先采用"竹笼海塘"，是海塘技术的一大进步。经过宋、元、明、清乃至20世纪初期历代增筑，从防御方略、体系，塘身结构、形制，施工部署、措施，管理组织、制度等方面都取得了突出成就，成为中国古代水利史上的一大奇迹。

此外，宋代作为中国科技史上最重要的朝代之一，在土木工程、航海术、冶金学、印刷术等领域取得了突出成就，而杭州作为南宋都城，也在这一过程中占有极其重要的地位。

二、杭州物质形态类文化的突出成就

物质形态类文化，主要着眼点是物质载体。但是这个物质又是广义的，包括物体和行为。玉器、雕塑、刀剪扇这样的工艺品，自然是具体的有形物，而衣食住行、民间信仰这种日常活动，一则本身是物质性的存在，更重要的是作为一种行为的存在，而具有文化内涵。如果前述空间形态类文化可视为不可移动文物，物质形态类文化则可视作可移动文物。

1. 代表中华五千多年文明史的良渚玉器

良渚玉器是良渚文化的代表，在工艺上与红山玉器相比，良渚玉器制作更加精细，花纹更加繁密，内涵更加抽象，尤其是线刻、浮雕、镂空雕、抛光技术的运用，更令良渚玉器的工艺达到了前所未有的高度。良渚玉琮的内圆外方造型，是良渚文化首创，在新石器时代晚期这一时段中，北抵今陕西芦山峁遗址与山西陶寺遗址，南达粤北石峡文化遗址，西北至甘青齐家文化遗址，涉及江、浙、沪以外的十多个省份，都受到了良渚玉琮的直接或间接影响。[①]

良渚玉器的材质，根据反山、瑶山、福泉山、寺墩等多处遗址出土玉器的矿物学鉴定，以具有毡状交织纤维显微结构的透闪石－阳起石系列闪石玉为主，出土时绝大部分呈现出色彩丰富的外观形状，如近山区的余杭良渚遗址内出土的玉器，几乎都以不透明的白色或黄白色为外观特征，即俗称的"鸡骨白""南瓜黄"。

杭州良渚玉器的工艺水平代表了同时代玉器的最高水平，在成形、切割、管钻、纹饰雕琢、碾磨抛光等各个环节都达到了时代的顶峰。在制作器物的大小方面已能做到控制自如。比如平面截圆，最大的玉璧直径达到26厘米，且形状非常圆整平滑；而最小的、用于镶嵌的玉粒，宽度不足2毫米，有些玉粒的表面还经过细致抛磨。在管钻技术方面，收藏在大英博物馆的玉琮，中间管钻的孔长达50厘米，这是目前所知的最大的管钻距离。琢刻纹饰的技艺也非常细致先进，在一条3.5毫米的凸棱上刻画12条弦纹，肉眼几乎无法数清，微雕技术臻于鬼斧神工的境地。

2. 享誉中外的龙井茶和中国茶都

千百年来，茶从中国出发，沿着丝绸之路、茶马古道、茶船古道走向了全世界。杭州是一座有着茶韵的城市。

西湖龙井茶的历史，可追溯到我国唐代，在中国"茶圣"陆羽的茶叶专著《茶经》中，已经有杭州天竺、灵隐二寺产茶的记载。北宋苏东坡有"白云峰下两旗新，腻绿长鲜谷雨春"的诗句，赞美了西湖龙井茶，他手书的"老龙井"三字，至今仍留在西湖狮峰山脚的悬岩上。到了南宋，京城杭州以卖茶为业的茶肆、茶坊，已遍布全市大街小巷。到了明代，中国13种名茶中有3种产于杭州。清代时的西湖龙井茶，更是立于众名茶之首。乾隆六下江南，四到西湖龙井茶区，品茶赋诗。胡公庙前的十八棵茶树还被封为"御茶"。从此，西湖龙井茶驰名中外，开始享有"中国第一茶"的美誉。

杭州出好茶，杭州人饮茶的风俗也由来已久。杭州人喜欢喝茶，

---

① 蒋卫东：《良渚文化玉器发现与研究的心路历程》，《浙江省文物考古研究所学刊（第八辑）》，科学出版社，2006年，第308页。

除了在自己家中品茗，或与亲友品茶谈天外，还有喜欢到茶馆品茶的习俗。《梦粱录》卷十六专辟"茶肆"一节，记述了南宋临安茶馆的风土人情。书中记述，当时茶室已分成了很多档次，不同人群会到不同的茶室饮茶，各得其所。近代以来，许多茶馆里常有艺人表演助兴，还有在茶室弈棋、遛鸟、斗蟋蟀的，使茶室愈发显得热闹。

径山茶宴，无疑是杭州茶文化史上十分厚重的一页。径山寺在余杭，始建于唐代宗时期，兴盛于宋元，是佛教禅宗临济宗著名寺院，南宋时号称江南禅院"五山十刹"之首。径山茶宴，是当年径山寺高僧接待贵宾举行茶会传承下来的一整套礼仪规范，以茶礼宾，以茶参禅，以茶播道，是一种完整而丰富的茶礼茶俗。历史上，随着中日禅僧间的频繁交往，径山茶宴的整套礼仪以及当年使用的茶具，都被带到了日本。有学者分析，径山茶宴是日本茶道和我国民间茶话会习俗的重要源头。

2005年4月，中国国内最具权威的十家国字号茶事机构授予杭州"中国茶都"的称号。

3. 在宋代达到顶峰的雕版印刷技艺

杭州的雕版印刷在宋代达到顶峰，成为两浙刻印中心。朝廷机关和地方官府等所刻书，被称为"官刻"，要求工序严格。宋代刻书的主要特点是：

一是从写本过渡到刻本。宋代是从写本到刻本的过渡时期，在历代刻本中，人们对宋刻本最为推崇。主要原因在于宋版大都直接根据唐人或唐以前的写本刻印，比较完整地保存了古书、古注的原貌。随着古写本濒临绝迹，宋刻本记载的材料显得极为可靠，它不但成为研究中国古代历史文化的第一手资料，而且是订正明以后因辗转刻印而产生妄改或讹舛错脱的最重要的校本。

二是官、私刻本大都校勘精审。宋代设有专门收藏、整理、编撰书籍的中央所属机构，官刻书在未刻之前必须精加校勘。一书校勘既毕，送复勘官复勘，复勘既毕，送主判管阁官复加点校，经过三道手续确定后，方可镂版。以国子监为代表的官刻，作为民间刻书范本。私家主持书坊的业主，许多是有识之士，如上述南宋杭州书坊主陈起，本身就是文学家。陈起在编刻书籍的过程中，注重忠于原著。清杨守敬《日本访书志》著录《披沙集》云："盖陈氏在临安刊书最多，而且精也。今观此本，刻印雅洁，全书复完美无缺，信可宝也。"

三是纸墨俱佳，写刻精良。宋代文化发达，物力充足。官刻本、监刻本开本弘朗，纸白如玉，字大如钱，墨黑如漆，且装潢典雅，工艺精美。宋刻本率由善书之士亲写上版，字体大都继承唐代的欧、柳、褚、颜诸家风格，间架波磔，浓纤得中，端庄凝重，读之赏心悦目，具有很高的欣赏价值，其版式也成为明清雕版印刷的楷模。明高濂《燕闲清赏笺》云："宋人之书，纸坚刻软，字画如写，格用单边，间多讳字，用墨稀薄，虽著水湿，燥无湮迹，开卷一种书香，自生异味。"

4. 体现北艺南技、中国典范的南宋官窑瓷器

南宋官窑瓷既继承了北宋汴京官窑瓷、河南汝官窑瓷等北方名窑造型的端庄简朴，釉质浑厚的特点，又吸收了南方越窑、龙泉窑等名窑的薄胎厚釉、釉面莹澈之精华。北艺南技的结合，创造了中国青瓷史上的顶峰。

器形方面，南宋官窑青瓷严格按照《宣和博古图》的图样制作。《宣和博古图》宋徽宗敕撰，著录了当时皇室在宣和殿收藏的自商至唐的青铜器，计20类839件。每类有总说，每器都摹绘图像，铭文拓本，并记录器物的尺寸、容量、重量等，有一些还附有考证。所绘器形准确，图旁器名下注"依元样制"，或"减小样制"等以标明图像的比例，按照"祭祀礼器规格档案"的格式所列。《宣和博古图》成为后世青铜礼器或陶瓷器制作的范书。

釉色方面，南宋官窑属青瓷系列，釉色为青釉，浓淡不一，主要是粉青、月白、油灰、青黄等色。依色谱的颜色分，是极浅的蓝绿色，也有以灰绿色、黄绿色色调为主的，具有良好的乳浊性，在质感上追求璞玉的效果。晚期釉色滋润，玉质感强烈。为了达到这种效果，宋人在烧造技术上，采用重复上釉、注意控温、

在釉的配方中增加钾和钠两种碱性金属助熔剂等技艺，使瓷器釉面呈现柔和莹润的效果。

审美方面，南宋官窑青瓷主要表现的不是它的装饰，而是它本身如玉般的庄重、典雅和自然美。器形以陈设用瓷为主，有文房用具，也有日用器皿及祭祀礼器，如樽、壶、琮、炉、瓶、碗、碟、洗等，多仿自周、汉古制，严谨、肃穆。以小型器为多见，体积不大，庄重典雅，反映出东方民族淳厚朴实、古雅崇高的艺术风格。

5. 设施设备、工艺水平、织造质量先进的"杭绣"

清代时，杭州成为江南三大织造之一。到了清末，原由江宁局织造的上用缎，以及制帛、诰敕、各色驾衣、彩绸和线罗等特殊用品，都改由杭州局织造，原由苏州织造的户部缎，也由杭州局织造。杭州织造成为朝廷用料的重要织造基地。杭州织造的设施设备、工艺水平和织造质量，都已达到当时最先进的水平，并出现了以杭州命名的罗——"杭罗"。

杭绣在刺绣技艺上，吸收并融合苏、湘、蜀、粤四大名绣之长，绣法多变，既具有奢华精致的宫廷感，也有江南闺阁女红的精巧特色，其中以金银彩绣，盘金（银）、包金（银）为著名，形成了自己的独特风格。盘金绣金碧辉煌，雍容华贵；包金绣层次分明，交相辉映；银线绣古朴文雅，素而不俗；彩线绣细密多变，色彩艳丽。

杭绣讲究针法，主要有平针绣、乱针绣、发绣、穿珠绣、帮绣、点绣、编绣、网绣、纱绣、圈金、平金、纳纱、戳纱、扣绣、打籽绣等，也常运用民间绣中少有的"满地绣"的技法。

杭绣绣品的题材，多取材于民间喜闻乐见、象征吉祥和美好的纹样，如祥龙、凤鸟、麒麟、孔雀、寿桃及牡丹等，还有百结、宝相花、如意、八卦等表示如意美满的传统图案，带有一股自然灵动之感，表现了百姓对美好生活的向往和期盼。宋代杭绣中，出现了"满池娇"图案的绣品，描绘的是池塘中的花鸟景色，包含了人间爱情、家庭、团圆的意境，图案多出现在女装的服饰上。元文宗时期，"满池娇"成为元代御衣的重要刺绣图案。

2009年9月30日，中国蚕桑丝织技艺被联合国教科文组织列入《人类非物质文化遗产代表作名录》。"杭罗织造技艺"作为"中国蚕桑丝织技艺"中的重要代表性项目加入"世遗"，成为中国的一项世界级非物质文化遗产。

6. 蜚声海内外的中国手工业传统名牌张小泉剪刀

张小泉剪刀作为杭州知名传统手工艺品，对技术追求卓越，把质量视为生命，使其质量始终处于行业的领先地位，成就了张小泉剪刀三百多年的辉煌历史。

传统民用剪刀是张小泉的起家产品，它有"信花、山郎、五虎、圆头、长头"五款，靠镶钢均匀、钢铁分明、磨工精细、刃口锋利、销钉牢固、开合和顺、式样精巧、刻花新颖、经久耐用、物美价廉等十大特点称雄制剪业。张小泉剪刀的工艺流程，可以概括为以下六个工序：选料、贴钢与剪头成型、压角、热处理、精砂磨与细砖磨、整理。清乾隆年间（1736—1795），张小泉剪刀被列入朝廷贡品。近代在南洋劝业会、巴拿马万国博览会等国际赛会上屡获殊荣，作为中国手工业的传统名牌蜚声海内外。

7. "天下第一扇庄"的王星记扇子

杭州王星记作为一家百年老字号扇子生产厂家，和杭州丝绸、龙井名茶并称"杭产三绝"。

王星记扇庄的黑纸扇，在意大利米兰、巴拿马和西湖万国博览会上屡次得奖，也曾作为杭州特产进贡宫廷，因此杭州黑纸扇又称"贡扇"，王星记也由此博得了"天下第一扇庄"的美誉。

王星记扇子品种繁多，黑纸扇是扇庄的当家产品，不仅能引风逐暑，遮蔽风尘，还可以遮日挡雨，其特点就是雨淋不透，曝晒不翘，纸不破，色不褪，被誉为"一把扇子半把伞"。此外，还有白纸扇、绢扇、檀香扇、羽毛扇、宫扇、骨扇、香木扇等，共十几个大类400多个花色品种。创制于1920年的檀香扇，以"西泠""玉带""双峰"等西湖名胜为扇名。檀香扇有天然香味，轻轻一摇，清香四溢，扇存香存，沁人心脾。

王星记黑纸扇品种亦有多种，主要体现在材质上，用料讲究。

有全棕、全玉、全本、棕本、马元（和尚用）、白骨边、象牙边、梅鹿、洋包扇（说书用）、檀香边等。"毛全本"和"全棕"最佳。"毛全本"是指用竹筋细匀的毛竹做扇骨的黑纸扇，"全棕"是指用产自黔、越地区的棕竹做扇骨的黑纸扇。棕竹的特点是实心竹，外表看并无细密纹路，刨去表面竹皮后，才露出里面的天然细纹。此外也有用象牙、玳瑁、檀香、兽骨、湘妃竹、梅鹿竹、乌木等名贵材料制作的扇骨。扇骨最长的有40厘米，最短的仅10厘米。

8. 中国特有的珍贵宝石昌化鸡血石

昌化鸡血石是中国特有的珍贵宝石，具有鸡血般的鲜红色彩和美玉般的天生丽质，以"国宝"之誉驰名中外。昌化鸡血石为中国的玉雕工艺创造了"鸡血"巧雕的独特流派。

昌化鸡血石具备了评选中国国石的"四性"：独有性，据我国地质部门的调查和各国地质文献记载，世界其他国家尚无发现此类矿产；奇特性，形、色既奇异又特别，十分罕见；观赏性，形、色、纹理及质地美丽无比，百玩难舍；文化性，在传统文化中有一席之地，皇帝宠爱，布衣珍惜。

昌化鸡血石分冻地、软地、刚地、硬地4大类50余个品种，绚丽多姿，各具特色，尤以冻地为佳，是制作印章的上品。昌化鸡血石石质坚硬，有半透明、微透明之分，有红、白、黄、灰、紫、黑六种颜色，其中以颜色红似鸡血，呈条状、斑分布状的鸡血石最为著名，誉称全红鸡血。全红鸡血质地细腻微松，色月白如素玉，通体密布血斑点，白底红心，十分鲜艳夺目。

三、杭州精神形态类文化的突出成就

精神形态类的文化，似乎是一种无形文化，其实也是有载体的。比如艺术，必须是艺术品，绘画、雕塑本身就是物质载体；而音乐、戏曲等，也有一种行为载体；甚至文学，则有文字载体。但无论是哪种载体，最有价值的部分，还是其所体现出来的无形的艺术和精神价值。

1. 古代诗词和散文创作成就辉煌，大师辈出

古代杭州的诗词和散文大师辈出，代表人物如白居易、苏轼、陆游、柳永、李清照、林和靖、岳飞、张岱、龚自珍等。其作品不仅是杭州文学的骄傲，也是中国文学史中的经典。这些大师级人物对中国文学和文化的深远影响，可以仁和人龚自珍为代表。几乎所有的中国文学史在论述中国近代文学时，都把龚自珍作为"近代文学的先行者"[①]，称其为"首开近代文学风气的人物"[②]。龚自珍对梁启超、谭嗣同、黄遵宪、柳亚子、苏曼殊、鲁迅、胡适、郁达夫、陈寅恪等19—20世纪一批文化大师影响极大，梁启超评价龚自珍说，"吾见并世诸贤，其能为现今思想解放光明者，彼最初率崇拜（龚）定庵"，并将他誉为"中国的卢骚（卢梭）"。龚自珍的《己亥杂诗》共收录诗作315首，直到民国时，它仍被柳亚子评为"三百年来第一流"。在中国历史上，能够像龚自珍这样在哲学、政治和文学等不同领域，在长达新旧两个时代变迁中发生持久与深远影响的思想家和文学家，屈指可数。

其他诸如白居易、苏轼、柳永对中国山水诗词创作特别是"西湖诗词"的影响，林和靖对隐逸文学的影响，张岱对游记文学的影响等，都不仅在中国文学史上具有重要意义，而且在日本、韩国及东南亚地区也有较大影响。

2. 白话小说和散曲作品贡献大，代表性强

从历史上看，杭州是大量白话小说的故事发生地，如《白娘子永镇雷峰塔》等，或者是一些文学巨著的最后成书地，如《水浒》《三国演义》的最后成书都和杭州有密切关系。此外，诸如李渔有关杭州的白话小说及其戏曲创作、陈端生的长篇弹词小说《再生缘》等，都在某种程度上填补了中国古代小说的空白。特别是陈端生的《再生缘》，得到陈寅恪和郭沫若等大师级人物的高度评价。陈寅恪的评价是："再生缘实弹词体中空前之作，而陈端

[①] 任访秋：《中国近代文学史》，河南大学出版社，1988年，第35页。
[②] 游国恩等：《中国文学史》第四卷，人民文学出版社，1964年，第318页。

生亦当日无数女性中思想最超越之人也。"[①] 郭沫若则认为这是一部和《红楼梦》相媲美的文学巨著，可以称之为"南缘北梦"。《再生缘》不仅是杭州文学史上，也是中国文学史上具有代表性的作品，陈端生和李清照等女性作家一样，是杭州文学和中国文学的骄傲。

3. 神话和民间传说影响大，流传广

杭州已被公布为国家级非遗的民间文学类项目有白蛇传传说、梁祝传说、西湖传说、钱王传说、苏东坡传说等5项。被公布为省级的民间文学项目18项，其中的罗隐传说、严子陵传说、钱塘江传说、杨乃武与小白菜传说、杭州灯谜、朱三与刘二姐长篇叙事民歌等也都十分精彩，深受当地民众的喜爱。

其中当以白蛇传传说、梁祝传说、钱王传说、济公传说、西湖传说和岳飞传说等影响最大，传播也最广。经由现代传媒加工改编后，更是具有全国甚至世界影响，如白蛇传在改编为影视作品之后，时至今日在东南亚乃至全世界，凡是有华人居住生活之处，都可以发现这部作品的深刻影响。

在中国古代四大民间传说中，杭州的白蛇传传说和梁祝传说，就占了其中一半。白蛇传传说中的白娘子形象，被学术界推为典型的女性艺术形象之一，极大地丰富了中国民间文学艺术的宝库。这个故事的早期记录文本，许多情节与西湖密不可分。梁祝传说中的万松书院、双照井等，每每让今天的游人想起这个凄婉动人的爱情传说，学界称它是"东方的罗密欧与朱丽叶"，这个故事在朝鲜、韩国、日本、马来西亚、印度尼西亚、越南、泰国等地都有广泛流播。

4. 宋元时书画达到中国古典艺术高峰，影响后世

宋朝在建立之初建立了翰林图画院，画院通过考试录用或升迁人才，要求状物绘形的严格和写实技巧，同时又强调立意构思，多摘取诗句为题目。南宋初期，则仍用宣和画院旧人并补充当地画手重建画院，名家亦齐聚宫廷，有马远、夏圭、李嵩、梁楷、

[①] 陈寅恪：《论再生缘》，载《寒柳堂集》，上海古籍出版社，1980年。

李迪等绘画巨匠，又一次掀起宫廷绘画高潮。南宋院体绘画追求写实、寓理于乐的美学旨趣，在山水画中寻觅并放大了"江南"这个兼有地域和文化主题的双重价值，使南宋杭州绘画成为中国古典艺术史的一座高峰。两宋时的书法，尚意之风为其鲜明的时代特征。而南宋至元明清的书法大家，大多具有精深的专业造诣和广博的文化素养，也将书法跟绘画创作和理论研究提高到了一个新境界。以杭州为中心，产生和集聚了一大批流芳百世、影响中国后世书画的丹青国手。南宋时期自不待说，在元代全国书画版图上，可以看到赵孟頫、鲜于枢、虞集、黄公望、王蒙等代表人物会聚杭州，留下大量珍贵作品；而杭州籍的王渊、张渥、张雨、孙君泽、中峰明本、俞和等人，也都具有较大的时代影响。总之，杭州书画从两宋开始渐渐走向繁荣，元代出现一个高潮。杭州成为中国书画经典样式的策源地、核心流派活跃的中心区和书画代表人物的集中点。

5. 戏曲创作、展演和繁荣重镇，名家荟萃

杭州是中国曲艺兴盛和繁荣之地，也是南北各种技艺交流、竞演的场所。从古至今，涌现了众多剧作家、演员、戏曲研究者和作品。元代时，北方大批杂剧作家和演员，通过运河南下会聚杭州。明清两代，杭州成为昆曲演出的重要城市，出现了高濂、洪昇等诸多本土曲家，以及《西园记》《红梅记》《琥珀匙》《占花魁》《雷峰塔》等杭州的"本土剧目"。

南戏，是宋元时期流行在南方、用南曲演唱的传统戏曲艺术。因起源于温州（永嘉）地区，流传外地后被称为"温州杂剧"或"永嘉杂剧"。南宋前后，它在杭州和江浙地区发展兴盛起来。随着南戏流行，元末至明中叶，在不同地区先后出现了不同的声腔剧种，如弋阳腔、余姚腔、海盐腔、昆山腔等，为明清以来多种地方戏的繁荣，提供了丰富养分。

元杂剧根据活动情况，可以按元灭南宋为界分前、后两期。前期主要活动于北方，以大都（今北京）为中心；后期主要活动于南方，以杭州为中心。南传时又曾驻足过山西平阳（今临汾）

与河南汴梁（今开封），并形成中心，故共有四个中心。至元十六年（1279），元朝完成疆域统一后，南北运河水运得以复通，北方大批杂剧作家和演员纷纷南下，会集杭州，使得杭州成为继大都之后，元杂剧作家新的大本营，①涌现出了成批的杂剧作家，如马致远、郑光祖、乔吉等。

杭州戏曲在明代非常活跃，由南宋的瓦舍技艺，经演变派生出与近代戏曲品种名称接近的明代戏曲。清代是杭州近现代戏曲的发展和成熟时期，钱塘人洪昇的传奇剧《长生殿》于康熙二十七年（1688）问世，在当时的全国范围内引起了极大轰动。到了清代末叶，各种地方小戏在浙江蓬勃兴起，杭州本土的地方小戏开始崭露头角，如越剧、鹦哥戏，以及萧山一带的绍剧、建德一带的婺剧等。同治十三年（1874），第一个京班南下杭州，搭昆班舞台亮相，开启了京剧在杭州的发展壮大历程。②

6. 雕刻与纹饰艺术精美绝伦，蔚为大观

杭州雕刻艺术集中在木雕、玉雕和石雕上。

杭州木雕可以追溯到七八千年前的新石器时代，跨湖桥遗址出土的独木舟，是杭州最早的木雕制品。北宋开宝三年（970）吴越王修建、南宋绍兴年间重建的六和塔，是中国古代建筑艺术的杰作。作为南宋的都城，寺庙古塔、皇宫豪宅建筑构件中的雕琢和装饰，促进了杭州木雕技艺的全面发展，囊括了浮雕、深浮雕、圆雕、立体雕、彩金木雕等技艺。从清光绪三十年（1904）重修的杭州丝绸业会馆旧址、清末中国巨商第一豪宅胡雪岩故居等建筑，可窥见杭州木雕营造技艺之一斑。

以良渚文化中的玉雕为代表的艺术，是五千年中华文明的早期实证与辉煌见证，代表性器物玉琮形态、花纹精美绝伦，琢制工艺复杂，至今难以还原。良渚文化的琢玉技术代表了新石器时代治玉工艺的较高水平。同时，构成良渚文化玉器主体纹饰的鸟、

---

① 徐宏图：《浙江戏曲史》，杭州出版社，2010年，第72—73页。
② 何平、顾希佳：《杭州市非物质文化遗产大观·戏曲曲艺卷》，西泠印社出版社，2008年，第7—8页。

兽、人要素，分别来自以鸟形纹为代表的祖先崇拜，和以兽面纹为代表的自然崇拜，以及以人形纹为代表的偶像崇拜。宋代时杭州佛教盛行，以佛教人物为题材的玉雕大量出现。明清两代玉器生产规模远远超过元代，透雕、镂雕技术更为娴熟，器形更为丰富，进入玉器制作工艺的全盛时期。

杭州的石窟造像巍然壮观，是杭州珍贵的文化遗产，兼具江南和时代特色。最大的石雕群飞来峰造像位于杭州灵隐寺前的飞来峰上，有五代至元代造像三百八十多尊，是浙江省最大的一处造像群。这些石窟造像从五代、宋、元至明前后跨度七百余年，其中宋代造像二百余尊，元代藏式造像一百余尊，都雕刻精细，妙相庄严。其中后周广顺元年（951）滕绍宗雕造的阿弥陀佛、观音、大势至"西方三圣"，是飞来峰有题记的造像中年代最早的一龛。宋代造像中，卢舍那造像和大肚弥勒造像最为珍贵。元代汉、藏式造像保存较为完整，体量都较大（最大的3米以上），其中毗卢遮那和文殊、普贤造像，是杭州西湖最早的一龛元代石刻造像。这些造像刀法洗练，线条流畅，在继承唐宋传统艺术手法的基础上，富有藏、蒙等兄弟民族的艺术特色。

7. 浙派古琴艺术高潮迭起，名闻遐迩

古琴是中国最早的弹拨乐器，已流传了三千多年。浙派古琴艺术始于南宋，郭楚望被认为是浙派古琴艺术的创始人，形成了当时琴界最重要的派别"浙派"。徐天民门下在元明时期传承四代，将浙派古琴艺术推向顶峰，有"浙操徐门""徐门正传"之称。

浙派古琴演奏追求"微、妙、圆、通"的音色，以"清、微、淡、远"的艺术境界为指归，追求文雅、恬静、简洁、洒脱的意境。经典曲目数十首，包括郭楚望的《潇湘水云》，毛仲敏的《渔歌》《樵歌》，徐天民的《泽畔吟》等，传世的浙派琴谱则有《紫霞洞谱》《霞外琴谱》《梧冈琴谱》等十余种。史书载："近世所习琴操有三：曰江、曰浙、曰闽……习浙操者十或六七。"宋人成玉礀曾在《琴论》中说，"京师、两浙、江西能琴者极多，然指法各有不同。京师过于刚劲，江西失于轻浮，惟两浙质而不野，文而不史"。

成玉磵所说的两浙,即指浙派古琴艺术。明琴人刘珠在《丝桐篇》中对浙派古琴艺术评价说:"其江操声多烦琐,浙操多疏畅,比江操更觉清越也。"

2003年11月,联合国教科文组织正式批准中国的古琴艺术列入《人类非物质文化遗产代表作名录》;2010年,"浙派古琴艺术"作为子项目追加进入名录。

8. 儒学与宋明理学名家众多,集成发扬

南朝时儒学有南学、北学两宗,杭州市域成为相对精致化的南学的重要基地。《晋书》卷九十一《列传第六十一·儒林》所列18人,为首的即为钱唐人范平。《陈书》卷三十三《列传第二十七·儒林》所列9人,其中有钱唐全缓,盐官戚衮、顾越,还有武康沈文阿、沈洙、沈不害。六朝时,钱唐出现了范氏、朱氏、杜氏等儒学世家,又有盐官顾氏、武康沈氏等世家。

隋唐时形成更为系统的经学注疏学、史学注疏学、文学注疏学。《隋书》卷七十五《列传第四十·儒林》收录14人,其中就有余杭顾彪、鲁世达2人。顾彪精尚书学,鲁世达擅毛诗,皆以南人见重于炀帝。李世民于秦王府开设文学馆,延请"十八学士"。其中褚亮为钱塘人,许敬宗为富阳人,姚思廉为武康人。唐玄宗以张说等为"开元十八学士",其中贺知章为永兴(今萧山区)人。

宋学发端于仁宗朝的庆历新政前后,范仲淹是创建宋学的组织者和带头人。他主张学术与社会变革相结合,贬睦州、杭州时就积极推行其改革措施,如兴学校、办义庄。时任鄞县令的王安石到杭州拜见范仲淹,传递了改革薪火。南宋时洛学作为理学正脉,传入杭州。其中一支从杨时经罗从彦、李侗至朱熹,另一支从谢良佐经张九成至陆九渊。杨时北宋时曾任余杭、萧山县令,南宋官至工部侍郎、龙图阁直学士。在萧山时热衷收徒讲学,萧山执弟子礼的有千余人。朱熹的学术思想不仅深刻影响了杭州,而且他的许多思想也是在这一带实践思考的提炼。浙学虽偏于浙东命名,但来源离不开临安。朱熹甚至将钱塘人张九成划入永嘉学派。南宋主要的儒学人物杨简、吕祖谦、叶适、陈傅良等,几乎都在杭州活动过。

明代后期，杭州及今杭州市域在王学影响下学术发展再趋活跃。王守仁到杭州聚徒讲学，还写下17首有关杭州的诗，并撰《重修万松书院碑记》。他与曾任刑部尚书的洪钟结下友谊，还造访其创建的两峰书院，为洪钟撰墓志。王门后学分为多种门派，杭州及今杭州市域是他们活动的主要区域之一。

9. 经验技术基础上的科学思想发展，硕果累累

宋代中国科学技术逐渐进入发展的高峰期。早期科学技术思想的代表人物是北宋科学家沈括，他以实验科学的精神，在诸多研究领域取得卓越成就。他晚年集毕生实践所著的《梦溪笔谈》，包括天文、历法、数学、物理、化学、生物、地理、地质、医学、文学、史学、考古、音乐、艺术等共600余条。科学技术史专家李约瑟（Joseph Needham）评价沈括"可能是中国整部科学史中最卓越的人物"，《梦溪笔谈》是"中国科学史上的里程碑"。①

吴越国的天文学成就突出。马王后康陵和钱元瓘墓石刻星图显示，其底图当经实测按比例绘制，是中国古代最早、最精确的恒星图之一，表明当时对赤道、天球、投影这些科学概念已有认识。南宋临安建有两个天文台，曾详录绍兴五年至德祐元年（1135—1275）一百四十年日食60多次，对太阳黑子、月食和彗星的观察记录也很周详。南宋黄裳任嘉王府翊善时绘制的《天文图》，是现今发现的最准确的古星图，他绘制的《坠理图》与西安碑林藏《华夷图》《禹迹图》，并列为中国三幅最古老的全国性地图。任职于太史局的杨忠辅制定《统天历》，准确测定地球一回归年长度计为365.2425日，还发现回归年长度在逐渐变化，历算达到当时世界一流水平。北宋著名科学家苏颂任杭州知州时，提出了钱塘江潮汐因月球引力而生的科学观点。

南宋著名数学家杨辉（钱塘人），与秦九韶、李冶、朱世杰并称宋元数学四大家。杨辉著有《详解九章算法》等，已失传的

---

① 李约瑟：《中国科学技术史》第1卷《导论》，袁翰青、何兆武、刘祖慰、鲍国宝等译，科学出版社、上海古籍出版社，1990年，第140页。

"贾宪三角""早期增乘开方法""垛积术"等曾赖以流存。其《九归口诀》不仅提高了运算速度和精确度，还对明代珠算的发明起到了推动作用。明代仁和人吴敬的《九章算法比类大全》，最早详细记载了珠算术，对程大位《算法统宗》以及明中叶以后的数学有重大影响。

在明末西学引进中，仁和人李之藻与利玛窦共同编译的《同文算指》，是最早译成中文的西方算学著作，所编《浑盖通宪图说》是中国第一部介绍西方现代天文学的著作。其所编《天学初函》，是中国第一部新学丛书，汇集了利玛窦、徐光启、李之藻等译著20种。仁和人杨廷筠著有《代疑篇》等，主张耶儒互补，以天主教教义来重新解释乃至重构儒家文化。

清代是中国历史上出现数学家和数学著作较多的朝代，某些成就达到了世界先进水平。据阮元《畴人传》等书统计，清代240多位历算学家中，浙江占50多位，其中多数为杭州人。较早学习引进西方数学并取得较高成就的是谢家禾、项名达和戴煦。晚清时期出现了夏鸾翔、李善兰、诸可宝、方克猷等著名人物。海宁人李善兰是著名数学家和天文学家，他翻译了大量西方科学著作，创造了许多沿用至今的科学术语和名称，与随后华蘅芳、夏鸾翔等对西方科学技术的研究，构成继徐光启之后中国第二次引进西方科学技术理论的高潮。李善兰还著有20多种数学著作，他在垛积术研究方面的"李善兰恒等式"驰名中外。

清末开始，杭州及今杭州市域现代科学研究逐渐普遍化。较早兴起的是医学、地质学、地理学、天文学、气象学和农学等。杭州广济医校设普通化学、无机化学、有机化学等实验室，开展教学研究活动。求是书院成立之初即开设化学课，并设化学实验室。

10."天下第一名社"开历史先河，地位崇高

自清代道光、咸丰以来，随着汉魏碑文出土的增多，探讨钟鼎、碑碣、印玺、封泥的学者日渐增多。清光绪三十年（1904），浙派在杭的篆刻家丁辅之、王福庵、叶为铭、吴隐等四人在孤山数峰阁旁买地筑室，研讨印学，结社于孤山南麓西泠桥畔，取名"西

泠印社"。

1913年，在印社初创十年的纪念大会上，正式定名西泠印社，公推近代艺术大师吴昌硕出任首任社长。印社经过十年的建设，开展了集会、展览、收藏、出版等一系列活动。盛名之下，精英云集，李叔同、黄宾虹、马一浮、丰子恺、吴湖帆、商承祚等均为西泠印社社员，杨守敬、盛宣怀、康有为等为赞助社员。此后二十余年，西泠印社长期践行金石保存和印学弘扬两个核心愿景。西泠印社迅速发展，声望日隆，逐步确立了海内金石书画重镇的地位，以"天下第一名社"为核心的杭州印学名城品牌正式确立。

受西泠印社影响，日本篆刻家河井仙郎、长尾甲也来中国进行交流并加入印社，作为海外社员，他们把源自中华的金石篆刻艺术带回国内，在日本、韩国创立了全国性的篆刻创作与研究团体。西泠印社促成、推动了周边国家汉字文化圈内篆刻创作与研究的产生、发展和繁荣。

2009年9月30日，以西泠印社为主申报的"中国篆刻"经联合国教科文组织会议通过，被列入《人类非物质文化遗产代表作名录》。

11. 新式学校创办和现代思想传播，领风气之先

晚清和民国时期，教会在杭州创办了许多新式学校，引进了现代教育理念。美国北长老会创办的之江大学（Hangchow Christian College），特别重视对学生科学精神的培养，也十分重视职业技能训练。弘道女学校（Hangchow Union Girls School）的前身是三个教会女校，设有中学部、高小部、初小部和幼稚园，后来还办了幼稚师范部。美国北浸礼会（The American Baptist Missionary Union）教士甘蕙德（Winfield Scott Sweet）夫妇创办蕙兰中学堂，英国安立甘会女教士玛丽·沃恩（Mary Vaughan）创办冯氏女学堂。

在教会学校影响下，甲午战争后国人自办新式学校渐成风气。光绪二十三年（1897），浙江巡抚廖寿丰创办浙江武备学堂，后又请杭州知府林启创办求是书院、养正书塾等。求是书院后改名

浙江求是大学堂、浙江大学堂、浙江高等学堂等，是浙江第一所高等学校。养正书塾后改名杭州府中学堂、浙江官立第一中学堂、浙江省立第一中学校等，是浙江最早的公立普通中学。另外还创办了其他许多普通中小学，如周士涟创办宗文义塾（私立宗文中学）、米商创办思文米业初等小学堂、徐家源等创办杭州绸业初等小学堂、丁立中等创办杭州绸业第二初等小学堂和三所杭州机业初等小学堂、木业商人创办浙西木业两等小学堂等。

晚清庚子后，新政废止了科举，书院全部改为学堂，掀起教育改革和教育西化运动。杭州教育事业尽管受发展实业的影响很深，但其要义在学习真知识。同时强调国民教育和男女平等的观念，这种认识已超越洋务派、维新派水准，即从人性和国民素质培育着眼，而非单纯的人才培养。

12. 慈善思想和实践发展较早，成就"善治"之城

宋人社会保障的观念发生了重大转变，由过去的灾荒救济到人生全过程保障，形成了报灾检灾法、灾伤流移法、劝分法、养济法、安济法、举子法等。北宋时，苏轼在杭州建安乐坊，收治贫病之人。运作方式引起朝廷极大关注后，开始在全国推广专为穷人治病的"安济坊"。

南宋治荒名吏董煟在总结杭州荒政实践基础上，著有中国历史上第一部荒政学专著《救荒活民书》。该书提出完整的救荒思想体系，主要包括粮食储备制度、赈济策略、流通与物价管理等，该书卷三《苏轼乞预救荒》阐述了元祐灾荒时，杭州知州苏轼提出的早作救灾、预先救荒的观点，为后代许多帝王推崇，宋宁宗赞其为"南宋第一书"，诏令刊印推行。

晚清时期，杭州在中国慈善实践和思想发展上达到了新的境界。左宗棠收复杭州后，请丁丙牵头重建杭州慈善机构。丁丙等杭州士人不遗余力地恢复并扩充了慈善机构"杭州善举联合体"，主体架构是普济堂、同善堂、育婴堂。普济堂设怡安堂（养老院）、清节堂（节妇堂）、正蒙义塾、施药所、栖流所、恤灾所、给米所等机构。同善堂下辖十个机构，分别是制作并对贫穷之家丧者

施舍棺木的施材局、对倒毙街头的无名尸体进行掩埋的掩埋局、为普通民众提供免费诊疗的施医局、接种牛痘预防天花的牛痘局、申请验尸的报验局、对守寡但有公婆子女需要抚养的妇女进行援助的穗遗集、对溺水遇难者进行施救的救生船、对贫穷者提供无息贷款的借钱局、收集写过字的纸张的惜字会,以及对贫穷无依少年施行免费教育和培养的正蒙义塾。三堂而外还管理三仓(永济仓、义仓、富义仓)、宗文义塾、钱江义渡局、保甲局、迁善所(劳教所)、粥厂、丐厂、浚湖局、救火义集等机构。

　　晚清政府治理社会的能力大为削弱,像杭州这样社会重建特征明显的城市命运,几乎完全掌握在士绅手中。他们事实上将社会运行网络主要编织在杭州善举联合体之下。虽然有筹资的烦恼和义工式的利益牺牲,但也有了前所未有的文化和道德实践可能,社会动员的能力和社会实现的内在动力空前增强,获得了有史以来从未有过的个人或团体的价值实现。中国没有西方式的市民社会,但杭州善举联合体,特别是丁丙等人的身上存在市民社会的特征,其地方自治实践作为地方政治革新的先导,体现了士绅对自身历史使命的自觉、对城市政治发展的主体性选择。慈善家丁丙临终前,在病榻上最后编纂了一部被夫马进誉为"详细记录了一个城市慈善事业的全貌,这一点是其他资料无与伦比的"[①]著作《乐善录》。该书详细记载了晚清杭州慈善组织的建置、资产、规约、捐输、度支、人物等,系统阐述了丁丙的慈善思想,标志着中国慈善学的诞生。

[①] 夫马进:《中国善会善堂史研究》,伍跃、杨文信、张学锋译,商务印书馆,2005年,第464页。

第七章 杭州优秀传统文化的代表人物

杭州优秀传统文化的创造者，是生于斯、长于斯的古代杭州民众，包括由于各种原因来到杭州工作生活的各类人群。在创造了杭州灿烂文化的千千万万民众中，能在历史上留下名字的杭州人并不多。留下名字的一些人，就成了杭州名人。

这些名人，绝大多数都是传统意义上的精英分子，包括皇室成员、文臣、武将、诗人、画家、书法家、名医、企业家、能工巧匠等。毫无疑问，这些精英是杭州文化的创造者、引领者。但另一方面，更多的杭州传统文化，特别是俗文化类的传统文化，创造者和传承者是广大的杭州普通民众，是他们经过集体创造、世代相传，最终形成了贴近大众的杭州各类传统文化。这些成就，无法归功于历史上的某一个人。在我们记录和追念那些文化名人的时候，也要怀着一颗感恩的心，把千千万万普通民众放在我们的视野中。他们为杭州人的生活方式作出了默默无闻的贡献。

我们先从整体上纵览杭州历史名人群体的概况，然后再将其中最具代表性的人物，加以个案展示。前者是面，后者是点。

一、杭州历史名人分期

杭州优秀传统文化的代表人物，不同时代数量不一，在政治、经济、文化等不同方面，数量也很不均衡。

1. 名人初露时期（隋以前）

杭州本地籍名人的真正出现，要推在汉武帝元鼎六年（前111）统一东越的战争中，以楼船军卒投身战斗的辕终古。辕终古（？—前104），钱唐（今杭州）人。其以征东越之功而被封为语儿侯（一作御儿侯），成为汉武帝统一东越之战中为数不多的封侯者之一。此后，东汉末年会稽郡议曹华信，筑塘使西湖与钱塘江分开，成为治理杭州的第一功臣。

东汉末年群雄割据中打下江东基业的孙坚和儿子孙策，三国时期吴国的开创者吴大帝孙权，以及会稽王孙亮、景帝孙休、末帝孙皓，均是吴郡富春县（今杭州市富阳区）人。由于吴国君主籍贯在富春县，由此杭州地区也出现了一批名将和政治家，如余杭人凌操、凌统，钱唐人全柔、全琮，富春人孙贲，钱唐人范平，等等。其中，范平还是目前所知浙江历史上最早的藏书家。

两晋和南朝时期，杭州的名人也有所涌现。在西晋名臣中，孙惠为富春人，褚陶为钱唐人；东晋时，钱唐杜子恭为著名道士。

南朝时，杭州地区出现的名人中，政治和军事方面的不多。名臣主要有：范述曾，钱唐人；朱异，钱唐人，经学家、萧梁大臣。名将主要有周文育、杜稜，前者为新安寿昌（今建德）人，后者为钱唐人。此外，南朝历史上规模最大的一次农民起义的领袖唐寓之，为富阳人，他在钱唐建都称帝。文化艺术类的名人有增多的趋势，钱唐名士有褚伯玉、褚胤、杜京产、褚仲都、杜之伟等。褚胤是著名围棋手，宋文帝还曾将褚胤的围棋和钱唐杜道鞠的弹棋、范悦的诗、褚欣远的模书和徐道度的医术并称为"天下五绝"，说"天下有五绝，而皆出钱唐"[①]。杜京产是知名隐士，徐謇为名医，褚仲都是名儒，杜之伟为著名学者，富阳人法旻为高僧，苏小小是钱唐第一名伎。

在这一时期，杭州还有许多外来的名人，如名臣朱买臣，方储、方俦、方俨三兄弟，隐士严光，炼丹术家魏伯阳，高僧慧理、佛图澄、竺法旷，著名道士葛玄、许迈、孙泰、孙恩、葛洪，文学家谢灵运，等等。有的名人还有传说的成分。如东晋术数大师、堪舆之祖郭璞，相传为后来形成"三面云山一面城"之势的杭州城留下名句："天目山前两乳长，龙飞凤舞到钱塘。"他的这两句谶语可看成西湖最早的山水诗。南朝宋刘道真的《钱唐记》，是杭州最早的地方志书，成书时间在南朝宋元嘉十三年（436）前后，主要记录了钱

---

① 李延寿：《南史》卷三十二《徐文伯传》，中华书局，1975年，第838页。

唐江湖山川和风土民情，文字简洁，具有极高的史料价值。

2. 名人兴起时期（隋唐、吴越、北宋）

隋唐时期，随着杭州经济的发展，本地籍人才开始兴起，主要名人集中在政治和文化两个领域。政治人物主要有：隋朝名臣陆知命，富阳人；隋末江南农民起义领袖刘元进，余杭（今杭州）人；唐朝名臣褚亮、褚遂良、王伾，钱唐（今杭州）人；许敬宗，新城（今富阳新登镇）人；褚无量，杭州盐官（今嘉兴海宁）人；临安人董昌，为唐代晚期的军阀；睦州雉山县（今淳安）人陈硕真，为中国历史上第一位称帝的农民起义女领袖。

著名文学家也不少，其中最著名的当推越州永兴（今萧山）人贺知章。睦州新安（今淳安）人皇甫湜、皇甫松、方干，睦州寿昌（今建德）人李频，也著名于时。睦州分水（今桐庐）人施肩吾，是开发台湾澎湖的先驱者，又是歌咏澎湖的第一人。富阳人道标，为中唐著名诗僧。

在书画和歌舞方面，褚遂良为唐初四大书法家之一。富阳人孙过庭，为唐代书法家。钱塘乐伎乐玲珑、樊素、小蛮，能歌善舞，托白居易之名闻名遐迩（白居易有"樱桃樊素口，杨柳小蛮腰"诗）。

杭州本地籍的著名宗教人物不多。隋代高僧真观，俗姓范，字圣达，钱唐人。唐代高僧圆修，即鸟窠禅师，俗姓潘，本号道林，富阳人。

褚遂良的九世孙褚载，从当时丝织业最为发达的广陵郡（今江苏扬州）回到祖居地杭州，并带来了扬州先进的织造技术，进一步促进了杭州丝织业的发展。后来杭人为了纪念他的功绩，在城内褚家堂建通圣祠，供其为神。

总的来说，隋唐时期杭州本地籍人才还不多，名人更少，在全国的地位不高。非常典型的事例是，在近三千名唐代诗人中，杭州本地籍的知名诗人着实不多。明代兰溪人胡应麟在著名的诗学理论专著《诗薮》外编卷三《唐上篇》中说："唐诗人千数，而吾越不能百人。初唐虞永兴、骆临海，中唐钱起、秦系、严维、顾况，晚唐孟郊、项斯、罗隐、李频辈，今俱有集行世。一时巨擘，概得十二三，似不在他方下。……今类考诸书，录之于左，文士亦并附焉。……杭州：褚亮、遂良、许敬宗、褚无量、罗隐、罗邺、罗衮、罗虬。睦州：吴少微、章八元、施肩吾、章孝标、皇甫湜、皇甫松、徐凝、李频、方干、许彬、章碣、刘蜕、章鲁封。"

在这一时期，外来名人扮演了主要角色，特别是在杭州城市建设、文化发展方面。从城市建设来说，北周、隋朝名将杨素，弘农华阴（今属陕西）人，是杭州州城的创始者。唐京兆（治今陕西西安）人李泌，开六井。下邽（今陕西渭南北）人白居易，杭州刺史。睦州司马刘长卿，宣城（今属安徽）人。京兆万年（今陕西西安）人杜牧，睦州刺史。在杭州"东南佛国"的建设中，外来的宗教人物扮演了主角。如径山寺开山祖师道钦，吴郡昆山人。韬光寺开山者韬光，蜀人，唐代高僧。虎跑寺开山者寰中，河东蒲阪（今山西蒲州）人。文喜，赐号"无著"，嘉禾（今嘉兴）人，圣果寺中兴者。此外，这一时期在杭州活动的外来著名人士还有："茶圣"陆羽，复州竟陵（今湖北天门）人；画家萧悦，兰陵（今山东兰陵县兰陵镇）人。

吴越国时期，杭州本地籍名人明显增加，地位上升，出现了一些有全国性影响的人物。政治上，有吴越国的创建者钱镠及其后继者钱元瓘、钱佐、钱倧、钱俶，为临安人；有吴越国重臣杜建徽，新城（今富阳新登镇）人；有吴越国重臣水丘昭券，临安人。军事上，有吴越国名将吴公约，余杭人。文化名人有文学家罗隐，新城（今富阳新登镇）人。建筑家有喻皓，杭州（一作浙东）人，著有《木经》。佛学家有：余杭人延寿，为吴越国高僧，法眼宗传入高丽的重要弘法者；余杭人文益，著有《宗门十规论》，为法眼宗的创立者；等等。当然，还有不少来自外地且对杭州贡献甚大的名人，如：吴越国重臣皮光业，襄阳竟陵人；五代后梁至北宋间高僧、佛教史学家赞宁，吴兴德清（今属浙江）人；德韶，处州龙泉，一说缙云（均属浙江）人，为法眼宗第二祖，吴越国王钱俶的国师；诗僧、画家贯休，婺州兰溪（今属金华）人。

北宋时期，杭州出现了毕昇、沈括等影响力跨越国界的人物。

至于有全国性影响的人物则更多。名臣有：钱塘（今杭州）人钱惟演、唐肃、李用和、唐询、沈遘、沈辽、虞策、沈括、强渊明、唐恪，余杭人盛度，富阳人谢绛、谢景初、谢景温，睦州建德人江公望。北宋著名的农民起义领袖，是睦州青溪（今淳安）人方腊。文学家有：钱惟演，西昆体骨干诗人；强至、沈辽、周邦彦均是著名文学家；林逋为著名隐士、文学家。著名科学家，除上述的沈括、毕昇外，临安人钱乙是医学家，富阳人谢景初，创制"谢公笺"（我国历史上著名的用于书写诗柬和信函的染色加工纸，与唐代"薛涛笺"齐名）。高僧有：净土宗七祖省常，钱塘人；天台宗高僧元净（辩才），於潜（今临安於潜镇）人。这一时期，杭州还有知名女子，宋仁宗赵祯的生母李宸妃是《狸猫换太子》故事的主人公之一。

3. 名人繁盛时期（南宋、元）

这一时期的突出表现是：杭州本地名人的地位上升，类型也比前代要多。

南宋定都临安（今杭州）后，本地名人仍以文化名人为主。其中以绘画最为突出，著名画家有钱塘人刘松年、夏圭、马和之、林椿、李嵩、苏显祖、陈清波等。文学家有女词人朱淑真（钱塘人）。思想家有钱塘人张九成。科学家有宋元四大数学家之一的杨辉（钱塘人）。名医有杭州人嵇清（原籍开封）、李立之和罗知悌。书商兼藏书家有钱塘人陈起、陈思等。学者有淳安人钱时。名臣有余杭人何铸、寿昌（今建德寿昌镇）人叶义问、建德人喻樗、富阳人李宗勉、於潜人赵景纬、淳安人方逢辰等。

由于城市政治和经济地位的提升，这一时期杭州吸引了许多外地名人。政治人物姑且不论，以书画名人为例，绍兴年间（1131—1162），宋高宗仿宣和故事，置御前画院，后人称为绍兴画院。经高宗多方经营，画院画师云集，特别是流寓四方的原北宋宣和画院的绝大多数名家，如李唐、朱锐、苏汉臣、刘宗古、李从训、李安忠等，纷纷来到临安，成为绍兴画院的中坚力量。同时，画院也吸收了许多新的画家，人才济济，盛况空前。南宋画院存续一百多年间，有姓名可考的画家近一百二十人。南宋统治者为画院画家提供了优厚的生活待遇和创作条件，使他们的才华得以施展，创作出一大批精美作品。此外，外地与杭州知名文学家也很多，如吴儆、李清照、陆游、范成大、杨万里、葛澧等。

元代杭州本地籍文学家在元代文学史上书写了重要篇章。前期集中在诗词，后期主要在杂剧。汪元量、仇远、张炎、白珽等，都是宋末元初的著名文学家，在诗词赋等领域作出了重要成就。在杂剧创作上，从浦城（今属福建）迁居杭州的杨载，为"元诗四大家"之一。原籍大梁（今河南开封）、自幼寓居杭州的钟嗣成，为著名戏曲家。杭州人沈和、范康、王晔，建德人周文质，均是知名的杂剧作家。此外，在书画艺术、宗教、科学技术等方面，杭州也出现了一些名人。书法家、知名道士有张雨，画家有王绎、王渊，思想家有邓牧，科学家有牛转水车的发明者单俊良（萧山人），高僧有中峰明本，等等。由于历史的原因，这一时期杭州籍的政治名人屈指可数，名臣如富阳人叶李。

这一时期，杭州外来的书画家有赵孟頫、黄公望、王蒙、王冕等。他们的艺术活动为中国绘画增添了极其辉煌的篇章。元代四大画家之一黄公望，常熟（今属江苏）人，寓居杭州，创作有《富春山居图》等。元代四大画家之一王蒙，吴兴（今湖州）人，寓居杭州黄鹤山，作品有《青卞隐居图》等。

4. 名人辈出时期（明、清、民国初）

明代《万历杭州府志》说："自（明）世宗御宇以迄于今，科第日增，人文益盛。"据范金民《明清江南进士数量、地域分布及其特色分析》统计，明清时期，杭州是全国出进士人数最多的城市，明代有进士477人、状元2人，清代有进士892人、状元5人。著名者如海宁陈家，自明正德初年到清同治三百多年间，13世科第，"登进士第者三十一人，榜眼及第者二人，举人一百有三人，恩、拔、副、岁、优贡生七十四人，征召者十一人，庠生及贡、监生几及千人；宰相三人，尚书、侍郎、巡抚、藩臬十三人，京官卿寺、外官道府以下，名登仕版者，逾三百人"①。由此可见，明清时期本地籍名人占据了主要份额。

这一时期，杭州本地籍的政治名人不断涌现。名臣或清官有钱塘人于谦，严州寿昌人徐谊、李台，余杭人邹幹，桐庐人姚夔、俞谏，淳安人商辂，建德人俞夔、宋贤、柴挺然，仁和人夏时正、张瀚，新城人方廉，等等。不少人在军事上也多有建树，如：仁和人宋应昌，是明代军事家、抗倭名将、民族英雄；仁和人毛文龙，是明代著名将领、军事家。

文学家仍占绝大多数。元末明初小说家施耐庵，有文献记载他曾在钱塘为官，著有《水浒传》。罗贯中②著有《三国志通俗演义》。钱塘人瞿佑著的《剪灯新话》，是明代第一部也是最负盛名的传奇小说集。钱塘人高濂是著名戏曲家、藏书家，著有《遵生八笺》《玉簪记》等。仁和人郎瑛，著有《七修类稿》。

此外，明代书画家有戴进、蓝瑛，其中，钱塘人戴进是明代绘画浙派的创始人。数学家有仁和人吴敬，他最早记载了珠算，并记有最原始的珠算口诀。来自余姚而长期寓居杭州的朱养心，精于医术，是闻名遐迩的名医。钱塘人洪楩，是著名的藏书家和出版家。钱塘人田汝成、寿昌人洪蕸、仁和人钟化民，均是著名学者。在宗教领域，杭州人同样有不俗的表现。仁和人莲池为净土宗八祖，杨廷筠、李之藻分别为中国天主教的三大柱石之一。

清代，杭州籍政治家明显比明代减少，但仍然不少。名臣主要有钱塘人黄机、高士奇、许乃济、许乃安、许乃谷、许乃普、许乃钊、金应麟，仁和人龚佳育（一作佳育）、汤右曾、沈近思、孙士毅、许庚身、王文韶、夏同善、陆元鼎，萧山人汪辉祖、汤金钊、朱凤标、葛云飞，富阳人王玉璧、董诰、盛鸿，桐庐人袁昶。值得一提的是，上述许氏兄弟五人均以进士身份进入翰林院，人称"五凤入翰林"，为钱塘望族。葛云飞是清代名将、民族英雄。此外，尚有原籍安徽休宁、寓居钱塘的汪由敦。分水（今桐庐分

---

① 陈其元：《庸闲斋笔记》卷一，清宣统三年（1911）上海扫叶山房石印本。
② 罗贯中的祖籍史学界说法较多，分别有杭州、合肥、太原、东平等。

水镇）人濮振声，为近代民主革命先驱。

文学家仍然占据绝大多数，主要有仁和人柴绍炳[①]、杭世骏、龚自珍、汤右曾、钱塘人李因、洪昇、林以宁[②]、厉鹗、袁枚、梁诗正、吴锡麒、陈端生、梁德绳、吴振棫、余杭人严沆，等等。

这一时期的书画篆刻艺术名人，在全国占据了重要地位。富阳人董诰，为著名画家。仁和人金农、钱塘人戴熙，都是书画家。钱塘人丁敬，是篆刻家。钱塘人梁同书，是晚清四大书法家之一、诗人。钱塘人黄易、奚冈，是篆刻家和画家。萧山人任熊、任薰、任颐，为近代"海上画派"的代表人物。

思想家有仁和人龚自珍和余杭人章太炎。

著名学者也很多，除上述龚、章二人外，还有萧山人毛奇龄，钱塘人梁诗正、朱彭、卢文弨，仁和人丁谦，富阳人周凯，德清（寓居杭州）人许宗彦，等等。

科学家有：钱塘人戴梓，是清初火器专家；钱塘人陈潢，是水利学家；仁和人赵一清，为地理学家；钱塘人赵学敏和魏之琇，都是清代医学家，赵学敏著有《本草纲目拾遗》。此外，还有数学家、仁和人项名达，出身为钱塘人的数学家戴煦和夏鸾翔、医学家吴尚先、中医温病学家王士雄、於潜人、数学家方克猷，等等。

清代藏书家、文献整理学家和出版家，有钱塘人吴焯、鲍廷博（祖籍安徽黟县）、丁丙，仁和人赵昱、赵信，仁和塘栖（今属临平区）人劳格、朱学勤。出版家有钱塘人汪康年。

工艺名匠及其他名人有：张小泉，安徽黟县人，在杭州创制了张小泉剪刀工艺品牌；王星斋，祖籍绍兴，寓居杭州，是扇业名匠；仁和（一说安徽绩溪）人胡雪岩，近代著名商人。

清代杭州还出现了众多的女性文学家，如钱塘人陈端生、梁

[①] 清康熙年间（1662—1722），杭州诗人陆圻、柴绍炳、丁澎、毛先舒、孙治、张丹、吴百朋、沈谦、虞黄昊、陈廷会等十人结社于西泠，时称"西泠十子"。柴绍炳（1616—1670），字虎臣，自号省轩，理学名儒，工于诗文。
[②] 林以宁（1665—？），字亚清，清代女文学家，著名文学家洪昇的表妹。组建"蕉园七子之社"，传为美谈。

德绳、汪端、梁孟昭、林以宁等。还有数位著名的女将和社会活动家，如萧山沈云英和今杭州惠兴中学的创始人惠兴（满人，寓居杭州）。

这一时期，杭州名人还对中外文化交流作出了重要贡献。如：余杭人陈元赟，对中日文化交流作出了卓越贡献；钱塘人戴笠，其书法和医术在日本各有传人，影响深远。

另外，杭州还吸收了大批外地名人移宦或寓居于此。如徐渭、陈洪绶、张岱、李渔、魏源、林启、俞樾、秋瑾、吴昌硕、苏曼殊，还有外国人卫匡国等。

二、杭州历代名人选介

以下依然按四大分期，重点介绍一部分代表人物，并对其贡献作出精要说明。

1. 名人初露时期（隋以前）

华信

东汉郡议曹（协助郡守工作的官员）。他组织力量修筑了杭州史上有记载的第一条防海大塘，奠定了今杭州城址的第一块基石。华信海塘的修筑，有效地抵御了钱塘江潮水的侵袭，使陆地得以在西湖东北一带展开，从而使钱唐县治从灵隐山下逐渐东移，来到宝石山东麓，从此长期稳定于此，这是今日杭州城址展开的第一步。而华信其人，对于杭州城市发展来说，具有首功。

孙权

吴郡富春（今杭州市富阳区）人。三国时期孙吴的建立者。孙权继承了父兄基业，成为一方诸侯。在赤壁之战中击败曹操，稳固了在东南地区的根基。在夷陵之战中大败刘备，划定了吴蜀分界。孙权执政期间，不断"征山越"，强化了统治基础。在境内兴修水利、设置农官、实施屯田政策，大大促进了东南经济的发展。孙权曾在钱塘江流域设置东安郡，下辖十个县，以富春县为治所。东安郡是杭州地区首次设郡级政权。他还大规模派人航海，加强对夷洲（今台湾）的联系。孙权的后裔也一直在今富阳龙门古镇一带长久聚居。

刘道真

一作刘真道。南朝刘宋钱唐县令。在任时，钱唐县遇饥荒，他奉公恤民，因此得到了朝廷的嘉奖，是个很称职的县令。因为曾担任钱唐县令，所以他写有《钱唐记》一书，是关于钱唐县的第一手资料。可惜原书已经散佚，目前只有一些古籍中的引文。但这些残留的只言片语，仍然十分珍贵，保留了早期杭州的重要信息。比如《钱唐记》提到秦汉时期的古钱唐县治在灵隐山脚："昔县境逼近江流，县在灵隐山下，至今基址犹存。"这是有关秦汉古钱唐县县址信息的唯一史料。又比如记载了郡议曹华信修筑海塘的事件，这是杭州最早的建造海塘的记录，弥足珍贵。

吴均

南朝梁文学家、史学家。他的《与朱元思书》（一作《与宋元思书》）一文，几乎通篇都在介绍富春山水的特色："风烟俱净，天山共色。从流飘荡，任意东西。自富阳至桐庐，一百许里，奇山异水，天下独绝。水皆缥碧，千丈见底。游鱼细石，直视无碍。急湍甚箭，猛浪若奔。"文章对富春两岸山水景观直观而生动的描写，成为一千多年来关于江流景观的一段绝唱，是状写富春山水的一个高峰，也开启了历代无数文学家、艺术家对富春山水的向往。吴均是打响富春山水知名度的开拓者。

慧理

西天竺（今印度）僧人。相传于东晋咸和年间（326—334）来到钱唐，在飞来峰一带创建了灵鹫、灵隐、灵峰等五座寺庙。这些不仅是杭州最早的丛林建筑，也是江南最古老的名刹之一。可以说，慧理不仅是灵隐寺的开山祖师，也是杭州佛教的开创者。至今灵隐寺前尚有理公塔，纪念慧理对杭州佛教的贡献。

2. 名人兴起时期（隋唐、吴越、北宋）

杨素

隋朝宰相、名将，杭州州城创建者。开皇十一年（591），到江南地区平叛的杨素修建了凤凰山麓的杭州州城，州治移入州城内，奠定了杭州城靠江发展的基础。杭州州城为子城性质，位置在钱塘江北岸的柳浦西（今凤凰山东麓），其周回约10里。此后，南有杭州州城、北有钱唐县城，长期并存，成为杭州历史上的"双城时代"。杨素把州城定位在柳浦渡口，是为了扼控钱塘江最重要的"柳浦—西陵"航线。所以，杭州州城呈现出靠江的地理特点。隋唐北宋的州（郡）治、吴越国的王宫和南宋的大内，都在这个位置。由于州城是杭州的政治重心所在，这就使得杭州城的重心大大往南偏移，向钱塘江靠近。这种布局，对后来杭州城的整体发展带来深刻影响。

褚遂良

钱塘（今杭州）人。唐代大臣、书法家。因才华出众而得到唐太宗重用。褚遂良的书法成就和书法鉴赏能力都极高，擅长隶、楷、行书，笔画瘦硬，提按分明，古朴典雅，自创一格，世称"褚体"。与欧阳询、虞世南、薛稷并称"唐初四大书家"。传世作品有《伊阙佛龛碑》《孟法师碑》《房玄龄碑》《雁塔圣教序》。褚遂良因为极力反对李治立武则天为皇后而遭到贬死的命运，但也因此被视为忠臣、诤臣而在历史上享有美名，被杭州人引以为豪，立有祠庙，供后人追思。

孙过庭

富阳（今杭州市富阳区）人，一说吴郡（治今江苏苏州）人，一说陈留（治今河南开封）人。唐代书法家、书学理论家。曾官右卫胄曹参军、率府录事参军。擅长楷、行、草诸体，尤以草书驰誉，取法王羲之、王献之，用笔峻拔刚断，富于变化。孙过庭传世书迹有《书谱》《草书千字文》《景福殿赋》三种，都是草书墨迹。其中成就最高、影响最大的《书谱》，分溯源流、辨书体、评名迹、述笔法、诫学者、伤知音等六部分[①]，文思缜密，言简意深，在古代书法理论史上占有重要地位。其中许多论点，如学书三阶段、创作中的"五乖五合"等，至今仍有极高的价值。

---

① 朱建新：《孙过庭〈书谱〉评考》，载《孙过庭〈书谱〉笺证》，中华书局，1963年。

李泌

唐代中期杭州刺史。早期杭州城人口主要分布在西湖的南北两山的附近区域，而在今天城区大部分范围人居稀少，因地下水受江潮影响咸苦难饮所致。李泌任杭州刺史时，创建了六井引水系统，将西湖水引入城中，使之成为人们日常生活可用之水。六井的建设，使得西湖以东地区逐渐成为宜居之地，人居开始繁密，人口众多后才开始把"钱塘湖"改称为"西湖"——湖在城居以西。从李泌开始，经过唐后期、吴越国，到了北宋前期，六井引水系统被长期使用。直到南宋时期，西湖通过六井系统，依然是杭州城重要的生活水源。李泌创建的六井引水系统，为杭州城市的发展作出了里程碑式的贡献。

白居易

杭州历史上具有丰碑意义的刺史。白居易任杭州刺史时，西湖日渐淤塞，湖水干涸，农田苦旱，百姓生活和城市发展受到严重影响。白居易冲破重重阻力，疏浚西湖，筑堤建闸，使湖堤比原来的湖岸高出数尺，增加了湖的蓄水量，保证了农田灌溉。他重新浚治六井，保证了城市居民的正常用水。为了后人更好地使用和维护好西湖水，白居易特地写了一篇《钱唐湖石记》，今天被抄录在西湖圣塘闸亭的墙上。白居易也是第一个将原名钱唐湖（唐以后多作钱塘湖）的湖泊叫作"西湖"的人，他先后在六首诗[①]中使用了"西湖"这个名字。这位文坛领袖大量写诗文吟咏和竭力赞扬，使杭州和西湖获得了全国范围的声誉。更重要的是，白居易将杭州和西湖从此带入了中国文化，使之在中国审美习惯中占据了一席之地，厥功至伟。白居易还首次将"苏杭"并称，为宋代出现"上有天堂，下有苏杭"的民谚奠定了基础。

钱镠

临安（今杭州市临安区）人，吴越国开国之君。他把杭州建

[①] 即《西湖晚归回望孤山寺赠诸客》《湖上醉中代诸妓寄严郎中》《早春西湖闲游怅然兴怀忆与微之同赏因思在越官重事殷镜湖之游或恐未暇偶成十八韵寄微之》《西湖留别》《杭州回舫》《寄题余杭郡楼兼呈裴使君》。

为吴越国首都，杭州因此得以迅速发展繁荣，成为东南地区的区域中心城市；修建杭州大城，奠定杭州城址。五代十国期间，钱镠主政的吴越国控制范围地跨吴、越，略大于今浙江省范围。钱镠三次筑杭州城——子城、夹城、罗城，建筑的杭州罗城奠定了此后杭州城的基础。而今杭州城的主体部分也首次纳入城墙包围之中。为了防江潮冲击杭州城，钱镠还修建了"竹笼石塘"的海塘，留下"钱王射潮"的故事。他还设置撩浅军疏浚和管理西湖。可以说，钱镠是真正的"杭州城之父"。此外，钱氏崇佛兴寺，吴越时杭州名刹如林，古塔挺秀，如六和塔、雷峰塔、保俶塔、闸口白塔等，使杭州成为"东南佛国"。

柳永

北宋词人。他的词作《望海潮》中对杭州城市繁华、景色优美，包括对西湖、钱塘潮的描写，极尽铺陈夸赞之能事，堪称描写杭州词作之首。从文学史角度看，这首《望海潮》既开拓了宋词的题材领域，也丰富了它的美学风貌和艺术表现手法，产生了广泛影响。据说此作甚至引起金人的注意，遂有挥师南下之举。罗大经《鹤林玉露》卷一有载："此词流播，金主亮闻歌，欣然有慕于'三秋桂子，十里荷花'，遂起投鞭渡江之志。"柳永的《望海潮》是描写杭州的宋词经典代表作。

范仲淹

北宋政治家、思想家和文学家。先后担任过睦州和杭州知州。景祐元年（1034）任睦州知州，始筑钓台严先生祠，并作千古传诵的《桐庐郡严先生祠堂记》。其中，"云山苍苍，江水泱泱。先生之风，山高水长"成为千古名句，钓台也成为千古名胜。范仲淹任睦州知州时，还写了不少描写富春山水的诗，如《萧洒桐庐郡十绝》《出守桐庐道中十绝》《和章岷推官同登承天寺竹阁》等。范仲淹以其地位、人品、学问和诗词造诣，对扩大富春山水的知名度和影响力作出了卓越贡献。皇祐元年（1049）任杭州知州，第二年遇到浙江大旱，粮价飞涨，范仲淹没有沿用发粟救灾的办法，而是采取拉动商业活动、大兴公私土木、提高米价纳粮等方式，激活了竞渡旅游、土木基建、饮食服务和贸易运输业，促成各地粮食云集杭州，史称"荒政三策"。不过半年，政策显出良效，两浙地区"唯杭州晏然，民不流徙"（沈括《梦溪笔谈》卷十一）。宋朝廷把"荒政三策"的相关做法写进了朝廷的赈灾条例中。

苏轼

两次担任杭州地方官，北宋文学家、书画家。苏轼对杭州作出了诸多贡献，最重要的有二：重开西湖，写诗扬名。苏轼在元祐四年（1089）出任杭州知州时，适逢杭城水旱灾交加。他除了救灾、设病坊外，还主持治理城内运河，重新疏浚六井，扩大引水范围，并对西湖进行了大规模清淤疏浚，在湖中置三塔作为水生植物种植界线。"西湖十景"中的"苏堤春晓""三潭印月"二景，实为苏轼所创。和白居易一样，苏轼也留下了大量赞美西湖的诗文。"水光潋滟晴方好，山色空蒙雨亦奇。欲把西湖比西子，淡妆浓抹总相宜"，这首千古传唱的七绝，就是他送给西湖和杭州人民最好的礼物，是西湖个性化、人格化描写中最具标志性和经典性的表述。苏轼崇高的文化地位，也带动了西湖美名天下传扬。从此，西湖美景已经超出了自然美景的意义，而以中国传统审美的代表，成了中国文化的核心部分。苏轼其人其诗其文，是西湖文化不可分割的一部分，甚至可称为西湖的象征和标志。

毕昇

北宋杭州书肆刻工，专事手工印刷。宋代正是我国雕版印刷发展的第一个高峰，杭州的雕版印刷质量被誉为"天下印书，以杭为上"（叶德辉《书林余话》）。毕昇在印刷实践中认真总结了前人经验，于庆历年间（1041—1048）发明活字印刷术。即先用泥制成单字的阳文反文字模，然后按照稿件把单字挑选出来，排列在字盘内，涂墨印刷，印完后再将字模拆出，留待下次排印时再次使用。活字印刷术不仅能够节约大量的人力物力，且字模可重复使用，比雕版占有的空间小，容易存储和保管。毕昇的事迹被当时杭州钱塘县的沈括记录在《梦溪笔谈》中。这种活泥字印刷术被誉为"沈存中法",比德国人谷登堡发明金属活字印刷早四百多年。

沈括

钱塘(今杭州)人。北宋科学家、政治家。其代表作《梦溪笔谈》,内容丰富,集前代科学成就之大成,在世界文化科技史上有着重要地位。《梦溪笔谈》涉及自然科学多个门类,总结了中国古代特别是北宋时期的科学成就,比如记录了毕昇的活字印刷术,记载了能工巧匠喻皓的建筑技术,记述了治理黄河水患时河工高超巧合龙门的三节压埽法等。除了记录别人的成就,沈括一生也致力科学研究,在诸多领域成就斐然。在数学领域,他创造隙积术和会圆术,解决高阶等差级数求和问题与弦、矢求弧长问题;在物理领域,他用实验证明地磁偏角和共振现象的存在;在天文领域,他改进测天仪器浑仪和测时仪器漏壶,制造测日影的圭表,推动修成《奉元历》;等等。英国科学技术史专家李约瑟评价沈括"可能是中国整部科学史中最卓越的人物"。

周邦彦

钱塘(今杭州)人,北宋词人。有词集《清真集》传世,又名《片玉集》。周邦彦长年担任下层官职,仕途不显,以词名世。他精于音律,善于创调,擅写长调慢词,技巧功力精深,被王国维称为"词中老杜",对南宋姜夔、吴文英等格律派词人影响甚大。周邦彦是婉约词派的集大成者,是宋词演进史上"结北开南"的重要人物。

3. 名人繁盛时期(南宋、元)

赵构

南宋开国皇帝。赵构虽然在政治史上褒贬不一,但作为宋代的中兴之主,他最后拍板定都杭州,使得杭州成为全国中心。赵构之所以最终建都杭州,首先是南方特别是江南经济发展的结果,而在江南城市中最终选择了杭州,说明杭州正是江南地区的中心城市。南宋定都杭州,使得杭州成为全国的政治、军事、经济、文化的中心,使杭州在各个方面都获得质的发展。反过来,定都杭州又深刻影响了中国文化的发展，将南方因素最大可能地打入了中国历史和文化基因中。从这个角度来说，赵构对杭州作出了不可忽视的贡献。

李唐

"南宋院体四家"之首，原为宋徽宗画院画家。南宋院体四家，是指南宋画院李唐、刘松年、马远、夏圭的合称，因开南宋一代新画风，世称"院体"。北宋亡后，李唐流寓临安（今杭州），经推荐补入宋高宗画院，以成忠郎衔任画院待诏，赐金带。善画山水、人物、田家风俗，对后世绘画影响甚大。现存主要作品有《万壑松风图》《晋文公复国图》《采薇图》等。

刘松年

钱塘（今杭州）人，"南宋院体四家"之一。因居住于清波门外而被人称为"刘清波"。南宋孝宗淳熙时画院学生，光宗绍熙时为画院待诏。善画山水、人物，被誉为画院人中"绝品"。现存《四景山水图》，描绘了西湖庭院别墅春夏秋冬四季景色。该画将园林与山水结合起来，景色穿插人物活动，画法工致。

马远

钱塘（今杭州）人，"南宋院体四家"之一。出身于绘画世家。马远功底扎实，造诣高超。光宗、宁宗朝为画院待诏。对于山水、人物、花鸟无一不精，山水画的成就尤为突出。其山水画构图，近景多偏于一角，刻画细致，有"马一角"之称；远景简练清淡，概括整体，层次分明。流传作品主要有《雪图》《水图》《踏歌图》《寒江独钓图》《梅石溪凫图》等。

夏圭

钱塘（今杭州）人，"南宋院体四家"之一，宁宗朝画院待诏。初学人物，后工山水。喜用拖泥带水皴画山水，作法是先用笔蘸水涂抹，再加墨渲染，显得墨汁淋漓，富于变化。其山水近景多偏在半边，故有"夏半边"之称。作品境界开阔，平易近人，生活意味浓厚。留世作品主要有《西湖柳艇图》《山水四段图》《溪山清远图》《松崖客话图》等。

秦九韶

南宋数学家，与李冶（一作李治）、杨辉、朱世杰并称"宋元数学四大家"。美国著名科学史专家萨顿称秦九韶是"他那个民族、他那个时代，并且确实也是所有时代最伟大的数学家之一"。嘉定十二年（1219）三月，其父秦季槱携全家辗转抵达南宋都城临安（今杭州）。秦季槱曾任工部郎中，掌管营建，又任秘书少监，而秘书省则掌管图书，这使秦九韶有机会阅读大量典籍。他处处留心，好学不倦，并拜访了当时天文历法和建筑等方面的专家，请教天文历法和土木工程问题，深入工地了解施工情况，还向一位精通数学的隐士学习数学。后来秦九韶成为一位学识渊博、多才多艺的青年学者，对星象、音律、算术以及建筑营造等无不精通。秦九韶在数学上的主要成就，是系统总结和发展了高次方程数值解法和一次同余方程组解法，提出了相当完备的"正负开方术"和"大衍总数术"，达到了当时世界数学的最高水平。

杨辉

钱塘（今杭州）人，"宋元数学四大家"之一。杨辉在《详解九章算法》中作"开方作法本源图"，即后世熟知的贾宪三角，又称杨辉三角。又创制纵横图（幻方），提出纵横图的一般构造规律，这是世界上对纵横图最早的系统研究和记录。在其著作中，还记录了不少现已失传的数学方法，如贾宪的"增乘开方法"和刘益的"正负开方术"。杨辉很重视数学教育的普及和发展，他在《乘除通变本末》中为初学者制订的"习算纲目"，是中国数学教育史上的重要文献。他还总结整理了民间流行的便捷算法，编排口诀与诗话，完善推广了增乘法与乘除捷算法等。

楼璹

南宋临安府於潜县县令。楼璹所绘制的《耕织图》，是我国最早的有关农业与蚕桑生产的成套图像资料。书中绘有一台高楼式的束综提花机，是我国目前发现的最早的提花机图像。束综提花机的发明，是中国对于世界物质文明作出的重要贡献之一，也是当时世界上最先进的丝织生产工具，成为临安丝绸技术高度发达的重要标志。纺织史专家赵丰指出:"整个宋元明清时期,占据提花技术主流的就是这两种机型,一直用到20世纪初叶杭州城内出现新式纹版提花机为止。"

徐天民

严陵(今杭州桐庐)人,南宋琴师。其师从刘志方,远承郭楚望之琴风,是浙派古琴的主要传播者,元代琴人金汝砺、袁桷都师从于他。徐天民不仅是南宋浙派古琴的主要代表之一,也是元明时期"浙操徐门"的创始人,演奏风格自成一家。徐天民的儿子秋山,孙子梦吉,曾孙和仲,重孙惟谦、惟震四代皆是著名琴师。至明代,经过前后几代传人的努力,徐门被誉为浙派"徐门正传",使"浙派"琴艺达到了更高艺术境界,成为当时影响最大的琴派。

陈起

钱塘(今杭州)人,南宋出版家、书商。主要从事编著、出版、卖书和藏书诸业。陈起在杭州开书肆"陈宅经籍铺",流通古籍数万计;编刻唐诗别集在50家之上,编刻宋代"江湖诗人"作品总集达111家之多;所刻书具有一般书商不能企及的学术与市场眼光,且校印精审;书铺所刻图书以刻技精湛、字体俊丽、工料上乘,成为坊刻精品,为后世珍重。至今所传宋本书籍,称临安陈道人家开雕者,均为其所刻。陈起的儿子陈思[①]在父亲去世后,继承父业。从现存的书棚本来看,陈思刻书的数量甚至超过其父。王国维在《两浙古刊本考》自序中称:"宋季临安书肆若陈氏父子遍刊唐宋人诗集,有功于古籍甚大。"

吴自牧

钱塘(今杭州)人。其笔记《梦粱录》二十卷,记载了南宋临安府的郊庙、宫殿、山川、人物、市肆、物产、户口、风俗、杂戏和寺观等,为后人了解南宋城市经济活动、市民生活和都市风貌提供了丰富史料。

---

① 陈起、陈思的关系,各家说法不一。有学者考证认为,陈思绝非陈起之子,两人都是南宋临安的书商,恰巧同姓而已。

周密

宋末元初词人、文学家。宋亡后，定居杭州，并在杭州去世。《武林旧事》十卷是周密追忆南宋临安城市风貌的著作。作者按照"词贵乎纪实"的精神，根据目睹耳闻和故书杂记，详述朝廷典礼、山川风俗、市肆经纪、四时节物、教坊乐部等情况，是了解南宋时期杭州城市风貌及市民生活的第一手史料。由于采取了空间与时间、现实与回忆、物象与意象交织转换的写法，该书承载了叙事和抒情的双重功能，这种写法被后世张岱、戴璐等许多文人借鉴。

汪元量

钱塘（今杭州）人。原为南宋宫廷琴师，元灭宋后随三宫被掳往大都（今北京）。他曾几度到狱中探视文天祥，南归钱塘后，根据北行沿途见闻创作了《醉歌》《湖州歌》《越州歌》等纪实性强烈的诗史作品，格调凄恻哀怨，描写真实生动，洋溢着强烈的民族主义和爱国主义思想。黄宗羲有言"文章之盛，莫盛于亡宋之日"，由此可见汪在元代文学史上的地位。

赵孟頫

宋末元初书画家，宋太祖赵匡胤十一世孙。入仕前书画已名扬四方，常往来于吴兴（今浙江湖州）、杭州之间。后在杭州为官十年左右。博学多才，能诗善文，工书法，精绘事，通音律，善鉴藏，尤其以书法和绘画成就最高。在绘画上，他开创元代新画风，被称为"元人冠冕"。在书法上，他沿袭宋代盛行的帖学之风，追唐溯晋，传承经典，高唱"复古"之风，擅长篆、隶、楷、行、草书，尤以楷、行书著称于世，书风遒媚秀逸，结体严整，笔法圆熟，创"赵体"书，与欧阳询、颜真卿、柳公权并称"楷书四大家"。

施惠

钱塘（今杭州）人，生活于元至顺以前。施惠居住在杭州吴山城隍庙前，与钟嗣成、范居中、赵君卿、陈彦实、颜君常等相交。杭州在南宋至元期间逐渐成为南戏的流行地，在吸收了宋杂剧、金院本、诸宫调、元杂剧诸多元素后走向成熟，在元代迎来全盛时代。施惠所编《拜月亭》是南戏的代表作之一，与《荆钗记》《白兔记》《杀狗记》《琵琶记》等齐名。《拜月亭》主要讲述王尚书的女儿瑞兰和新科状元蒋世隆的爱情故事，至今在昆剧中仍有折子戏上演。

黄公望

元代画家，与吴镇、倪瓒、王蒙合称"元四家"。黄公望遍游名山大川，独钟情于富春山水。他师法董源、巨然，兼修李成之法，得赵孟頫指授，五十岁左右专心致力山水画，笔力老到，简淡深厚，于水墨之上略施淡赭，世称"浅绛山水"。晚年结庐隐居富春江畔的筲箕泉，以草籀笔意入画，气韵雄秀苍茫。其作品被明清的山水画家奉为经典。《富春山居图》是黄公望的代表作，全卷以杭州富春江两岸初秋景色为背景，陂陀起伏，林峦深秀，笔墨纷披，苍茫简远。全图用墨淡雅，山和水的布置疏密得当，墨色浓淡干湿并用，极富变化。这幅作品也被认为是元代文人画的集大成之杰作。《富春山居图》的开头部分称《剩山图》，现藏于浙江省博物馆。

4. 名人辈出时期（明、清、民国初）

于谦

钱塘（今杭州）人，明代大臣，民族英雄。明正统十四年（1449）八月发生"土木堡之变"，英宗被俘，京城危急。于谦坚决驳斥迁都派，临难受命为兵部尚书，主持军务，力挽狂澜，誓死抗敌。后经过激战，取得京师保卫战胜利，保卫了明代江山。英宗返京后发动"夺门之变"，重登帝位，于谦遭诬陷，含冤遇害，遗体归葬杭州西湖三台山。后宪宗为于谦平反，改于谦北京故居为"节忠祠"，杭州故居为"怜忠祠"。《明史》称赞于谦"忠心义烈，与日月争光"。他与岳飞、张苍水被后人并称为"西湖三杰"。

张苍水

南明儒将，民族英雄。清顺治二年（1645）清军南下，连破扬州、南京、嘉定、杭州等城。二十六岁的张苍水投笔从戎，与钱肃乐等起兵抗清。后奉鲁王朱以海监国，联络十三家农民军，与郑成功、李长祥配合，亲率部队连下安徽二十余城，坚持抗清斗争近二十年。康熙三年（1664）七月十七日被清军逮捕，九月七日被杀害于杭州弼教坊。临刑时，他大义凛然，赋《绝命诗》一首，拒绝跪而受戮，故"坐而受刃"，时年四十五岁。死后葬于杭州南屏山北麓荔枝峰下，为"西湖三杰"之一。

杨孟瑛

明代杭州知州。宋代以后对西湖最大的一次疏浚，是正德元年（1506）由杨孟瑛主持的。明朝后期，由于长期疏于整治，西湖已几近淤塞，苏堤以西，高者为田，低者为荡。杨孟瑛上奏《开湖条议》，提出西湖有不可塞的五点理由，最终得到朝廷许可。疏浚工程量大，前后耗时共计一百八十余天[1]，终于恢复了西湖在唐宋时的风貌。田汝成称之为"西湖开浚之绩，古今尤著者，白乐天、苏子瞻、杨温甫三公而已"。杨孟瑛利用疏浚产生的葑泥，在西里湖筑起一条南北走向的长堤，与苏堤大致平行，后人称为"杨公堤"，至今犹存。杨孟瑛成为与白居易、苏东坡并称的西湖功臣。

田汝成

钱塘（今杭州）人，明代文学家、学者。罢官归里后，遍访浙西名胜，著作有《西湖游览志》二十四卷、《西湖游览志余》二十六卷。两书以西湖为中心，前者记西湖湖山胜迹，后者记南宋遗闻逸事，还选录了历代诗人歌咏西湖的名篇，是了解宋元明时期杭州风景名胜和百姓生活的重要史料。

戴进

钱塘（今杭州）人，明代画家。早年为铸造金银器的工匠，后改工书画。宣德年间（1426—1435）被推荐进入宫廷画院，回到杭州后以卖画为生。戴进的绘画创作题材广泛，笔墨功力深厚。他擅长画山水、人物、花鸟，作品在明代中期被公认为经典艺术，在明中叶宫廷内外特别是江浙地区影响极大，风靡于当时，形成独具特色的流派，画史称作"浙派"，戴进成为"浙派"绘画创

---

[1] 杨孟瑛：《浚复西湖景·湖成丐文纪迹启》，明刻本。

始人。

蓝瑛

钱塘（今杭州）人，明末清初画家。其活跃于杭州、宁波、绍兴、嘉兴、南京、扬州、镇江等地，以卖画授徒为生。晚年居杭州城东。蓝瑛的绘画受董其昌理论影响很大，作画多取"元四家"之一的黄公望画风，同时广收博取宋元诸家，以南、北宗的风格交融而成。长于山水、花鸟画，尤善山水画，并自成一家。后世将蓝瑛视作独立的"武林派"首领，其画派在晚明影响甚大，传其画法者甚多。

张岱

明末清初散文家、史学家。多次在杭州居住，多有关于杭州和西湖的作品，以《陶庵梦忆》《西湖梦寻》最知名。其著作不仅汇录了嘉靖以前歌咏、记叙西湖的诗文、传说和史实，而且补充了明末清初的新材料，大都是作者亲见亲闻。其识见之特异、情致之隽永、写景之清逸、叙事之轻灵，更是独树一帜。《西湖梦寻》是介绍西湖掌故、地理的近乎地志杂史的著作，也是特为西湖传神写照、具有很高文学成就的山水记和风俗记。其中，《湖心亭看雪》一文记叙作者在西湖湖心亭看雪的经过，融叙事、写景、抒情于一体，笔墨极为精练，境界寂寥高远。

张小泉

明末安徽黟县人，因生计辗转到杭州，以制剪为业。他经过求师访友，反复琢磨，创制出嵌钢制剪的新技艺；选用闻名的龙泉钢为原料，制成的剪刀镶钢均匀，磨工精细，刀口锋利，开闭自如，近代先后在南洋劝业会、巴拿马万国博览会等国际赛会上屡获殊荣，成为杭州剪刀的代名词，并开创了"张小泉"品牌。

洪昇

钱塘（今杭州）人，清代戏曲作家，与《桃花扇》作者孔尚任并称"南洪北孔"。其代表作《长生殿》创作历经十年，重点描写了唐天宝年间皇帝昏庸、政治腐败给国家带来的巨大灾难，同时又表现了对唐明皇和杨贵妃之间爱情的同情，具有极高的艺术成就和深刻的思想意义，问世后引起社会轰动。洪昇祖上长期居住在杭州西溪"洪家埭",他本人即出生于此,故其创作了不少和西溪有关的作品。

康熙皇帝

清朝入关后第二位皇帝。康熙帝在完成杭州满城修建后,开始南巡。满城位于当时杭州府城之中,是在城内西隅砌筑高一丈九尺、厚六尺的界墙而建成的,环城周长九里有余。满城城墙、城门、护城河俱全,俨然一座城中之城。康熙皇帝从康熙二十八年(1689)春开始,巡幸杭州五次,在杭州活动除视察各地外,在钱塘门内的演武场检阅八旗驻防官兵,游览西湖,观光名胜,为"西湖十景"题名,创作了大量纪游诗。康熙南巡杭州提高了杭州的地位和声望,其在杭州的活动也赋予杭州一种特殊内涵。至今,"西湖十景"各处都立有康熙御碑。

乾隆皇帝

清朝入关后第四位皇帝。曾六下江南,每次都来到杭州,据推算在杭共住了六七十天。其间,他体察民情,查访吏治,查勘海塘,关心文化教育,游历湖光山色,并留下了大量吟咏杭州的诗歌。他曾下拨五百万两库银,将余杭和海宁交界的大段土塘改建为石塘,鱼鳞大石塘工程的竣工,使浙江海防系统最终形成,民生得到保障。清朝中期,乾隆帝下令编撰《四库全书》后,在杭州西湖行宫建文澜阁,存放《四库全书》一套。文澜阁现为江南三阁中唯一幸存的藏书楼,阁中《四库全书》虽经历了劫难,最终得以完本保存。

董邦达、董诰

富阳(今杭州市富阳区)人,清代书画家。父子二人合称"二董",主要活动于乾隆、嘉庆两朝。董氏是乾、嘉朝词臣画家翘楚,清代中期颇有影响的文人画大家。董诰"幼承家学",博学多才,"书画亦被宸赏"。因此,父子有"大小董"之称。以南宗水墨为基础,以传统文人画风为指归。父子两人都曾入值南书房,画作基本珍藏于清宫内府,并多获御笔题跋,仅著录于《石渠宝笈》诸编的书画就达数百种之多。"二董"书法被近世书史研究者视为清中期"馆阁体"的代表书家。

金农

钱塘（今杭州）人，布衣终生，清代书画家。他是"扬州八怪"中学养最为深厚的核心人物。金农书法造诣高妙，所创"漆书"融合楷法、隶意、碑味，一反当时"帖学"的刻板无趣，成为金石趣味的引领者。他的书法对清中期之后书风的转变影响极大。在绘画方面，金农擅长画竹、梅、鞍马、佛像、园林等题材，尤精墨梅，用笔追求拙味，而用墨追求天趣，与其书法一样，演绎出大智若愚的境界。

袁枚

钱塘（今杭州）人，清代诗人、文艺理论家、美食家。袁枚素有"才子"之名，与赵翼、蒋士铨并称"乾隆三大家"，有《小仓山房集》。诗歌理论主要见《随园诗话》，袁枚的"性灵"说居清代的诗歌理论四家之一。艺术上提倡自然清新、平易流畅之美，反对雕章琢句、堆砌典故，反对以学问为诗的"掉书袋"诗风。内容上强调个性的表现和精神的自由，主张诗歌要表现个性和真性情。"性灵"说由于把能否抒发真情实感作为评价诗歌优劣的标准，因此打破了以往轻视民间文学的偏见，大大提高了通俗文学的地位。《子不语》是一部专门记载鬼神怪异故事的笔记小说，也是志怪小说名作。袁枚的《随园食单》记录了三百多种菜的做法，保留了古代中国比较完整的"江南食单"，在古代烹饪著作中占有重要地位，并走出国门，向日本传播了中华美食文化。

陈端生

钱塘（今杭州）人，清代弹词女作家、诗人。代表作长篇弹词小说《再生缘》，讲述了元成宗时奇女子孟丽君与丈夫皇甫少华悲欢离合的故事。原作共十七卷。《再生缘》有极高的文学价值，与另一部中国古典名著《红楼梦》并称为"南缘北梦"。著名学者陈寅恪和郭沫若都对《再生缘》作出了高度评价，认为其思想价值在于其超越性和叛逆性，在艺术性方面也有极高地位。《再生缘》作为长篇叙事诗，在中国文学史上有十分重要的地位和价值，也是清代杭州文学的一大突出贡献。西湖边的勾山樵舍是陈端生的故居。

王星斋

杭州人，出身于三代扇业工匠之家，年轻时已成为杭州扇业中的砂磨能手。他面向市民生产经久耐用、浸水而不走样的黑纸扇，打开了销路。黑纸扇成为王星记传统名扇中的著名品种之一。他在北京、上海、天津、济南、成都等地相继开设了分庄。王星斋所制高级花扇不仅远销各地，而且成为朝廷用品和回赠外国使节的礼品，被称为贡扇。

胡雪岩

仁和（今杭州）人，一说安徽绩溪人，清末红顶商人。原是杭州一家钱庄的学徒，发迹后开办阜康钱店。太平天国起义时，为清军筹办军粮有功，得到左宗棠信赖，奉命主持浙江省的钱粮和军饷。后创办药业，成立"胡庆余堂雪记国药号"。他以宋代国家药典《太平惠民和剂局方》为基础，力邀名医，收集整理各种古方、验方、秘方和应验有效的丸散膏丹、胶油酒露等数百种，编成《胡庆余堂雪记丸散全集》。由于胡庆余堂善于继承传统，不惜工本，制成了许多疗效好的成药，如"胡氏辟瘟丹""诸葛行军散""八宝红灵丹"等，声誉传遍全国，与北京同仁堂齐名。至今，杭州的胡庆余堂旧址已经成为全国重点文物保护单位，并且作为中医药老字号，依然门庭若市。

阮元

乾嘉学派晚期代表人物。治学广博，对经学、史学、训诂学、金石学等无一不精，同时也是一位有为官员。他曾任浙江巡抚等职，在治理河道和西湖、文化发展及保留古代文献方面，都作出了很大贡献。如他疏浚杭州城内河道，并刻下《浙江省城水利全图碑》，至今碑刻仍在杭州碑林中；他疏浚西湖，并用湖中淤泥堆积成小岛，后人称之为阮公墩。他还创办了诂经精舍，培养了大批人才；他积极搜集图书，藏于灵隐寺，创设"灵隐书藏"，并作《杭州灵隐书藏记》，并著有浙江图书目录《两浙輶轩录》；他还收集了大量金石碑刻，主编有《两浙金石志》，留下了大量杭州石刻的宝贵记载。杭州至今存有纪念阮元的"阮公祠"。

龚自珍

仁和（今杭州）人，清代思想家、文学家。龚自珍自幼从外祖父段玉裁学习文字学和考据学。但面对嘉道年间日益深重的社会危机，他毅然弃绝考据训诂之学，一意讲求经世之务，一生志存改革，以"开风气"自任，批判帝制统治的腐朽，呼唤变法改革，成为中国改良主义运动的先驱人物。他的诗文主张"更法""改图"，洋溢着爱国热情，被柳亚子誉为"三百年来第一流"。著名诗作《己亥杂诗》共315首，多咏怀和讽喻之作。其中名句"我劝天公重抖擞，不拘一格降人才"等，振聋发聩，影响极大。杭州马坡巷有龚自珍纪念馆。

丁丙

钱塘（今杭州）人，晚清著名藏书家、金石学家、出版家、实业家和慈善家。丁丙是杭州近代丝织、棉纺工业的开创者之一；他家富藏书，建有八千卷楼等多个藏书楼，被列为晚清四大藏书楼之一；重视地方文献的整理与印刊，编刊《武林往哲遗著》《武林掌故丛编》等，将存世的杭州掌故典籍多数包罗列入，还著有《武林坊巷志》，详细记录了杭州城的每条街道的历史文化；他出资搜求散失之典籍，使文澜阁《四库全书》大体恢复原貌。太平天国运动后，杭州百废待举，丁丙受左宗棠委托，不遗余力地恢复并扩充了慈善组织，于同治四年（1865）建成功能齐全的杭州善举联合体，此后在政府之外以民间身份长期参与杭州重建和发展进程。丁丙堪称是实业救国、以商崇文、以商养善的民间精英典范，为杭州的经济发展、文化教育、社会管理和百姓生活作出了卓越贡献。

林启

清末杭州知府。于1896年任杭州知府，1900年病殁于杭州知府任内。在任期间，他兴办学校，提倡农桑，开启民智，是杭州走向近代化的第一人。1897年，林启等人在蒲场巷（今大学路）

的普慈寺创办了"求是书院",这是杭州自办新式近代教育之始。求是书院也是后来浙江大学的前身。同年又创办蚕学馆,这是浙江创办的第一所职业学校,是今天浙江理工大学的前身。1899年,林启又在大方伯的圆通寺创办普通中等学校养正书塾,对浙江中等学校的创办起了先导作用。至今在西湖边的孤山路,还矗立着纪念林启的"林社"。

吴昌硕

晚清民国时期国画家、书法家和篆刻家。他集"诗、书、画、印"为一身,熔金石书画为一炉,被誉为"石鼓篆书第一人""文人画最后的高峰"。在绘画、书法、篆刻上都是旗帜性人物,在诗文、金石等方面均有很高的造诣,在日本、朝鲜也有巨大影响。1913年,吴昌硕任西泠印社首任社长,他在西泠印社的发展以及20世纪上半期江南书画的崛起中,起到了舵手作用,也是使西泠印社成为"天下第一名社"的首要功臣。病故后葬于杭州超山。

任伯年

浙江山阴航坞山(今杭州市萧山区瓜沥镇)人,晚清"海上画派"的首领人物和我国近代绘画史上杰出画家,擅长人物和花鸟画。他的绘画发轫于民间艺术,重视继承传统,吸收西画的速写、设色诸法,融会诸家之长,形成自己丰富多彩、新颖生动的独特画风。

章太炎

余杭(今杭州市余杭区)人,清末民初民主革命家、思想家、学者。早年参加反清革命,是革命组织"光复会"的发起人之一。辛亥革命之后,反对袁世凯独裁遭监禁,晚年积极赞助抗日救亡运动。他宣扬革命的诗文影响很大,学术上涉猎甚广,在经学、哲学、文学、语言学、文字学、音韵学等方面都有深湛造诣。

李叔同

音乐家、书法家、美术教育家、戏剧活动家。1913年受聘为浙江两级师范学校音乐、图画教师。1918年出家,号弘一。他在音乐、美术、诗词、篆刻、书法、汉字学、社会学以及佛学等方面均有创造性发展。在日本留学期间,与同学一起成立了中国第一个话剧团体"春柳社",是中国话剧的奠基人之一;他把碑派书法与写经艺术推向新的高度,"朴拙圆满,浑若天成";他是第一个向中国传播西方音乐的先驱者,所创作的歌曲《送别》历久不衰;他也是中国第一个开创裸体写生的教师,培养了一批文化名人,如丰子恺、刘质平等;出家后精研律学,被奉为律宗第十一代祖师,赵朴初评价弘一法师为"近代中国佛教律学名家第一人"。

第八章　杭州优秀传统文化对中国和世界的影响

杭州是中国的重要城市之一。

杭州文化在中国有着广泛而深刻的影响。一方面，杭州文化的很多重要成就，代表了中国文化的高峰；另一方面，杭州文化对中国文化有着广泛的影响。

杭州还是一座有世界影响力的城市。首先，在某些时段，特别是南宋和元朝时期，杭州曾经是中国的代表。其次，杭州文化的辐射很早就达到东亚一带，对日韩地区影响是多方面的。最后，古代杭州作为丝路上的关键节点，在整个世界贸易网络中扮演着重要角色。

一、杭州优秀传统文化对中国的影响

杭州文化对中国的影响不仅是深刻的，也是全方位的。这种影响，大致可以从城市发展、以西湖为代表的风景旅游、科学技术、生活品质和精神文化等五个方面来看。

（一）杭州的城市发展对中国的影响

1. 良渚是中华五千年文明的最佳实证

中国人常说中华有五千年文明史。但中国史书从夏代纪年开始到现在，只有四千一百年。国际上认可的、有实证的中华文明，大体只被承认到三千六百多年前的商代殷墟时期。

但到今天，良渚文化已成中国最具说服力的五千年文明实证。这些年的考古证明，良渚已进入了一个国家社会、文明社会。从规模、社会等级、生产力的发展，到农业和城市的规划等，都能证明其社会发展程度已不亚于古埃及、不亚于西亚以及印度河流域的文明。

今天认识良渚文化，不仅仅是对其文化面貌的认识，还要认识整个区域性的架构。在良渚古城的外围，水利系统距它的上游有十几千米。整个水利系统与古城的范围，大约有100平方千米。从古城一直到水坝，所有大型土台、大型工程的总土石方量，经过测算大概有1000多万立方米。这样的一个大型工程，再加之城市规划设计、墓葬等级、农业的发达程度，得到世界考古界、学术界的公认——它已经达到成熟的国家阶段、国家文明阶段了。

良渚考古，既是杭州的光辉起点，也是杭州为中华文明作出的最重大的贡献。

2. 吴越王的保境安民国策，是中国古代政治的经典范本

吴越国时代，钱镠采取"保境安民"的国策。在对外方面，主动向中原王朝称臣纳贡，寻求中央朝廷庇护，以此威慑周边敌国、保障国家安全；同时对周边敌国也克制扩张冲动，不轻启战端。这使得吴越国虽然处于战乱末世，仍能保持大部分时间的和平，这从根本上有利于本国民众的利益。对内方面，在各州县普遍修筑罗城，积极防御，特别是对首府杭州城进行了大量建设；同时十分注重国内经济和文化建设，安抚民心，增加国力。这一战略国策被后代诸王谨守，吴越国在当时诸国中，成为战乱最少、发展最快、民众生活最安定的国家。

宋朝建立后开展了全国统一战争，将南方诸国逐步扫平。太平兴国三年（978），吴越国王钱俶（钱镠之孙）奉旨入汴京被扣留。遵循王祖钱镠"善事中原，维护一统"家训，也为保吴越国百姓免遭生灵涂炭和财产损失，钱俶尊赵氏为帝，将所部十三州、一军、八十六县、五十五万六百八十户、十一万五千一十六士卒悉数献给宋朝，开创了中国和平统一的先河。

入宋后，杭州失去了"首都"地位，但保持了"会府"地位，成了两浙路的路治所在地，完全继承了吴越国的疆域范围。这是宋廷对吴越国归顺和便于治理的一种礼遇，对后世启示极大。

欧阳修就宋仁宗"地有湖山美,东南第一州"一诗撰写的《有美堂记》中,通过两步筛选论证了杭州是"东南第一州"的理由:从山水之美和城市富庶看,选出了杭州和南京。在从时代机遇看,淘汰了被战争破坏的南京,剩下少有战乱的杭州。杭州是吴越国首府,而南京则是同时代南唐国的首都。两国的政治选择导致和战、顺逆不同,进而导致了两个城市的命运不同。欧阳修对杭州的赞美,最终归结为赞美吴越国纳土进贡这种政治正确,北宋的杭州最大程度上继承了吴越国的遗产。

在古代充满战争烽火的政治角逐中,吴越国王的政治行为相当罕见,中国古代仁人提出的"民为贵,社稷次之"的伟大理念,在吴越国得到了最好的体现。这一经典案例对后世影响很大,是杭州在中国古代政治史上的特殊荣光。

3.南宋临安府为中国文化的转型提供了平台

南宋时,杭州作为首都,推动中国文化出现了一个"内在转向",奠定了此后中国文化的基本面貌。杭州为这一重大转型变化提供了平台。

关于宋代,严复有一个非常著名的论断:"若论人心政俗之变,则赵宋一代历史最宜究心。中国所以成为今日现象者,为恶为善,姑不具论,而为宋人所造就,什八九可断言也。"陈寅恪也认为:"华夏民族之文化,历数千载之演进,造极于赵宋之世。后渐衰微,终必复振。由是言之,宋代之史事,乃今日所亟应致力者。"对于这种文化转向,刘子健认为主要是受到新儒家的影响,从"外王"之道转向了"内圣"之道,即充分强调了道德在政治及社会各方面的关键性作用。

宋以后的社会,呈现出"近世"社会特点,比如大城市兴起、手工业发展、纸币出现、贸易发达、文官制度成熟、市民文化繁荣、市民阶层形成等。各种社会经济乃至文化的变化,很大程度上来自南方的崛起,特别是江南的崛起。而杭州在江南地域中,在两宋时期,都占据了关键性地位:在北宋是两浙路路治所在,号称"东南第一州";在南宋更是首都"行在"所在地,全国政治经济文化中心。杭州在这个历史大转变中,至少是为这个转变提供了平台。

南宋朝廷最后将"行在"择定在杭州,虽然看似有一定偶然性,其实反映了当时历史发展的某种必然性。首先,杭州成为"东南第一州",是"安史之乱"后中国经济重心在向东南转移进程中崛起的代表性城市。由于杭州是南宋的首都所在,这次大转变最重要的内容都与杭州息息相关。其次,杭州是江南经济重心的代表,这一历史转变其实是带有南方文化底蕴的一次转折,打上了深刻的南方烙印。如果南宋首都继续放在了北方,中国文化在后面八百年的模样,肯定会有很大不同。杭州代表南方深刻参与了历史转变的进程。

4. 杭州是自然成长型"南方型城市"的代表

杭州是南方城市,从城市本身来说,杭州的发展呈现出复杂性:有"县城""州城""夹城""罗城"等各种形态,呈现出一种"自然生长"的历史状态。和中国"北方型城市"(多有规划、形态规整)的面貌相比,有很大差异。

杭州还做过全国首都。不过在中国都市史中,杭州也是一个特殊类型:最南方的首都,最不"规范"的首都——城市布局与南宋皇家礼制的各种错位及弥补,是其他首都城市所没有的现象。

临安府成为大宋都城,完全由于历史的因缘际会,底子依然是原来的旧杭州。是在地方城市的格局上,稍加升级改造而成。象征国家权力的大内皇宫、中央官署,象征天命所归的太庙、郊坛、社稷坛、景灵宫等礼制建筑,都在旧格局的基础上完善而成。这与北朝洛阳、唐都长安、北宋汴京,一开始就以都城为标准规划、方正规矩的"规划型城市"迥然不同。

与此同时,杭州的狭长城市布局造就了一条中轴线,这就是纵贯南北的御街:南起皇城北门的和宁门,经过朝天门(今杭州鼓楼),一路向北,过了观桥,街道折西而行,终点为供奉帝后御容的景灵宫。御街是都城的中轴线,首先具备了很多政治性的礼仪色彩,但同时御街也是整个城市商业最繁荣的分布地带。

事实上,御街的繁荣早就形成,因为这条中轴线是与运河相依的。从唐代开始，就是沙河。苏东坡的笔下，北宋杭州最繁华的就是沙河，这里的沙河，当即后来南宋的御街（或者是左近）。这里，我们可以看到一个有趣的现象，那就是礼仪性的中轴线，其实首先是因为这是工商业繁荣而先形成的经济中轴线，而不是相反。这在中国古代都城，无疑又是一个新的经验、新的模式，甚至不妨称之为中国都城的"南方模式"。

5.杭州集中了吴越、南宋时期历史遗迹的精华

杭州保留了丰富的中国历史文化遗迹，实证着中华文明的博大精深与源远流长。特别是在良渚、吴越、南宋这些历史阶段中，杭州保存的中国历史遗迹最为丰富而精彩。

南宋临安城为代表的历史遗迹，集中了吴越、南宋历史遗迹的精华，是杭州古都文化最主要的实物载体。从城市规划、建设、管理到城市经济、文化的高度发达，都以最有力的证据展现了中古时代的中国，在政治、经济、文化、科技等各领域领先于世界的史实。如陈寅恪言"华夏民族之文化，历数千载之演进，而造极于赵宋之世"。当时的杭州，被意大利旅行家马可·波罗赞为"世界上最美丽华贵之天城"。

杭州地区出土的众多历史文物，在中国历史上也占有极其关键而重要的地位。如杭州博物馆藏战国水晶杯，是迄今为止中国出土的早期水晶制品中器形最大的一件，是中国首批禁止出境展览的六十四件国宝级文物之一，弥补乃至改写了中国玉器史。钱氏家族墓出土的唐越窑青釉褐彩云纹带盖瓷熏炉、唐越窑青釉褐彩云纹瓷油灯等，都是越窑青瓷中的精品。良渚遗址出土的诸多玉器，透着宗教、政治、军事、礼制等诸方面的重要内容，与中国文明起源阶段社会等级的分野、集中权力的形成、礼制的规范化、大规模社会资源的调度以及"天人合一"东方理念的形成，都有着密切关联。

（二）杭州的风景旅游对中国的影响

1. 开中国风景旅游经济模式之先

从隋唐开始，杭州作为东南沿海的经济中心城市，商品、人员流动频繁，这就为杭州的风景提供了大量客源条件，推动了商业和服务贸易业的发展。反过来，美丽的风景又吸引了更多的人前来旅游，进一步促进了商业和服务贸易活动的增加，形成良性循环。

由于受到儒家重农抑商思想的影响，旅游业在古代是被忽视的。加上中国古代缺乏经济统计数据，古代的"游观"对经济的推动，没有准确的数字可供资证，但商业和服务业的发展必然会以一定形式反映出来。如果说中国古代其他城市，风景旅游对经济社会影响的记录不够突出，那么杭州是个例外。宋代以后，杭州的各种地方史料相当丰富，这些野史、笔记对杭州经济活动的描写，使我们可以看到风景旅游对城市经济社会发展的巨大影响。

杭州城市的繁荣，主要不是依靠皇室及贵族集团无节制的消费，而是依靠它的产业，依靠市民阶层的劳动和生活。唐代以后，杭州的丝绸、瓷器、印刷、医药、酿酒等手工业发展迅速，在全国占有很大份额。明清以后，龙井茶、天竺筷、西湖绸伞等西湖名特产，和以被外地人称为"五杭"的杭扇、杭线、杭粉、杭烟、杭剪为代表的手工业产品，数量十分庞大，靠的就是旅游者的消费。在南宋人写的《都城纪胜》《梦粱录》等书中，详细记载了南宋杭州城商业服务业的繁荣，从中可以看出西湖风景及旅游对城市经济的巨大推动。

宋代开始就出名的"香市""花市"等，也是促进旅游服务业发展的高招。明代张岱在《陶庵梦忆》中对西湖香市有过描述："西湖香市，起于花朝，尽于端午。山东进香普陀者日至，嘉湖进香天竺者日至，至则与湖之人市焉，故曰香市。然进香之人市于三天竺，市于岳王坟，市于湖心亭，市于陆宣公祠，无不市。""昭庆两廊故无日不市者。三代八朝之骨董，蛮夷闽貊之珍异，皆集焉。

至香市，则殿中边甬道上下，池左右，山门内外，有屋则摊，无屋则厂，厂外又棚，棚外又摊，节节寸寸。凡粿赪簪珥，牙尺剪刀，以至经典木鱼，伢儿嬉具之类，无不集。""如逃如逐，如奔如追，撩扑不开，牵挽不住。数百十万男男女女老老少少，日簇拥于寺之前后左右者，凡四阅月方罢，恐大江以东，断无此二地矣。"①

2. 西湖风景代表了中国审美文化

西湖是从白居易时代开始出名的。白居易在杭州时，踏遍了西湖的山山水水，第一个发现山水复合型的西湖，有着不同凡响之美。这既符合儒家的政治理念，又符合农耕社会的生活秩序。这种美是世俗的，和人的物质生活和精神需要紧密相连，也符合各层级儒家知识分子的品位和生活方式。经过欧阳修、范仲淹、苏轼等一大批唐宋时期大师级人物一再推崇，西湖的和谐、典雅、秀丽的审美价值，成了中华民族审美理想、审美方式、审美习惯的一个标识。

西湖作为一种审美文化的标杆出现后，反过来又深刻影响到中国传统的审美方式和审美习惯的形成与发展。宋代以后，各地的文人学子和地方官守纷纷仿效西湖。明《永乐大典》载有天下西湖三十六，大城市如北京、扬州、桂林、南昌、福州、惠州都有西湖。一些中小城市更喜欢把自己城市的湖泊也叫作西湖，甚至爱屋及乌，连方位都不在乎。流风余韵，甚至远及国外，大凡汉字文化圈国家，如日本、朝鲜半岛、越南等，都有崇敬西湖、效法西湖的风景建设情况。

成熟的中国园林，一般是从隋唐时期开始算起。白居易在洛阳建造的"白园"是一个起点。而白园的布局和审美意向，很大程度上借鉴了西湖的样式。西湖是唐宋以后中国园林走向成熟过程中的最重要范式，也是后来皇家园林、寺庙园林、私家园林共同的鼻祖。北宋徽宗大搞花石纲建起来的皇家园林"艮园"，很多地方模仿了西湖格局和艺术手法，甚至许多建材都来自苏杭一

---

① 张岱：《陶庵梦忆》，马兴荣点校，中华书局，2007年，第82—83页。

带。明代一些北京人把海淀的瓮山泊,就直接叫作"西湖景",里面模仿了杭州西湖十景,命名了北京的西湖十景。清初诗人沈德潜到访,感觉就像在杭州西湖,故而写道"闲游宛似苏堤畔,欲向桥边问酒垆"。元明清以后,私家园林蜂起,苏州和各地的私家园林,也在一定程度上借鉴了西湖山水园林的手法,清代诗人袁枚在南京建造的随园,更直接声明学的就是西湖。

康熙六次南巡,五次到杭州;乾隆六次南巡,每次都在杭州作长时间逗留。他们尝试将西湖的山水格局、建筑营造及对文化和山水的融合等,运用到北方的皇家园林中。康雍乾时期建立的清代皇家园林"三山五园",在建设理念、总体思路、景区规划、山水意境等方面,都着力营造和西湖一样的情调和氛围。以颐和园为例,乾隆之所以要建清漪园(颐和园的前身),实际上就是想要在京畿附近兴建一处酷似西湖的大型山水园林。即便远在关外热河的避暑山庄,也逃不脱西湖对它的巨大影响。

3. 西湖景观创意深刻影响了城市风景建设

杭州风景特别是西湖风景的发展治理过程中,曾经涌现出许多重要的文化创意。这些创意,成就了西湖景观的历史地位,有些创意对其他城市的风景建设影响直接。

从物质层面看,杭州西湖的水面、堤、桥、岛的结构模式,影响到其他城市湖泊或园林湖泊的建设。比如西湖上的苏堤,既解决了西湖南北的交通难题,又能帮助人们深入湖泊中心满足审美需要。这样不仅能使水面变得灵动,不再"一以看穿",而且桥、堤、岛的转换,丰富了空间的视觉感受,增加了欣赏情趣。颐和园昆明湖中也有一条长堤"西堤",把湖水分成几个水域,湖、堤、桥、岛一应俱全。日本的古典园林,也非常推崇这一景观模式,庭院中的池沼多有堤有桥,成为一种审美范式。在西湖申遗的过程中,专家称之为"西湖景观格局",成为世界文化遗产——西湖文化景观中的六大要素之一。

精神层面的影响是"西湖题名景观"的创意和运用。就是运用汉字表意文字的特点,把景观中最需关注和理解的意象提炼出来，让观众领略其中的意境和美的内涵。题名景观一般采用四个字的格式，又称四字景目，是一种充满了艺术想象力的、文学与风景的结合。

"西湖十景"出现于南宋，是最具原创意义的大事件。不仅形成时间最早，也是所有题名景观中最经典、最完整、最有影响力的作品，对后世影响也最大。在西湖十景的影响下，题名景观作为一种文化，很快风靡全国，在各地都有传播。直至现在，几乎所有知名景区都有十景八景的提法。但迄今为止。西湖十景还是题名景观中一个不可逾越的高峰。这就是西湖对中国文化发展的影响力和贡献度。

4. 西湖等杭州风景对中国文学艺术创作产生了重大影响

杭州有关西湖、西溪、钱塘江和运河的文学创作十分繁荣。特别是一大批记录和表现杭州都市文化和西湖风景的游记与诗词创作，形成了中国文学中的一个现象——"西湖文学"现象。

白居易、苏轼等大师对西湖的赞美，为西湖向中国和世界作了最有影响力的广告。据记载，柳永《望海潮》一词对杭州的赞美，是促使金兵南下的原因之一。白居易、苏轼和柳永对杭州文学中"西湖"题材形成和深化的贡献，不仅直接影响了杭州的命运，也刻上了杭州特有的深深的文化痕迹。这些独一无二的"杭州意味""西湖形象""钱塘潮"等，是杭州文学为中国文学作出的贡献。

而杭州大量的通俗文学作品如白话小说、民间传说、民谣等，也大都与西湖息息相关。例如在"三言二拍"和《夷坚志》中就有大量对杭州西湖及相关社会生活的描写。这些通俗文学的普及，提高了市民大众的审美趣味和文艺修养。此外，历代官员，特别是宋代几乎所有在杭州任职的官员，都有文学创作特别是有关西湖的诗词作品，并且很多都具有较高艺术价值，甚至产生了杭州文学中特有的"太守例能诗"这一其他地区没有的文学现象（语出苏轼《诉衷情》"钱塘风景古来奇，太守例能诗"）。彭万隆、肖瑞峰的《西湖文学史》（唐宋卷）为此专列一节，详细阐述了十六位在杭州历任太守者创作的"西湖诗词"，这在中国文学史的编写上当属首创。

（三）杭州的科学技术对中国的影响

1. 杭州的水利工程长期引领中国水利技术

早在良渚时代，杭州已经修筑了一个由 11 条坝体构成的庞大的水利系统，控制范围达 100 平方千米，具有防洪、运输和灌溉的综合功能，是中国迄今发现最早的大型水利系统，也是目前已发现的世界上最早的拦洪大坝系统。

隋唐以后的西湖疏浚，主要也是为了解决灌溉、排涝问题。经过白居易、苏轼、杨孟瑛、阮元等历代疏浚，西湖面貌大为改善，由一个自然的湖泊逐渐演变成一个闻名遐迩、风光秀丽的人工湖。

相比于对内陆河流、湖泊的应用型改造，捍海塘则主要为了抵御潮水泛滥，保护杭州城。相传早在汉代，已经有华信筑海塘。吴越国时，钱氏家族推动捍海塘的修筑，奠定了杭州在五代乃至南宋临安城时期的城市格局，也是中国工程技术史上的一个奇迹。

隋唐时期，京杭大运河的开凿，使杭州成为贯通江南运河、浙东运河、钱塘江和外海的河海水运枢纽，沿岸建造有许多的码头、河埠、仓库等建筑。中国大运河自隋代以来，在广大国土范围内大跨度调配南北资源和物产，促进了中国南北东西间经济和文化交流，展现出古代中国农业文明时期水利、水运工程的杰出成就。

2. 杭州出土的独木舟是"中华第一舟"

萧山跨湖桥遗址出土的独木舟，是迄今我国年代最早的水上交通工具，被称为"中华第一舟"。独木舟出土时，周边发现了木料、石器、编织物等，说明跨湖桥先民拥有了制作与修缮独木舟的一系列技术，显示出跨湖桥时代，先民对木质材料的处理、挖凿和雕琢技术已相当成熟，是中国舟船文化的发端。连同一起出土的各种形制别致的陶器、石器、骨木器、稻谷、茎枝类草药等，把杭州的考古文化史提前到了八千年前的新石器时代早期，是杭州悠久历史和深厚文化积淀的重要证据，再次证实了长江流域也是中华文明的发源地之一，对研究杭州早期新石器文化具有十分重要的价值。

3. 杭州玉石雕刻承载着中国传统玉石、玺印文化

良渚玉器是良渚文明的杰出代表。自古以来，中国人都把"玉"当成一种品格高尚的象征。礼器成为"王权"与"礼"的象征，代表了一种对"受命于天"的不可抗拒力量的敬畏。作为良渚文化具有代表性的原创器形玉琮，在全国很多遗址中也都有发现，如广东的石峡文化、甘青地区的齐家文化、成都的金沙遗址等。这些地区出土的玉琮，无论是器形还是纹饰，都明显受到了良渚文化观念的影响。在夏、商、周时代的许多遗址中，也发现了源自良渚文化的玉器，显示了良渚文化的巨大辐射力。良渚玉器所代表的神权、王权和军权的权威，成为中国走向文明的标志，对中华民族后世的发展和进步具有深远影响。良渚玉器的造型、纹饰的繁缛和细腻，线条的流畅和飘逸，代表了中国史前时期玉器制作的最高水平。良渚玉器的文化象征和精美图像，体现并代表了中国在远古的时期已进入了成熟文明和早期国家阶段，也是世界认识中国历史文化的窗口。

杭州飞来峰及西湖南山两处石窟造像群，开凿于北方石窟造像趋于停顿时期，承袭了唐以前的北方石窟艺术并与之相衔接，在中国石窟造像艺术史中有着独特的地位。飞来峰造像是元代造像最多、最集中的石窟群，也是中国石窟中雕造罗汉最多的地方，同时也是汉族供奉与西藏喇嘛教有关佛像最多的地方。杭州的西湖南山造像精致细腻、圆润饱满，是五代吴越国佛教造像中的杰出代表。

昌化鸡血石是中国四大名石之一，是中国几千年玺印文化的重要载体之一。因其特有的美丽和宜于雕刻的质地，深受金石篆刻家、鉴赏家珍视，被誉为"国粹"，在篆刻界享有"印石皇后"之美称。其印材、印文、边款、纽饰中蕴含的历史、文化和经济价值，从历代名家印谱和工艺品介绍中可以得到印证。清代自康熙起，历代帝王均用昌化鸡血石作为帝王宝玺，并限于朝廷四品以上的官员拥有。由于资源的不可再生和产量越来越少，精品更

是十分难得，价格也呈总体上升趋势。2007年，鸡血石雕入选国家级非物质文化遗产名录。

4. 杭州陶瓷是中国陶瓷发展史的杰出代表

良渚黑陶是继仰韶文化彩陶之后的又一优秀陶种，代表了新石器时代制陶业的又一高峰。良渚黑陶以夹细砂的灰黑陶和泥质灰胎黑皮陶为主，主要分布在钱塘江流域和太湖流域。其中，磨光黑陶制作工艺精湛，是良渚黑陶的精品和代表，具有极高的收藏价值。

萧山茅湾里窑址的原始瓷与印纹硬陶，是江南水乡特征的文化符号。这说明印纹硬陶文化、内江西吴城文化和万年文化等不是孤立发展的，而是既保留本区域特色又吸取其他先进的文化、求同存异和共同发展的。茅湾里窑的印纹陶与原始瓷共烧的现象，表明远在春秋战国时期，杭州的印纹陶窑烧制瓷业已很发达。瓷器大量应用于日常生活及陪葬，反映了杭州先民精湛的烧制技术和工艺水平。2006年，茅湾里窑址被国务院公布为第六批全国重点文物保护单位。

南宋官窑瓷器崇尚质朴无华、平淡自然，融合了"天人合一"的审美标准，将青瓷的美学意境发挥到新的高度，也把中国古代青瓷的艺术表现推向极致，成为集三代皇室之珍赏。2001年，南宋官窑老虎洞遗址被评为2001年度中国考古十大新发现之一。

5. 富阳宋代造纸遗址实证了中国造纸术的发明

杭州富阳泗洲宋代造纸遗址，是我国现已发现的年代最早、规模最大、工艺流程最全、拥有先进造纸工艺的古代造纸遗址，是对中国四大发明之一的造纸术的一个重要实证。竹纸的使用促进了书法和绘画艺术的发展，促成了中华传统文化独特审美体系的形成。富阳造纸的工艺流程和制作技术，推动了当地及中国经济、文化的发展。史料记载："光绪三十二年（1906）富阳的竹纸每年可博六七十万金，草纸可博三四十万金。民国初期富阳的土纸生产量占全国总产品25%，产值占全省手工造纸产值的44%，从事纸业人口占全县总人口一半以上。"①

富阳宋代造纸遗址,比2007年在江西高安发现的明代造纸作坊遗址,至少早三百五十九年,反映了从沤料到制浆、抄纸的古代造纸工艺流程,可以与明代宋应星《天工开物》等文献记载的资料相印证。专家组认为,遗址的发现为研究宋代中国乃至世界造纸工艺的传承和历史,提供了重要实物资料。2006年,富阳竹纸制作技艺入选第一批国家级非物质文化遗产代表名录。

6. 杭州雕版印刷技艺长期居全国之首

杭州从宋代开始,始终保持着全国雕版印刷的中心城市地位。五代、两宋、元明清时期,杭州无论是监本还是公私刻印,其质量和数量均处于全国雕版印刷的前列。宋代叶梦得《石林燕语》称:"今天下印书,以杭州为上。"王国维《两浙古刊本考》称:"浙本字体方正,刀法圆润,在宋本中实居首位。宋国子监刻本,若《七经正义》,若史、汉三史,若南北朝七史,若《资治通鉴》,若诸医书,皆下杭州镂版。北宋监本刊于杭者,殆居大半。"南宋时,两浙又是全国的造纸中心,印刷物料尤其纸墨的质量与产量超越前代。杭州寺院刻本、坊刻本,经典版本更是精品迭出,推动了雕版印刷的发展。20世纪60年代,北京图书馆《中国版刻图录》收录全国公藏单位的189种存世宋版书中,浙江刻本75种,其中杭州刻本就达45种,且多为坊刻本。

7. 老字号手工艺成为江南精益求精城市精神的代表

杭州老字号手工艺品,是古代杭州人做事精细、做工精良的典型代表。杭州张小泉剪刀300余年来在激烈的市场竞争中持续发展,核心法宝就是秉承良钢精作祖训,把握产品质量第一。张氏几代人创新和研制的贴钢技术、镀镍技术、表面刻花技术等,使张小泉剪刀的工艺质量始终处于行业领先地位。1997年,"张小泉"获中国驰名商标;2002年,"张小泉剪刀"获世界原产地注册保护;2006年,被文化部选为第一批国家非物质文化遗产名

---

① 李程浩:《富阳泗洲宋代造纸遗址造纸原料与造纸工艺研究》,硕士学位论文,中国科学技术大学,2018年。

录。王星记扇子经过百余年的经营和坚守，以与时俱进的经商理念、灵活多样的经营方式、质量过硬的工艺技术质量，在清末民初跻身于杭州三大扇庄之一，创造了杭扇的信誉。总之，杭州的刀、剪、扇以及邵芝岩笔庄、朱府铜雕等老字号手工艺品，以及世界非物质文化遗产"杭罗织造技艺""余杭清水丝绵制作技艺"等，代表着自古以来杭州人精致、细腻的做事精神，也成为中外来宾了解杭州乃至中国城市文化的一个重要窗口。

（四）杭州人的生活方式对中国的影响

1. 创造了一种经济和社会和谐发展的生活范式

杭州成为中国生活品质方面的标杆性城市，离不开物质的丰富多彩。杭州有很多美名，如鱼米之乡、丝绸之府、茶叶之都、休闲胜地和工艺与民间艺术之都等，这些都与百姓生活息息相关。

古代杭州人会劳动也会休闲，凡事乐观，懂得调节。加上杭州客观上风调雨顺、衣食丰足，使得古代杭州人善于从生活的不同角度，寻求较高的快乐和幸福，使自己在物质和精神生活中，处于当时历史条件下的较高水准。一方面，古代杭州人做事勤勉努力，凡事都尽量做得完美，这样才会有吃喝玩乐游购娱诸方面的消费能力、优质商品和服务质量；另一方面，古代杭州人也善于在劳动中寻求快乐，长于创造出不同类型、丰富多彩的听戏、观灯、赏花、游湖、踏青、登高等休闲的方式。会劳作，也会休闲，不仅促进了经济和社会的和谐发展，也为杭州后人提供了一种代代传承、幸福程度较高的生活态度和生活方式。

杭州先人们在起居生活方面积累下丰富内容和多彩方法，给后人以启迪和借鉴，也为杭州城市形象增添了亮丽风采。从唐朝的"东南名郡"到宋朝的"东南第一州"称谓，再到后来的"上有天堂，下有苏杭"的盛名，再延续到今天在众多大中城市中"建设世界名城"的目标，都体现着对古代杭州人生活态度和生活方式的传承。

2. 茶文化和"中国茶都"之名对世人品茶生活影响深远

从文献记载来看，杭州产茶的历史可以追溯到唐代。茶圣陆羽（733—约804）在其所撰世界第一部茶叶专著《茶经》卷上《八之出》中记载："杭州临安、於潜二县生天目山，与舒州同；钱塘生天竺、灵隐二寺。"说明杭州产茶至少已有一千二百多年历史。到北宋，杭州茶叶的种植范围更广，除灵隐、天竺外，北山宝云山也产茶。明田汝成《西湖游览志余》卷二四《委巷丛谈》载宋代西湖名茶："杭州茶宝云山产者，名宝云茶；下天竺香林洞者，名香林茶；上天竺白云峰者，名白云茶。"明高濂也说："西湖之泉，以虎跑为最；两山之茶，以龙井为佳。谷雨前采茶旋焙，时汲虎跑泉烹享，香清味冽，凉沁诗脾。每春当高卧山中，沉酣新茗一月。"明代钱塘人许次纾著有《茶疏》，涉及产茶采摘炒焙烹点诸事共三十六条，被后人赞为"深得茗柯至理""与陆羽《茶经》相表里"。龙井茶在清代进入辉煌期，名列众名茶之首，成为皇室重要贡品。乾隆帝六次下江南，四次视察龙井茶区，并品茶作诗，推动了龙井茶声誉远播。时至今日，外地游客到杭州购物，或杭州人送礼，或国家对外赠送国礼，龙井茶依然是最佳选择之一。

2001年，国家质检总局正式批准"龙井茶"为原产地域保护产品（即地理标志保护产品）。2019年11月27日，第74届联合国大会确定每年的5月21日为国际茶日。

3. 杭州的餐饮文化独树一帜，波及大江南北

杭州的餐饮，既有南宋厨娘为代表的杭帮菜，也有着众多的饮食理论，以高濂、李渔、袁枚为代表，杭州人对饮食文化的研究达到了极致。最具代表性的是李渔的《闲情偶寄·饮馔部》和袁枚的《随园食单》。李渔在《闲情偶寄·饮馔部》专著中，把饮食原则概括为二十四字诀：重蔬食，崇俭约，尚真味，主清淡，忌油腻，讲洁美，慎杀生，求食益。书中还介绍了江南一带鲜蔬及鱼蟹肉禽的各种吃法，对了解清代杭州地区的菜点制作和饮食具有重要参考价值。袁枚的《随园食单》除介绍江南风味为主的

南北菜点、名酒、香茗外,还从十四个方面对中国独有的烹调技术作了全面阐述。书中收录了当时杭州许多名菜和名点,如家乡肉、蜜火腿(即今蜜汁火方)、鸡丝、干落鸭、土步鱼、醋搂鱼(即今西湖醋鱼)、酱炒甲鱼、问政笋丝、酱瓜等等。

吴自牧在《梦粱录》书中,收录了南宋临安各大饭店的各式菜肴三百余种,比如绣炊羊、野味假炙、清撺鹿肉、煎黄雀等,大致保留了北方口味,而更多的菜点如假驴事件、波丝姜豉、淡菜脍、虾包儿、炙把儿、酒泼蟹、梅干儿等,从原料、烹饪方法及菜点命名上,反映了北方文化对临安食事的影响,或说是杭州土菜的上位。

到了现代社会,在上海滩出现了数十家杭帮菜酒家;在北京,20世纪90年代开张的"外婆家"等一批杭帮菜饭店,到了饭点总是宾客满座,要排队叫号或打电话预定。在广州、深圳、成都、武汉等地,杭帮菜也都有自己的一席之地和常客光顾。选材精致讲究,口味清淡健康,陈设优雅舒适,服务贴心周全,杭州传统文化通过寻常百姓的日常餐饮,走遍了祖国的大江南北。

(五)杭州的精神文化对中国的影响

1. *爱国主义精神和廉洁风范光耀史册,激励后人*

杭州历史上的岳飞、文天祥、陈文龙、于谦、张苍水、葛云飞、秋瑾等人的英雄事迹,可歌可泣,彪炳史册,被视为中华民族的先烈,影响深远。他们身上的爱国主义、民族气节和视死如归的大无畏精神,成为中华民族伟大精神的重要组成部分。特别是岳飞作为爱国主义的旗帜和壮美人格的化身,家喻户晓,世代传颂。明代钱塘人于谦在大敌当前、局势危急之时,挺身而出,力排朝廷南迁之议,率领军民誓死抗敌,终于赢得了京师保卫战的胜利,迎回了英宗,成为士大夫阶层"忠君爱国"的典范。

杭州历史上的清官廉吏,代不乏人。唐代的白居易,宋代的范仲淹、苏轼、岳飞、陆游,明代的于谦、海瑞,清代的龚自珍、葛云飞等,无不克勤克俭、清廉为官。他们一身正气,两袖清风,以自己冰清玉洁的情操和一身浩然正气激励后人。白居易在杭州刺史任上，两袖清风走街巷，一心纯正为民瘼。在其离任还乡时，发现箱内有两片玲珑可爱的山石，他遂写成一诗追悔己过："三年为刺史，饮水复食蘖。惟向天竺山，取得两片石。此抵有千金，无乃伤清白。"岳飞的至理名言是："文官不爱钱，武官不惜死，则天下太平矣！"他身居高位，"廉洁奉公，不殖私产"。明代淳安知县海瑞提出："公以生其明，俭以养其廉，是诚为邑之要道，处事临民之龟镜也。"他去世后，家中只存有俸银八两、葛布一端和旧衣数件，此外别无他物。杭州人于谦为官清廉刚正，家无余财。被害后锦衣卫去抄家，破开正屋，发现供奉的是皇帝赐给的蟒袍宝剑等几件物品，一些人当场落泪。他的"粉骨碎身浑不怕，要留清白在人间""清风两袖朝天去，免得闾阎话短长"等诗句，脍炙人口，深入人心。其中的"两袖清风"成为后世对品德正直、清廉官员的代称。

2. 山水审美与世俗化文化各异其趣，并行繁盛

中国文学史上特指的山水诗，是南北朝时期的谢灵运等开创的独特诗风。谢灵运的山水诗受杭州山水的影响很大。他四至十四岁寄养在钱唐杜昺家，后来离开建邺往任永嘉太守时，折回走钱塘江，经过富春、桐庐，作《富春渚》《初往新安至桐庐口》《夜发石关亭》《七里濑》等名篇。谢灵运自钱塘江山水诗开始，完善了渐已明朗的山水审美趣味，成为山水诗鼻祖。

齐、梁时期的著名史学家沈约也是永明文学继往开来的领袖人物。他描写钱塘江景的诗有《早发定山》《新安江水至清浅深见底贻京邑游好》等。沈约不但将"四声八病"规律运用到创作之中，让诗歌具音韵圆转之美，还使山水诗完全摆脱玄言桎梏，走向缘情、绮丽、形象融会的新阶段。萧梁时期的文学家任昉曾任新安太守，作于浙江的有《赠郭桐庐出溪口见候（余既未至郭仍进村维舟久之郭生方至）》《严陵濑》等九首。

白居易、苏轼两位地方官和诗词大师，围绕西湖山水的吟咏传播，为西湖向中国和世界作了最有影响力的传播。特别是在宋代，

几乎所有在杭州任职的官员都有西湖山水的诗词作品,且大都具有较高艺术价值。宋代以后出现的一批表现西湖山水和都市文化的游记、诗词创作等,也扩大了杭州在中国乃至世界的影响。

与山水审美并行不悖的,是宋代世俗化造就的城市审美文化,形成了许多新的文化样式。《武林旧事》所记南宋临安有书会、演史、说经、说诨经、小说、影戏、唱赚、小唱、鼓板、杂剧、唱耍令、商谜、傀儡、蹴球、角抵、举重、相扑等52个种类,著名演员有524人。南宋临安的瓦子百戏、妓院歌舞和节庆风俗等,构成丰富的社会生活画卷。《梦粱录》等记载临安的瓦子有20多处,表演的节目百戏丰富多彩。

宋代已出现十分广泛的游民江湖及其文化。《三国演义》《水浒传》《说唐》等许多小说通过杜撰反社会性的游民故事,进行社会批判。《水浒传》的蓝本南宋人龚圣与《宋江三十六赞》、南宋话本集《宣和遗事》等,对当时的市井风情有许多故事描写。

文化世俗化使平民作为新社会主体的地位得以确认。山水审美与世俗化文化的并行不悖,一定程度上提高了普通大众的审美趣味,间接提高了杭州市民的生活水平,促进了市民经济发展和社会繁荣。这从古代杭州大量文学作品、游记传记及有关杭州人生活的描写中,可以找到很多例证。

3. 商用经济理念先发引领,优势凸显,带动社会

为了改善财政状况,北宋推行了重商政策。南宋国家土地所有制进一步衰落,土地或财产私有制的发展,进一步强化了社会重商风气。杭州的城市经济由工商经济模式转换为商工经济模式,即以商业为主导的手工业经济。

顺应这一趋势,杭州的城市规划和管理彻底打破坊市分设的旧格局,形成坊市有机结合的新形态,城市格局由城坊过渡到街巷。街道上酒楼商铺林立,营业时间可至深夜乃至通宵,打破了唐代以前商品流通的时空限制。南宋临安私营手工业发展水平和官营手工业不相上下,从业人员多,几乎每一类商品都有专门的生产

作坊。有"四百十四行"[①]之说,比唐代最多的"二百二十行"[②]增加了近1倍。除一般生活用品之外,各种生产资料交易也有分工。南宋初年临安上供绢仅约4万匹,到庆元年间(1195—1200)增至约12万匹,占两浙路的1/14强。刘克庄《戊辰即事》载,临安每年要缴朝贡用双丝细绢100万匹,丝织品税额较唐代增加了7倍。乾道年间(1165—1173)临安府夏税约纳绢95813匹、绸4486匹、绫5234匹、锦58521两。[③]当时普遍形成酿酒谋利的意识,酒税成为仅次于盐税的第二大税种,曾位居全国之冠。纸、笔、墨等文化用品制造业也很发达。金属铸造业除修内司、文思院等官方机构经营外,还有大量私营作坊。北宋时杭州的手工艺品制造业已很发达,名牌产品门类繁多,如杭州和睦州的金漆、睦州的竹策等。南宋临安的制扇业、玉器制作业和髹漆业等十分繁盛,有专门的纸扇行、修破扇和扇牌儿等行业,还出现了集聚制扇作坊和店铺的扇子巷。

商农商工经济的繁荣,使宋代的市场化水平空前提高,商业资本意识逐渐形成,商业文化有了自觉性发展。商业信用体系建立和金融产品日益丰富,社会交易成本普遍降低,取得了更多的先发优势:一是宋代杭州货币交换意识大大强化。南宋初年临安民间发行"寄付兑便钱会子"。后设立行在会子务进行管理,许于城内外与铜钱并行。信用票据的大量出现和使用,在中国经济史上具有里程碑意义。二是交引市场的新兴商人资本观念形成。南宋时遍布临安等大城市的各种金银交引铺,可视为最初的证券交易所,还兼有银行的某些功能。[④]交引铺往往与金银铺合而为一,是后代钱业的前身。其中较为著名的有南坊南、惠民药局北局前的沈家、张家金银交引铺和天井巷张家金银铺。三是与广义的金

---

① 西湖老人:《西湖老人繁胜录·诸行市》,浙江人民出版社,1983年。
② 宋敏求:《长安志》卷八《次南东市》载"市内货财二百二十行",《宋元方志丛刊》本,中华书局,1990年。
③ 周淙:《乾道临安志》卷二《税赋》,《宋元方志丛刊》本,中华书局,1990年。
④ 姜锡东:《宋代商业信用研究》,河北教育出版社,1993年,第145页。

融业相关的典当业、租赁业、赌博业等也变得发达。南宋临安的质库即明代以后所称的典当行普遍发展，私人高利贷资本也非常活跃。

到了明清时代，杭州的商业文化更为发达。明代时杭州"城内外列肆几四十里"，是中国最繁华的商业城市之一；清代时杭州更是商铺林立，绸缎号称"衣被几遍天下"，龙井茶驰名天下，"五杭"誉满全国，丝织业位居江南三大织造之首，出现了"机杼甲天下""杭绸传四方"的盛况。光绪年间，中国最大的民营银行浙江兴业银行在杭州成立，杭州被辟为通商口岸，在拱宸桥建立了杭州海关。近现代的棉纺织造、机器制造、火力发电、面粉加工等企业开始出现。杭州的商业氛围和经济环境，吸引了全国各地的商人和工商团队。杭州商业文化中，融入了"徽商帮""湖州商帮""浔商""宁绍商帮"等的商业习俗和经营理念。在商品市场、工商结构、工商资本构成不断变化的推动下，杭州商业经济在海纳百川、兼容并包中，进一步走向近现代文明。

二、杭州优秀传统文化对世界的影响

1. 良渚古城、西湖景观、中国大运河成为世界文化遗产

良渚古城是良渚文化的关键性内容，成为世界文化遗产，证明了其在世界文明史上有重要意义。良渚文化以中国最早的原始文字[①]、大型的水利工程、社会等级的分化、生产力的发展水平以

---

① 中国先秦史学会副会长、陕西师范大学教授王晖撰文认为："汉字正式形成的判定标准应是字符形式上的组字为词组或句子。这是用线性的排列组合来表现的，是判定文字的正式形成与非正式文字的标准。哪怕只有很简单的二三字，就能够记录最简单的语词组合形式，表示主谓、主谓宾或偏正关系，这就是最初先民用早期文字的排列组合关系记录语言的词组或句子了。显然，这种线性的连字成词组或句子就不可能是图案或图画符号，更不是一个简单的刻划符号。……根据以上原则，我们可以判断出汉字正式形成的时代。由于出现组词为词组或句子类的文字符号为良渚文化时代，据此可知，距今5300—4300年之间已经出现了正式的汉字。"（见《中国社会科学报》2019年7月22日）国家夏商周断代工程首席专家、北京大学考古文博学院教授李伯谦认为，这些原始文字不像其他单体刻画符号那样孤立地出现，而是可以成组连字成句。（见《京华时报》2013年7月10日）

及玉器反映出的统一信仰等，证明了它的社会发展水平不亚于古埃及、两河流域及印度河流域的文明。英国皇家科学院院士、世界知名考古学家科林·伦福儒，于2017年12月在"第三届世界考古论坛·良渚古城水管理系统国际学术研讨会"上指出："良渚把中国国家社会的起源推到了跟古埃及、美索不达米亚和古印度文明同样的程度，几乎是同时的。"美国辛辛那提大学教授弗农·斯卡伯勒提出："良渚的考古研究工作不止改写了中国历史，也改写了世界历史。"

经过一千多年的持续演变，杭州西湖景观日臻完善并自然保存至今，展现了东方景观设计自古以来讲求"诗情画意"的艺术风格，成为景观元素丰富、设计手法独特、历史内涵丰富、文化含量厚重的"东方文化名湖"。2011年6月24日，"杭州西湖文化景观"被正式列入《世界遗产名录》。2011年，世界遗产委员会对杭州西湖作出评价：杭州西湖"是文化景观的一个杰出典范，它极为清晰地展现了中国景观的美学思想，对中国乃至世界的园林设计影响深远"。

大运河始建于春秋时期，是至今世界上里程最长、工程最大的古代运河，也是中国古代的三项伟大工程之一，并且使用至今，是中国文化地位的象征之一。大运河的南端，在隋唐大运河和京杭大运河中，都是端点。2014年6月22日，第38届世界遗产大会宣布，中国大运河项目成功入选《世界遗产名录》。其中，中国大运河在杭州段的文化遗产点共有六个：杭州富义仓、杭州凤山水城门遗址、杭州桥西历史街区、杭州拱宸桥、杭州广济桥、西兴过塘行码头。

杭州的这些世界文化遗产，既是杭州的骄傲，也是世界文化不可或缺的一部分。杭州的世界文化遗产，是杭州为世界文化作出的巨大贡献。

2. 杭州一度是西方认识中国的标志性城市，是中国的象征之一

13世纪，意大利人马可·波罗来到元朝，其间曾数次来杭。

马可·波罗对这个 Quinsay（南宋"行在"的音译）印象深刻，写下了"世界上最美丽华贵之天城"的赞美。在《马可·波罗游记》中记述道："城中有一大湖，周围广有三十哩，沿湖有极美之宫殿，同壮丽之邸舍，并为城中贵人所有。亦有偶像教徒之庙宇甚多。湖之中央有二岛，各岛上有一壮丽宫室，形类帝宫。"《马可·波罗游记》问世后，很快被翻译成多种文字，风靡欧洲，推动中国文化艺术传播到了欧洲，为处于中世纪的欧洲开辟了一个认识东方世界的"窗口"。"华贵天城"的杭州印象，很长时间主导着西方人对"行在城"的印象，

由于《马可·波罗游记》享誉欧洲，影响极大，以至中世纪西方地图在标示东方地名时，将 Quinsay 作为了"中国标记"。瑞典国家图书馆藏的 1350 年用古法语抄在羊皮纸上的《马可·波罗游记》，记述了 Quinsay（行在）。如 14 世纪欧洲的一幅中国地图"飞马地图"上，"行在"（即杭州）是中国唯一代表城市。

14 世纪，意大利旅行家鄂多立克泛海来到杭州。在《鄂多立克东游录》中，他盛赞杭州是"天堂之城"，是全世界最大和最高贵的城市，并且是最好的通商地。14 世纪中叶，意大利人马黎诺里奉教皇本笃十二世出使元朝，返回时途经杭州，称"行在"是"最好、最大、最富饶、人口最多，总之是最绝妙的城市；这是世界上最富有的城市，游玩、娱乐活动别具一格"。在后来相当长时间里，欧洲人心目中的中国，是以杭州为标志的。

1643 年，在中国生活了 20 多年的葡萄牙耶稣会士曾德昭（Alvarode Semedo），在马德里出版了一部《大中国志》，书中重点介绍了西湖："最大特色有三。首先是西湖（Sihu）是世界奇景之一，四周有 30 里，合 6 英里，其中筑有优良的宫廷。覆盖着青草、植物、树林和美丽的山峰，围绕这些宫廷，潺潺流水，从一头进水，另一头流出。水之清澈令人乐于观赏，湖底细沙纤毫悉睹。湖上有铺石道路，任行人随意玩乐通行；备有小艇，供休歇宴乐之用，船舱或头舱，设有厨房，中间地方作厅室用。上层是妇女的居所，四周有格子窗，避免有人窥见她们。这类船，

其色彩和镀金形式奇特而且多样化，航行设备很完善，不致遭受水淹，但未能有效防止被风打沉。"

18世纪前后，欧洲一度掀起了"中国热"。以外销瓷为代表的中国特产，成为欧洲上流社会的时髦商品。西湖景观作为最具中国风的图案之一，曾被绘制在瓷器上。这些瓷器，或是由欧洲商人定制，或是按照其要求绘制图案，西湖以独特的东方美学韵味，远渡重洋，成为当时欧洲人认识和了解中国的窗口。1793年，随马嘎尔尼出使中国的斯当东爵士记录了使团返回时路经杭州的情景。斯当东在书中提到了西湖的风景布置、士绅的西湖游乐及雷峰塔。

从马可·波罗到20世纪，杭州多次出现在西方文献中，而每次提到杭州都会提到杭州的历史与自然风光，当然也包括杭州的历史遗迹西湖、雷峰塔等，这些都构成了西方人对杭州的"东方印象"。

3. 杭州是宋元明清中西文化交流的重镇

杭州自古以来，接纳过马可·波罗、鄂多立克、马黎诺里、金尼阁、卫匡国等欧洲著名旅行家和学者，以及俊芿、圆尔辨圆、南浦绍明等日本和高丽僧人。杭州灵隐寺是东晋年间西域印度僧人慧理创建，凤凰寺由伊斯兰教人物阿老丁在元代重建，径山寺是日本茶道的起源地……古代杭州，也先后走出了谢国明、戴笠、陈元赟、林净因等一大批漂洋过海在东南亚传播中国经济文化的使者。

南宋时期为了吸引外商贸易，朝廷在杭州建设了大量官驿和贸易仓库，如怀远驿、仁和馆、邮亭驿等，给外商提供生活上的方便。外商到达杭州时，市舶司以"伎乐"（专业表演的音乐舞蹈）为他们接风洗尘，并准许他们坐轿乘马，当地主要官员出面亲切会见。还专设巡检司，护送中外商人出海，奉送酒食和设宴饯行。外商失踪或死亡，中央政府责令市舶官员清点保管财物，等待家属前来认领。像中国商人在外国有类似"唐人街"的地盘一样，外商常年在杭州居住地方叫作"蕃坊"，从中亚来的回教徒、叙利亚人、波斯人、阿拉伯人中的富商大贾，在凤凰山附近都拥有豪宅，以住在世界经济强国的首都为荣。

16世纪末至20世纪初，大批传教士来到中国传教，同时将西方科技、知识等介绍到中国，又把中国文化传播到西方世界。杭州是这一时期中西文化交流的重镇，多位著名传教士在此留下重要足迹。

17世纪初，金尼阁来到中国，后寓居杭州，病逝后葬于大方井。金尼阁是著名汉学家，著有《西儒耳目资》等，向西方介绍中国的风土人情、语言文字、儒家经典和历史文化。卫匡国被称为西方的"中国地理之父"，除《中国新地图志》外，他还著有《中国上古历史》《鞑靼战纪》等多部作品，去世后也葬于杭州。

明末中国天主教"三柱石"中的两位李之藻和杨廷筠，都是杭州人。明代万历年间，李之藻与意大利传教士利玛窦合作完成了《坤舆万国全图》，并为之作序。此后又合作翻译了《浑盖通宪图说》等著作，大力介绍西方科学知识。杨廷筠的贡献在于融合儒家和天主教，宣传天主教的哲理和信仰，主要作品有《西释辩明》《代疑篇》等。

4. 杭州是连通陆路与海上丝绸之路的关键节点

在中外交往史上，杭州一直为世界级贸易、文化交通线的发展和延续作出重要贡献。10—14世纪是杭州城市发展的高峰时期，也是对外交流活跃时期。海上贸易逐渐形成以印度西海岸为关键转口枢纽的世界体系。这个枢纽以西，通过阿拉伯世界联结日益繁荣的地中海世界；以东，通过东南亚联结东亚，又通过东亚联结东北亚，中国商船占据主导地位。在这个体系中，东亚的经济体量最大，而杭州为其重心和枢纽所在。

元朝统一南北后，在人类历史上首次将欧亚大陆几个主要文明置于同一政治势力控制和影响之下。从东亚到西欧、北非，各地有了空前紧密而直接的联系。杭州的地位进一步加强，杭州被称为世界的天城，达到对外交通的历史高峰。

中世纪以来的西方世界，对中国的印象很多是通过贸易和传教活动获得的。无论是丝绸、陶瓷、茶叶这样的奢侈品，还是西方传教士对中国美景的叙述，不同程度地都与杭州有千丝万缕的关系。杭州的华美丝绸、精致瓷器和清纯茶香，推动了西方人对富贵风流、遍地黄金的东方古国的各种想象。以此为动力，随之而来的大航海时代不期而至。

5. 杭州文化对日本的影响

杭州文化对日本的影响，包括园林、佛教、茶道、文学、艺术和美学理念等。

第一，西湖题名景观对日本园林影响巨大。杭州西湖园林从造园的空间手法、空间概念、造园要素、造园意境等方面，深刻地影响了日本的园林营造，成为古代日本人的造园蓝本，置景、点景甚至全盘规划的楷模，成就了桂离宫、银阁寺、涉成园、成趣园和缩景园等名园。"西湖十景"成为其选定风景及其冠名遵循的通用"法则"。如京都的涉成园，是江户时代高僧宣如上僧的隐修地。他委托著名文人造园家石川丈山主持修建。据《枳壳御殿古之记》载，石川丈山当年帮助规划建设园林时，设计的蓝本参照"西湖十景"，为涉成园设计了十三景，与"西湖十景"相对照。京都的桂离宫是日本园林景观的"扛鼎之作"，被誉为"日本美的象征"。2007年，日本国立环境研究所曾做过一项调查，在日本被称作"××十景""××十名所"的地方有近60处，如"东山十景""醍醐十景""近江十景""松本十景""修学院御苑十景""仙洞御所十景"等。

第二，杭州曾经是中日佛教文化交流的中心。杭州与日本的佛教文化交流，始于唐代。南宋时期，杭州成为政治、经济和文化中心，以灵隐寺、净慈寺、径山寺等为代表的杭州寺院，成为当时中日佛教文化交流的中心。南宋庆元五年（1199），日僧俊芿拜径山寺蒙庵元聪禅师为师，首开径山寺接受日僧取经先河。嘉定四年（1211），俊芿回国住持日本京都涌泉寺，倡导律宗，成为日本律宗始祖。据木宫泰彦《日中文化交流史》记载，觉阿、圆尔辨圆、无关普门、寒岩义尹、约翁德位等十数人先后到访灵隐寺。南宋淳熙十四年（1187），日本名僧荣西在灵隐寺拜慧远为师，学佛达三年之久，回国后大力推广禅宗，成为日本禅宗的始祖。此外，日僧圆尔辨圆、无象近照、天祐思顺、无关普门、南浦绍明、南洲宏海、山叟慧云等十数人，还都曾到净慈寺取经。淳祐十一年（1251），无关普门在杭州灵隐、净慈两寺取经，并在净慈寺拜断桥妙伦为师，继承了断桥妙伦的法嗣，回国后成为南禅寺的名僧，刊印《断桥妙伦禅师语录》在日流传。开庆元年（1259），日僧南浦绍明（圆通大应国师）在杭州净慈寺拜虚堂智愚为师，回国后住持兴福、崇德、万寿与建长寺。

宋宁宗时，按史弥远之奏请定江南禅寺之等级，设禅院五山十刹。很多日僧渡海而来，遍访详察江南禅寺的各个方面，从伽蓝整体配置至殿堂寮舍形制、家具法器等细微之处，形成了具有日本特色的"五山十刹"，一直延续到近代。日本五山制度始于镰仓（1192—1333）末期，仿南宋五山之制，建立起日本自己的禅宗五山制度。镰仓五山之制是以镰仓的建长、圆觉等临济五大寺，仿南宋五山建置而设；室町时代（1338—1573）移都京都以后，又创设京都五山。

第三，杭州径山寺是日本茶道的源头。宋元时代，日本名僧俊芿、圆尔辨圆、无本觉心、南浦绍明等先后来寺学禅。同时，学成后他们带回中国茶经典籍及径山茶具，将种茶、制茶技术和茶宴仪式传到日本，从而将"径山茶宴"和中国禅院茶礼系统地传入日本，茶宴后逐渐演化为"日本茶道"，成为日本幕府和高层社会的仪节。时至今日，径山寺在日本仍具有很高的知名度。

第四，杭州风景曾是日本文学艺术的创作源泉。明朝正德年间，以西湖为题材的作品已经出现在日本。日本画家雪舟等杨，曾在1467年来到中国，通过领略中国山水风物之美，找到了中国画的源泉和精髓，从而开创了日本画坛的新风。《天隐语录》记载："画僧雪舟南游之日，屡游西湖，执笔自写晴好雨奇变态。"他有过多幅西湖图作，今天日本静嘉堂文库仍保存有一幅被认为是雪舟创作的《西湖图》。日本僧人天隐龙泽曾获赠《西湖图》

扇面，作《题扇面西湖图》一首以示纪念。从15世纪到19世纪，日本画家鸥斋、秋月等观、狩野元信、狩野探幽、池大雅、小泉斐等，都绘制过以西湖为题材的作品，很多是绘制在屏风上，可见西湖名胜对日本艺术史的深刻影响。据日本学者研究，日本最初的锦带桥，也是日本僧人在明代从杭州西湖摹画学习而来的。

西湖景观，也曾成为日本文学的重要创作内容。宋元时期，日本僧侣多从海道进入杭州，在求师学佛同时，留下了很多以西湖为意境的诗歌。别源圆旨（1294—1364）《送僧之江南》中记载了不少杭州名胜，在他回国后仍"相忆江南在寐寤"，梦到"十里湖边苏公堤，翠柳青烟杂细雨"的西湖美景，以及南高峰、北高峰、钱塘潮、西兴渡等，因不知何年才能重游而感叹"送人只得空追慕"。性海灵见（1315—1396）曾在1342年西渡入浙，留有七绝诗《莲》："亭亭抽水清于碧，片片泛波轻似舟。十里西湖风景好，六桥烟雨忆曾游。"展现了西湖夏日之景观。直到近代，日本文豪谷崎润一郎、芥川龙之介等都曾造访杭州，留下了很多以杭州历史遗迹为主题的文学作品。

第五，杭州丝绸和人才对日本丝织产业影响很大。宋代时，杭州就与日本、高丽和东南亚各国开始海外丝绸贸易了。日本学者佐藤真在《杭州之丝织业》一文中说："在日本机织业未发达之前，所称的吴国的服地，就是由杭州输入的丝织物。现今日本还有吴服店的名称，其起源就在于此，故杭州实为日本丝织物之始祖。""三世纪初，从吴国去日本的人很多，其中有著名的织工和裁缝，日本人称之为'吴织'，吴人到日本后聚居的地方称'吴原'，从杭州等地输入的丝织品成为'吴服'。"[①]

6. 杭州文化对朝鲜半岛的影响

朝鲜半岛与中国一衣带水，先秦时期已成为中国文化对外传播的重要通道。新罗多次向唐朝派出遣唐使，带回了中国的造园文化。从王室、士大夫到僧侣及民众，都或多或少受到中国的影响。

---

① 转引自李仁溥《中国古代纺织史稿》，湖南人民出版社，1984年。

西湖景观从空间手法、空间概念、造园要素、造园意境等方面，深刻影响了朝鲜半岛的园林营造。以韩国建于 15 世纪初的昌德宫为例，这座韩国最具代表性的庭园，宫殿与四周的山地环境和谐融为一体，萃取了西湖景观在植被选择和园林山石元素"天人合一"的特质，同时以芙蓉亭为代表的宫苑建筑，还融合了"天圆地方"的中国思想。

元明时期，朝鲜掀起了一阵以绘画与诗词为代表的"西湖热"。高丽士大夫李榖（1298—1351）曾入元为官，并泛舟西湖，留下"西湖水满北山晴，山下乘舟湖上行。四面天机云锦烂，中心仙阁翠华明"和"清风不用玉壶迎，红日如催画舸行。欲识西湖奇绝处，夜深花睡暗香生"等诗句。明朝中前期，以《西湖图》《杭州图》为代表展现杭州历史名胜的绘画，在朝鲜广为流传，成为朝鲜士人与浙人交酬唱和的主题，郑士龙、杨士彦、李好闵、李庆全等，都曾得到相关作品。记述杭州名胜的《西湖游览志》，曾为朝鲜人申钦所得，朝鲜中期文臣许筠非常欣赏这种形式，劝说江陵府使郑述（1543—1620）依照《西湖游览志》凡例编修了《江陵志》。

杭州的佛教遗迹也对朝鲜半岛产生过重要影响。灵鉴、慧洪、释初、英俊、智宗等高丽僧，都曾得到五代时余杭人永明延寿大师的真传。文宗末年，高丽王朝高僧义天与杭州高僧净源联系，先后两次西渡来杭求法，归国时携回佛典经书 1000 多卷，奏请于兴王寺设置"教藏主监"，又从中国和日本购入大量佛典，担任高丽国僧统管理全国佛教事务数十年。高丽僧人从海路到吴越国，到杭州净慈永明延寿门下求法两年，归国后致力弘扬法眼宗，受到高丽光宗、景宗等五朝皇帝殊礼。

第九章　杭州传统文化是中华文化的重要窗口

杭州曾经是中国国家的都城，是欧洲了解中国的标杆城市。历史的种子，决定今天的基因；基因的现状，预示生命体的未来。这些年，杭州在中国的影响渐大，代表中国多次出现在国际舞台上，并跟随着国家的发展而声名日隆。

其实，与国内外很多城市相比，杭州缺乏地下资源，没有港口条件，更无特殊政策扶持，加上外来移民越来越多，人多地少矛盾突出，城市空间日益逼仄，城市治理日显艰难……

"几处早莺争暖树，谁家新燕啄春泥。"一千二百年前，杭州刺史白居易对西湖春景的细致观察，好似给后人某种诙谐的预示。历史长河百折千回，每个城市自有特色。杭州成为古来"东南第一州"和现代"东方品质之城"的深层次原因，在于它具备了中华文明产生和延续的典型条件，秉承了中华文明的丰富内涵和聪明才智，代表了中华文化的优秀品质和经典遗存，彰显了中华文化的精神特质和深邃魅力。杭州文化不仅在区域经济社会发展中起到了塑造筋骨、凝聚精神、催人勤勉、教人生活的引领作用，而且与中华文明血脉相连，也成为体现中华优秀文化的一扇明亮的"窗口"。

一、具备影响中华文明进程的四大重要条件

中华文明的发展，是自古以来中华大地各区域发展的集合。而各地发展对中华文明发展作出的贡献，因时因地因精神条件，又是差异很大的。杭州传统文化对中华文明发展进程的贡献，比较突出的有以下四个方面。

1. 拥有实证中华文明起源的最早的史前文化大规模考古发掘

史前文化是指有文字记录之前人类社会产生的文化。考古学和人类学研究表明，从发现古人类开始，直到夏朝建立，距今14000—10000年前，中国境内的农业已经开始起源。至少距今8000年左右，中国长江、黄河流域的种植农业已经成熟。在杭州余杭考古发现的良渚文化，属于距今5300—4300年新石器时代晚期的文化，也是长江下游地区首次发现的新石器时代城址。良渚古城外围的水利系统，是迄今所知中国最早的大型水利工程，也是世界最早的水坝。从整体上看，良渚遗址是一个带有完整古国形态的大遗址，已形成中心聚落、次中心聚落、普通聚落级差式社会结构，体现出罕见的规模和古代文明品质。尽管仰韶文化、河姆渡文化、马家浜文化、崧泽文化等，发源时间均比良渚文化要早，但其文化形态主要集中在生产工具上，没有形成较为完整的精神文化。良渚文化以精美玉器、石器表达出来的先人礼制，连续作业的犁耕生产方式，大规模社会生产组织系统，大型水利和建筑工程营建，以及丝织、黑陶、髹漆、木器等体现出来的早期经济、人文和科技思想，成为早期中华文明的杰出代表，也成为夏、商、周文明的主要构成因素。

同样位于杭州的萧山湘湖村的跨湖桥文化考古发现，遗址堆积厚2—3米，碳14测年距今8000—7000年，出土遗物有稻谷米及形状别致的各种陶器，另有堪称"中华第一舟"的7500年前的独木舟，其有机质文物保存良好。考古学家发现的盛有煎煮过草药的小陶釜，说明史前人已认识到自然物材的药用价值。良渚文化和跨湖桥文化的考古发现证明，杭州是中国古代先民生活以及农耕文化业已成熟的最早地区之一。

2006年5月，杭州跨湖桥遗址被国务院核定为第六批全国重点文物保护单位。2019年7月6日，杭州良渚古城遗址被列入联合国《世界遗产名录》，成为展现中华文明历史文化价值、体现中华民族精神追求的国家名片。

2. 拥有影响中华文明南北交融和全国统一进程的大运河航道

京杭大运河是中国也是世界上最长的古代运河，与长城、坎儿井并称为中国古代的三项伟大工程，是中国文化地位的象征之一。它自北京流经六省（直辖市）二十个城市到杭州，沟通了海河、黄河、淮河、长江、钱塘江五大水系。大运河的最南端之所以选在了杭州，因为无论隋唐国都西安还是元国都北京，在当时都不是国内粮食生产基地。从丰腴的江南运输农副产品，人力或畜力运输成本很高。尽管隋唐以后历代国都不断变化，但大运河的终点没有变化，始终放在了浙江杭州，很大程度上是因为，古代中国江南的农业发展地位不断提高，物流需求也就日益加大。一千四百多年来，终于（或者说始于）杭州的大运河，一直作为"至今千里赖通波"的南北交通要道，对于加强南北交通交流，方便南粮北运和巩固中央政府对全国的治理，对于促进中原文化和南方文化的融合，以及泽被运河两岸、沟通五大水系和推动中华文明的发展，起到了无可替代的巨大作用。

2014年6月22日，第38届世界遗产大会宣布，中国大运河项目成功入选《世界遗产名录》。

3. 拥有维护民族利益和国家统一意志的英雄主义精神

南宋定都临安后，长期处于金国、蒙古等外族入侵威胁之下。为此，南宋军民进行了一百多年艰苦卓绝的抵抗斗争，涌现了无数气壮山河、可歌可泣的民族英雄，如抗金英雄岳飞、报国忠臣文天祥、殉国丞相陆秀夫、白发将军宗泽、一代名将韩世忠等等。《宋史·忠义列传》中收录的277名爱国志士中，大部分是南宋人。

南宋爱国将领和广大民众为维护国家统一的北伐抗金热诚，激发了南宋文坛的爱国主义创作主题。李清照以凄婉笔调抒写国破家亡之痛，辛弃疾以豪放之笔抒发战场杀敌壮志，陆游以慷慨悲壮的诗歌道出反抗民族压迫、向往报国杀敌、期盼祖国统一的愿望。陆游自幼至生命最后都在忧国忧民，他"三更抚枕忽大叫，梦中夺得松亭关"（《楼上醉书》），"僵卧孤村不自哀，尚思为国戍轮台。夜阑卧听风吹雨，铁马冰河入梦来"（《十一月四日风雨大作》），"早岁那知世事艰，中原北望气如山。楼船夜雪瓜洲渡，铁马秋风大散关"（《书愤》），"三万里河东入海，五千仞岳上摩天。遗民泪尽胡尘里，南望王师又一年"（《秋夜将晓出篱门迎凉有感》），"死去元知万事空，但悲不见九州同。王师北定中原日，家祭无忘告乃翁"（《示儿》）……在豪壮、激昂、悲愤和深情中，彰显出这位伟大爱国主义诗人的赤诚之心。

由于南宋及后世对上述英雄的传颂和爱国主义文学的影响，南宋时期这种爱国主义精神在中华文化中不断发扬光大。杭州不仅相继涌现出了侠肝义胆武松、抗元名将陈文龙、卫国英雄于谦、抗倭名将宋应昌、抗清儒将张苍水、女侠风范秋瑾等旷世英雄，更重要的是，从杭州走出来的这些民族英雄和豪杰义士，成为中华民族历朝历代维护国家统一和民族利益的集体记忆，成为影响一代代中华儿女精神品格的强大文化基因。如果说中华五千年文明史是一部波澜壮阔的英雄史诗，这首史诗的华彩乐章和最强音符，则是在杭州这片热土上高亢奏响并激越传扬出去的爱国主义精神。

4. 拥有影响中国文化转型的诸多条件和深刻影响后世的"宋韵文化"核心内容

南宋把杭州作为国家都城后，诸多历史条件的集合，促使杭州成为中国文化转型的孵化地和加速器。从政治条件看，经过汉唐、北宋时期的连年战争，绍兴和议后，宋金两国基本维持了整体的稳定，客观上使南方进一步延续了吴越国弭兵休战、少于战乱的和平环境。从政策条件看，宋代"农商并重"背景下的租佃制、改革货币、开放坊市、海上贸易，以及"重文轻武"背景下的"（本朝）与士大夫治天下"、完善科举、积极办学等，促进了经济快速发展和文化空前繁荣。从人才条件分析，宋室南迁、江南富庶以及开放宽松的政策，使得杭州吸引了北方农民南迁，带来了先进生产技术，补充了江南劳动力，大量能工巧匠和各类艺术人才集聚杭州，加上科举改革取士不受出身门第的限制，为百业兴旺、百花齐放储备了大量人才。从融合条件看，北方中原文化随人口的南迁、各类人才的集聚以及中外贸易的空前发达，使得杭州成为南北、中外文化相互碰撞彼此融合的孵化地和加速器。

在诸多条件推动宋代转型发展的过程中，"宋韵文化"的独特风采使其成为代表中国文化发展的高峰。宋韵文化对后世中国的影响是多方面的：宋代经济、政治、文化、科技和社会综合发展的崇高地位，包括南宋临安城（今杭州）发展成为世界重要政治、经济和文化中心之一的巨大影响，为后世南北融合、中外交流提供了路径依赖；宋代体现在哲学、艺术、文学、工艺、科技、建筑、碑刻中的创造活力、生活情趣和审美品位，成为后世至今传颂、借鉴或追攀的目标；受宋代治国理政思想和典章制度影响，此后历代封建王朝的藩王几乎再无对中央政权构成威胁者；宋代君臣、官民和官商关系中流行的仁义精神、平民意识和重商理念，成为后人称道、传颂和追求的理想目标；宋代建立的覆盖鳏寡、孤独、残疾、乞丐、弃婴和贫困人口等的官民合作的福利救济体系，对中国后世慈善思想和公益实践影响深远。

二、拥有代表中华文化特色的众多经典遗存

中华文化博大精深，至今留世遗存很多。其中最为典型、对后世发挥较大影响的历史遗存，在杭州有很多完好保留。这不是偶然的巧合——古代东南区域中心和曾经的国家都城地位，为杭州历史文化繁盛提供了丰厚土壤。在此基础上形成的杭州传统文化，必然在中华文化发展进程中，留下一系列富有代表性的传世经典。这种历史印记和经典遗存，可以从国礼的选择、国都的风貌、国药的传承、国画的创新、国戏的起源、国民的素养和生活品质等多层面来了解和认识。

1. 拥有中国茶文化的久远历史和丰厚积淀

中国是茶的故乡，也是茶文化的发源地，茶是中华民族的"国饮"。杭州气候温暖湿润，伴有和风细雨、朝云暮雾，独特的气候十分有利于茶树生长，因此杭州自古就是名茶产区。中国茶圣陆羽《茶经》记载："杭州临安、於潜二县生天目山，与舒州同；

钱塘生天竺、灵隐二寺。"唐代时，茶叶已在杭州境内广为栽培。南宋时，杭州已茶事兴盛，城市茶肆随处可见，从寺院到宫廷再到民间的茶礼仪已成体系，名扬中外的径山茶礼就是在那时形成的。到了明代，中国13种名茶中有3种产于杭州。清代时，龙井茶被指定为皇室贡品。现在的龙井茶，已位居中国十大名茶之首。除了西湖龙井茶外，杭州还有余杭区的径山茶、淳安县的千岛玉叶、桐庐县的雪水云绿、建德市的千岛银针、临安区的天目青顶、富阳区的富春茗绿、萧山区的云石三清茶、滨江区的桂花茶等。由茶而生的采茶技艺、制茶工艺、品茶艺术、茶闻趣事、茶礼茶道、茶诗茶词、茶馆茶聊等丰富的茶文化内容，烘托出"茶为国饮，杭为茶都"的风采。2005年4月，中国茶叶学会、中国国际茶文化研究会、中国茶叶质量检测中心等10家机构，联合授予杭州市"中国茶都"的称号。

2. 拥有中国丝绸文化的精工历史和品牌声誉

中国是世界丝绸的发源地，被称为"丝国"。丝绸作为中华文明的重要代表之一，与中国的礼仪制度、文化艺术、风土民俗、科学技术和对外交往等有着密切联系。丝绸、茶叶、瓷器等商品催生了"丝绸之路"，丝绸及其技艺为东西方文明交流互鉴作出了卓越贡献。杭州素有"丝绸之府"的美誉，距今5000年的良渚遗址出土的丝织物，揭示了杭州丝绸的悠悠历史。唐代时，杭州盛产的百绫类已有"天下庹为冠"的盛誉，成为宫廷贡品。到了南宋时期，由于陆上丝绸之路已难畅通，杭州成为我国古代海上丝绸之路的重要节点，"千里迢迢来杭州，半为西湖半为绸"。南宋年间，杭州生产的丝织品，主要有绫、罗、锦、缎、刻丝、杜绛、鹿胎、纻丝、纱、绢、绵、绸等十余个大类品种。民国初年后，杭州的丝绸业由手工生产向机器生产转变，丝绸装备、技术水平都发生了历史性变化。现在杭州生产的绸、缎、绵、纺、绉、绫、罗等十四个大类，有两百多个品类和两千余种花色，远销世界一百多个国家和地区。2011年9月19日，国家质检总局批准对"杭州丝绸"实施地理标志产品保护。

3. 拥有中国瓷器文化的最早实践和顶峰技艺

中国是世界上最早发明瓷器的国家。瓷器发明始于汉代，到了唐、五代时渐趋成熟；宋代已是瓷器业蓬勃发展时期，官、哥、汝、定、钧等窑声名远播；元代青花和釉里红等新品迭出，明代继承并发展了宋瓷传统。中国瓷器，作为古代丝绸之路的重要商品和中国文化的典型代表，对世界文明进程产生了深远影响，为我国赢得了"瓷器之国"的盛誉。杭州瓷器生产由来已久。1954年7月在萧山发现的三处古代瓷窑址，是战国和东晋、南朝时期原始瓷的产地。萧山窑以烧青瓷为主，器物以盆、碗、盂等大口器为多。在中国陶瓷文化史上具有重要地位的"秘色瓷"和"官窑瓷"，其生产和集散中心都位于吴越和南宋的中心杭州。"秘色瓷"，是五代吴越国时由官方垄断烧制的高档瓷器，民间几乎没有流传；"官窑"瓷器，位居两宋时"官、哥、汝、定、钧"五大名窑之首。作为生产特供皇室用瓷的南宋官窑，因为开创了生产祭祀用瓷的历史，在整个陶瓷发展史上占据了特殊地位。官窑瓷器在制作时，讲究胎泥的淘洗选炼、立坯修坯的技法、窑火温度的精确掌握以及窑具设计的合理，瓷器表面开出不规则的纹片，瓷胎很薄，釉层丰厚，色泽晶莹，质感如玉。由于采用多次上釉、多次烧成的工艺程序，从而在器物造型和釉色巧妙结合上，达到了非凡的审美品位和青瓷生产水平的顶峰。

4. 拥有中医药文化的丰富实践和众多老字号

中国传统医学，是在古代朴素唯物论和辨证施治思想指导下，研究人体生理、病理及疾病诊治的一门学科。它通过望、闻、问、切四诊合参的方法，分析病机及体内五脏六腑、经络关节和气血津液的变化，判断邪正消长，使用中药、针灸、推拿、按摩、拔罐、气功、食疗等多种治疗手段，使人体达到阴阳调和进而康复。中药在中医药文化中的地位特殊，历史悠久的老字号品牌，大都经历了上百年或更长的发展历史。2018年10月1日，世界卫生组织将中医纳入其具有全球影响力的医学纲要。杭州是中国中医药的起源地之一。良渚文化遗址，发现了五千年前芡实等中药化石。

杭州桐庐桐君山，相传为黄帝时药祖桐君采药之地。晋代，葛洪曾在杭州葛岭等处，炼制化学药物。南北朝南齐时，杭州出现了"武林为医薮，大作推钱塘"的兴旺景象。南宋把国都建在杭州后，医学药学名流荟萃，各类药馆林立，杭州成为中医药文化繁盛之城；杭州还是宋代皇家药典《太平惠民和剂局方》的发祥之地。明清两代，杭州中医药学进入全盛时期，张志聪等创立"钱塘医派"，在吴山修建侣山堂进行中医讲学交流，对《内经》《伤寒论》进行研究和注解；赵学敏编撰的《本草纲目拾遗》，是继李时珍《本草纲目》后中国又一部中药学巨著。杭州历史上形成的以名中医得名的街巷，有严官巷、金郎中巷、张卿子巷、惠民巷、嵇接骨桥河下等。杭州以老字号为主的中医馆有四百多家，密度居全国之首。许多医馆在业界声名显赫，如有六百多年荣耀的桐君堂，有三百六十多年历史的方回春堂，二百年前就声震遐迩的张同泰、叶种德堂和泰山堂，以及一百四十多年前胡雪岩创办、至今依然声震南北的胡庆余堂等。

5. 拥有对中国戏曲产生深刻影响的"南戏"黄金发展史

经汉唐到宋元，中国才形成比较完整的戏曲艺术。浙江是歌舞百戏之乡，宋元时的中国南方，开始流行一种用南曲演唱的传统戏曲"南戏"。在吸收宋杂剧、诸宫调、唱赚、大影戏等艺术养料基础上，南戏发展成为名震遐迩的大戏。王国维认为，"南戏当出于南宋之戏文"[①]。南戏在杭州的盛行，约始于南宋中叶宋光宗朝，至今已有八百多年历史。发源于温州的南戏，盛于杭州有多重原因：一是南宋定都杭州后，工商业的兴盛和市民阶层的壮大，为戏曲繁荣提供了物质储备、人口积累和大众消费需求。二是南北文化交流频繁，使得杭州作家荟萃、名伶云集和游艺场所（瓦子勾栏）遍设。三是杭州水陆交通便捷，便于南戏作为流动的艺术由杭州传向省内外。在元代时，北杂剧与南方流行的南戏相呼应，共同缔造了中国戏剧史上的一个特殊时代：随着运河

---

① 王国维：《王国维遗书》第 15 册《宋元戏曲史·十四、南戏之渊源及时代》据商务印书馆 1940 年版影印，上海古籍出版社，1983 年。

的拓展和海运的开辟，北方大批杂剧作家和演员会集杭州，杭州成为大都之后元杂剧作家新的大本营，形成了元杂剧前期活动以北方大都（今北京）为中心、后期以南方杭州为中心的格局。元末明初，南戏有了更突出的发展，而北杂剧却出现了衰落趋势。在南戏基础上，昆剧、京剧、皮簧以及越剧、鹦哥戏、绍剧、婺剧等剧种发展迅猛，推动中国成为戏曲大国，南戏终成中国戏曲之祖。

6. 拥有中国书画文化的众多大师和高峰地位

中国是世界上善于将古老文字作为艺术传扬的国度。中国书法从以图记事至今，经过几千年演变，自殷商时的甲骨文、周朝时的金文和石刻文，到秦代的篆书、汉代的隶书，直至东晋和唐代的楷书、行书、草书，书法艺术形成了五种书体的成熟艺术。国画是中国汉族传统的绘画形式，有别于"西洋画"画法，其工具和材料有毛笔、墨、国画颜料、宣纸、绢等，题材分人物、山水、花鸟等，技法分工笔和写意等。隋唐时，杭州籍在全国有影响的书画家就有褚遂良、孙过庭、贺知章、萧悦等。五代吴越王钱弘俶时期曾大量雕印佛画，在雷峰塔塔砖中，发现开宝八年（975）钱弘俶印造前附扉画的《一切如来心秘密全身舍利宝箧印陀罗尼经》，作品雕工精雅，是中国版画史上的重要作品。两宋书法以尚意之风为特征，随着中国政治经济重心南移，名士会聚，作品繁多；加上书学理论研究活跃，苏轼的《论书》和《和子由论书》，陆游的《论学二王书》，沈括的《论书》，姜夔的《续书谱》，宋高宗的《翰墨志》等，促进了宋代杭州"尚意"书风的形成。南宋在临安恢复了翰林图画院，一些南渡画师从"复古"气氛中解脱出来，不再全景构图而是取景式一角特写，并以刚性的线条和下笔猛烈的"斧劈皴"为特征，影响了整个南宋，对中国绘画由写实画风向元代后写意画风的转变，起到了承上启下的作用，两宋绘画成为中国绘画艺术发展的高峰。元代"亲儒重道"，文宗时还建立"奎章阁"，赵孟頫、鲜于枢、虞集、黄公望、王蒙等代表人物会聚杭州，留下大量珍贵作品。明清时绘画派系林立，人物、山水、花鸟各家争艳，其中"浙派""武林派"都源自杭州。随着杭州西泠印社的成立，书法和篆刻艺术取得了空前发展，杭州人任伯年跻身海派四大家中著名人物画家行列。晚清至民国初年的俞樾、吴昌硕、弘一法师、沙孟海等，注重学术研究与书写体验的整合，成为文化艺术转型期间的中坚力量；这一时期，以吴昌硕、陈半丁、黄宾虹、余绍宋、潘天寿等为代表，赋予浙派绘画鲜明的金石气息与文人风骨。

7. 拥有影响中国文学风格和类型的众多文学大师和璀璨成果

其一，历史上白居易、苏轼、朱淑真、柳永、袁枚、李渔等文化大师关于西湖、西溪、钱塘江和运河的诗词，体现了山水风景之美与道教、佛教思想的融合，强化了中国文化中"天人合一"的思想。其二，产生于杭州民间的经典历史传说，如梁祝传说、白蛇传传说、钱王传说、苏东坡传说、济公传说、严子陵传说、岳飞传说、海瑞传说等，在本地乃至全国家喻户晓；白蛇传、梁祝等传说甚至在朝、韩、日、越、泰及马来西亚、印度尼西亚等国也广泛传播。这些具有深厚民众心理基础的历史传说，极大地丰富了中国民间文学艺术的宝库，为中国历代文学作品的创作提供了生动素材和故事情节，并通过历代文人笔下各种体裁的文艺作品，深深融入了中华传统文化的核心层次。其三，经过历代文人创作和民众演绎创造，形成了杭州文学特有的一系列文学意象，诸如"断桥残雪""雷峰夕照""三潭印月""西子湖""钱塘潮"等景物意象和白娘子、"梅妻鹤子"、孟丽君、苏小小、济公等人物形象，构成了江南文化的重要组成部分，形成了"西子湖""钱塘潮""山水浙江、诗画江南"等具有诗意和深刻内涵的文化范畴，对中华传统文化的发展提升以及对中国现代文学的发生发展，起到了重大影响和作出了重要贡献。其四，杭州历史上的岳飞、文天祥、陈文龙、于谦、张苍水、葛云飞、秋瑾、章太炎等人，事迹彪炳千秋，诗文千年传诵，对后世爱国主义思想的形成和升华影响极大。其中，岳飞的"怒发冲冠"、于谦的"清白人间"、龚自珍的"剑气箫心"等，都已成为中国文学史上的经典诗文意象。

最后，因东汉严光退居富春、北宋林逋结庐孤山、元代黄公望归隐山林等引发的多种描写他们隐逸生活的作品，特别是以"云山苍苍，江水泱泱。先生之风，山高水长"为代表的《严先生祠堂记》《山园小梅》《孤山寺端上人房写望》等作品，成为中国古代隐逸休闲文学最华彩的乐章。

8. 拥有中国宫城文化的最早遗址和经典遗存

宫城是中国古代城址和中心聚落中最核心的部分。中国历史上，有过著名的秦朝咸阳阿房宫、汉朝长安未央宫、隋唐两代洛阳宫、唐朝长安大明宫、南宋临安皇宫和明清北京故宫等。在早于秦朝阿房宫数千年的杭州余杭良渚发现的古城遗址，占地总面积34平方千米，最外围是复杂的水利系统和码头栈桥，接着是一圈规模极大的外郭城。经过五千年岁月考验，城墙部分地段残高依然达4米多；城墙底部垫有石块，宽度达40—60米，上面堆筑黄土并夯实，除了没有包砖之外，其他和后来中国传统的都邑城墙相差无几。城墙内的核心城区面积，约为290万平方米，大致与北京颐和园相当，再往里面是30万平方米的宫城区，面积接近北京故宫的一半，并且展现出中国古代都城三重结构的起源。在良渚宫城中，目前已发现几十座大型房屋的基址，最大的有900多平方米，接近故宫太和殿（金銮殿）的一半规模。宫城的总土方量达到228万立方米，在公元前26世纪古埃及胡夫金字塔（260万立方米）建造之前，这已是地球上最大的单体建筑物。2019年7月，杭州先民在五千多年前建成并使用的良渚古城遗址，被成功列入《世界遗产名录》。

同样在位于杭州城南凤凰山的南宋临安皇城，经过南宋各代帝王一个半世纪的建设，当年周回九里的临安皇城极尽繁华。首先，"南宫北市"的都城布局别具一格，将南方因素最大可能地打入了中国历史和文化基因中。宋以前中国的都城布局，或以皇城占据主要面积，或因旧城扩建而将宫城置于城市中间。南宋皇城宫殿和临安都城布局独树一帜，以皇城为中心，太庙、三省六部等中央官署集中于城南，集市集中于城北，在钱塘江和西湖之间形成了腰鼓状的城市形态，使城市与西湖有足够长度的交接面，为杭州城市空间布局奠定了历史基础。其次，南宋皇城华美精巧的程度，代表了当时最高的建筑设计和园林建设水平。皇城的布局，基本上承袭了《周礼》"前朝后寝"的传统格式。朝区是整个皇城的重心，置于最重要的方位上。再次，经最近几十年研究发掘和考古探测，消失千年的临安皇城已有了较丰富的系列遗址遗迹脉络。由于北宋都城汴梁（今河南开封）遗迹深埋地下，考古工作困难，南宋的临安皇家宫城，对中国都城发展史就有了极为现实的重要意义。南宋临安皇城遗址已被列入"中国重大历史遗址名录"。

9. 拥有中国山水文化的经典范例和美学格局

自古以来，中华民族就以江山壮美江河妖娆而自豪。对自然山水的钟情热爱，是先秦以后中国人共有的审美习惯。中华传统文化与山水文化相互影响，共同造就了源远流长的中华文化特质。自东汉华信修筑海塘至今两千年间，在海水与陆地、乡野和闹市的变迁中，杭州人祖祖辈辈对西湖的疏浚、保护和利用不曾间断，形成了由湖而生、倚湖而兴、因湖而名、以湖为魂的杭州城市特有格局。西湖山水秀美，周围古迹遍布，民间传说众多，"天下西湖三十六，就中最好是杭州"。南宋吴自牧在《梦粱录》中称赞西湖山水："湖周围三十余里，自古迄今，号为绝景……且湖山之景，四时无穷，虽有画工，莫能摹写……"西湖三面云山、一水抱城的山光水色，"一湖、二塔、三岛、三堤"的湖景格局，"西湖十景"的题名景观，西湖文化史迹和西湖特色植物，以及西湖周围群山柔美绵延、山形行云流水、湖裹山中灵秀、山含湖里空蒙的美学格局，是中国历代文化大师秉承"天人合一"祖训，在中国古典文学、绘画美学、造园艺术的背景下，持续性创造出来的中国山水美学的最经典作品。经过一千多年的持续演变，成为景观元素丰富、设计手法独特、历史内涵丰富、文化含量厚重的"东方文化名湖"。2011年6月24日，"杭州西湖文化景观"被正式列入《世界遗产名录》。2011年世界遗产委员会对杭州西湖作出评价：杭州西湖"是文化景观的一个杰出典范，它极为清晰地展现了中国景观的美学思想，对中国乃至世界的园林设计影响深远"。

10. 拥有自古以来中国人称誉的较高的生活品质

杭州在北宋时即被誉为人间天堂，南宋时更有了"上有天堂，下有苏杭"之说。古代杭州人会劳动也会休闲，能吃苦也懂得享受，凡事乐观，善于调节，使得自己的生活状态在当时的历史条件下，处在了较高的水准。第一，古代杭州人的衣食住行相对优裕。以南宋厨娘为代表的杭帮菜和以高濂、李渔、袁枚为代表的饮食理论，使杭州人饮食文化的生活和研究水准较高。李渔在《闲情偶寄·饮馔部》书中，提出了重蔬食、崇俭约、尚真味、主清淡、忌油腻、讲洁美、慎杀生和求食益等"饮食二十四字诀"，反映了杭州人当时对饮食之美的追求。袁枚的《随园食单》收录了当时杭州许多名菜和名点，如家乡肉、蜜火腿（即今蜜汁火方）、鸡丝、干落鸭、土步鱼、醋搂鱼（即今西湖醋鱼）、酱炒甲鱼、问政笋丝、酱瓜等等。第二，杭州产茶的历史悠久。唐朝时，茶圣陆羽在《茶经》一书中已经对杭州种茶有详细记载和说明。到北宋时，西湖茶叶的种植范围更广。明田汝成《西湖游览志余》卷二四《委巷丛谈》记载："杭州茶宝云山产者，名宝云茶；下天竺香林洞者，名香林茶；上天竺白云峰者，名白云茶。"第三，作为著名的丝绸之府，杭罗、杭锦、杭绸、杭绵、杭绣、振兴祥中式服装、西湖绸伞、萧山花边等，点缀和丰富了杭州人的生活。第四，杭州人善于在劳作之余参与娱乐，南宋临安的勾栏瓦肆等娱乐场所里，培育出了许多传统戏曲、曲艺、音乐、舞蹈、杂技作品和人才；历史上著名的"三言二拍"及白蛇传、梁祝故事、济公传等民间俗文学作品，为古代杭州人增添了很多精神享受。世代相承、至今仍在民间流传的浙派古琴、江南丝竹、楼塔细十番、余杭滚灯、淳安竹马、淳安三角戏（一作三脚戏）、杭剧、杭州评话、杭州评词、杭州小热昏、萧山翻九楼、五常十八般武艺、西溪船拳等非遗项目，为杭州城市增添了丰富的历史文化韵味。此外，杭州的"文房四宝"

文化、刀剪扇文化、中医药文化、花文化等等，也都与杭州人的日常趣味、生活质量息息相关。杭州今天成为唯一连续十五年被评为中国最具幸福感的城市，一定意义上，要追溯到古代杭州人的生活态度及其对后世的影响。

三、保存并活化着中华文化的精神特质和生活方式

中华文化的精神特质，植根于传统农业社会的丰沃土壤，沉淀了五千年南北融通和中外交流的集合，是维系中华民族凝聚力、向心力的核心内容，也是决定器物文化产生方式和发展类型的精神遵循。

在中华民族富饶广袤的国土范围内，不同区域的文化，在具备中华文化共有特征的同时，都会带有某些区域性的鲜明烙印。但也正如前文所分析的，由于杭州传统文化具备影响中华文明进程的四大重要条件，拥有代表中华文化的众多经典遗存，加上吴越、南宋时期杭州保持着国家区域中心地位，使其终成对接祖国传统文化精神特质的典型城市。中华文化几千年留下的文化传统，通过历史文化的浸润传承，在今天杭州市民生活和社会关系中，保存、活化并以多种方式呈现出来。当然，这种和全域范围中华文化的对接，不是面面俱到而是有所侧重的，不是内部循环而是开放融通的，不是简单重复共性而是深刻寓于个性的。

1. "天人合一"体现为亲近山水的生活情趣

中华传统文化"天人合一"的思想，建立在天象与人事彼此对应相互感应的认知基础上。顺应天象、节气的变化，人才能健康长寿终其天年，社会才能百业兴旺国泰民安。这一深刻的哲学思想，被历代哲学家概括成了"天人相通""天人相类""天人相调""天人感应"等不同的解释。在古代杭州人的认知里，由于生活在自然天成的山水美景之间，由于风调雨顺带来了富庶生活，勤于劳作又使杭州人得以"有闲"，杭州人较早对自然生态有了独特的敬畏和珍爱态度，突出体现在三个方面：爱惜"自然之力"，长于提高效率的轮作方式，注意让生产资料休养生息；

珍惜"生态之力",享受自然天成的生活状态,在烹饪、茶饮、中医、养生等方面做到了天人相通;怜惜"劳作之力",善于边劳动边休闲娱乐和进行民俗、艺术创作,做到了生产和生活的和谐统一。如果说"天人合一"是古代思想家们的哲学信仰,"亲近山水,讲求品赏"则是古代杭州人把"天人合一"理念转化为影响后世今生的生活实践。

2. "知行合一"体现为理性平和的生活态度

"知行"是中国古代哲学的重要范畴。"知"指认知或良知,"行"指行为或行动。一生多次在杭州天真书院、万松书院、两峰书院、虎林书院讲学的明代思想家王阳明,最早提出了"知行合一"的思想,强调认识事物的道理与在现实中运用此道理密不可分。王阳明的知行合一学说,主要用于道德修养和道德实践,认为只有把"知"和"行"统一起来,才能称得上"善"。"知行合一",后来成为中国文化中强调知中有行、行中有知、知始行成、知行统一的经典理念。与杭州古来山川秀美、交通发达、工商繁盛、物阜民丰相关联,古代杭州人相对见多识广,活法较多,具有理智冷静、守矩遵规、处事平顺、待人平和的思维习惯。"理性平和"的思维特征,使得古代杭州人待人接物时,善于用习得的理性认知,冷静客观地把己与人、人与物、家与国的关系处理得较为得体。除非不知,知道就会努力;说得不多,说到就努力做到;不重虚名,习惯埋头做事;不怕独行,遇难敢做敢当。"知行"作为一种抽象的哲学范畴怎样实现"合一",在古代杭州人的历史空间里,可以清晰看到人类与万物之间在思维习惯、民众素养、社会风俗、城市性格、官民关系、治理方式等等许多"中间环节"的上下衔接。杭州人这种思维特征和做事风格,为中华"知行合一"理念的落地生根,给出了一种既"不温不火"又"风风火火"的联结路径。

3. "经世致用"体现为工艺精良的生活品质

中国传统儒学是一种"入世哲学"。作为一种思想体系,儒家思想的重要特点是不尚空谈,引导人们积极入世,齐家治国,报效社会。明清之际,这一实学思潮发展到极致,以顾炎武、黄宗羲、王夫之为代表，认为学习借鉴古人的文章和教义，应以治事、救世为目的，反对书斋里不切实际的空谈玄学。古代杭州人生活在山水穿插、人多地少的有限空间里，通过精耕细作、精益求精的劳作，借着交通发达、商业繁华的交往，养成了修身事功，追求精致的做事理念和行事风格。一方面，古代杭州人不尚空谈，不善于空讲道德礼教，习惯把个人修身和良好家风的营造，同躬身做事结合起来；另一方面，性格细腻、做事精致的习惯，使得古代杭州的玉器、茶叶、瓷器、丝绸、碑刻、园林、建筑等，无不以工艺精良著称于世。包括吴越国和南宋王朝这两个中国历史上的都城，无论是宫城营造还是水利建设，不管是国家治理还是百姓生活，都体现出其时杭州皇室贵族、士农工商的行事精心与做工精良。中华"经世致用"的文化理念，通过从远古到近代杭州人手中诞生的各种工艺文化、艺术文化、饮食文化、建筑文化、历史遗迹以及治家理政的经典遗存等，得到生动细腻的展示，很多成为流芳中华大地、代表中国文化走出国门的经典文化符号。

4."和而不同"体现为包容开放的城市风尚

"和"是体现中华传统文化的一个重要的概念，特指一种和与人处、善与人同的友好状态。"和而不同"，是指在人际交往中与他人保持和谐友善的关系，但在对具体问题的看法上，不必苟同于对方，不迎合别人心理，不附和别人言论。这种不隐瞒人际往来中的观点不同，但在陈述不同意见时尊重对方、求同存异的宽松氛围，是古代中国社会倡导的理想处世方式。这种被儒家学说推崇、并不容易做到的人生信条，在古代杭州人身上得到了比较圆满的实现。在中华传统文化体系中，既有源自黄河流域的华夏文明作为主体，也有多样的少数民族文化作为补充。而中华传统文化和异国文化的交流很早，汉唐时代就海陆并举开始了频繁的商品贸易和文化艺术往来。这种南北融合与中外交往，在杭州体现得十分充分。一方面，杭州历史上经历了"永嘉之乱，衣冠南渡""安史之乱，流民南移""靖康之变，宋室南迁"三次北方人口的大迁移；另一方面，随着隋唐以后杭州造船技术提高，以及北方少数民族的崛起,海路贸易逐步取代陆路成为中外交往的主通道,加上吴越国定都杭州后,保境安民,发展生产,重视水利工程建设,为海外航线创造了条件,两宋时期杭州成为中国对外通商的重要港口,南宋时期进一步发展了与外国政府间的交聘、朝贡、互访,以及商人、僧侣等的互访及丝绸、茶叶、瓷器等商品贸易等。古代杭州精耕细作、精益求精的劳作方式,交通发达、商贾云集的社会环境,以及山水秀美、鱼米之乡的自然条件,使得古代杭州人一方面待人细腻,比较注意人际相处中对方的感受和反应,做事和待人"精致和谐";另一方面,因乐于交往,见多识广,对不同观点、别样生活包容度也较高,不愿凡事争个你高我低,比较尊重自我感受,形成了"大气开放"的社会氛围。这使得"和而不同"的古训,在杭州具体化为"精致和谐,大气开放"的集体性格。杭州人待人和气、做事精细、见怪不怪、宽松包容的性格,一直延续至今。如果说"和而不同"为中国人待人接物提供了哲学智慧,"精致和谐,大气开放"则为"和而不同"古训提供了江南实证。

5."刚健有为"体现为"杭铁头"的社会性格

中华文化中"刚健有为"的思想源于孔子。"刚健有为"的思想是一个系统:一是强调人"刚毅"的品德,即孔子所谓"三军可夺帅也,匹夫不可夺志也"。二是重视"刚毅"和"有为"的结合,有志有德之人既要刚毅,又要有所作为,所谓"士不可以不弘毅,任重而道远",强调有识之士要担当道义和承接大任。三是刚健有为建立在"自强不息"和"厚德载物"两方面基础上。做到刚健有为,既要有"富贵不能淫,贫贱不能移,威武不能屈"等"自强不息"的独立人格,又要有效法大地、包容不同人、吸纳不同意见等"厚德载物"的宽广胸怀。四是刚健而"大正"不妄行。《周易大传》所说的刚健还含有"刚中""及时""通变"的思想,所谓"能止健,大正也","能止健"即强健而不妄行,当止则止,不走极端。在古代刚健有为丰富思想的感召下,在长期与大自然的搏击中,也因为多次人口大迁移带来北方人的尚武之气，本来富庶自信的杭州人性格中，渗入了一种被称作"杭铁头"的精神特质。在杭州民间传说和历史典籍中，关于抗击海潮、筑堤镇潮、疏浚西湖、抵御侵略、执着做事、勤勉钻研的历史人物举不胜举，其中，钱王射潮是与中国远古神话中的"后羿射日"一脉相承、盛传很久的传说。但这种"刚毅自强"，是和"崇文温厚"的人文性格先天地联系在一起的，这使得杭州人的刚健有为，明显表现出当止则止、不走极端的"强健而不妄行"特征。前述"精致和谐，大气开放"的精神特质，直接为杭州人的刚健有为注入了"厚德载物"的包容能力；前述修身事功、精益求精的精神特质，则为杭州人的"刚毅"和"有为"提供了古城特色和实证。

6. "整体思维"体现为善于融通的社会习俗

整体性思维既是中华"大一统"国家的一种思维表征，也是传统文化中八卦、六十四卦、五行生克等自然界乃至人类社会规律的反映。古代中医阴阳调和的整体疗法，古代圣人知识广博、多才多艺的全面发展现象，以及古人把"修身齐家治国平天下"看作一个统一体的思考和实践，都反映了这种整体性思维的大家气象和家国情怀。这种整体思维反映在古代杭州人的精神世界里，表现得贴近社会和具体可及。从横向关系看，杭州先贤既珍惜自己和家人，讲求生活品质；也关注他人、邻里和国家，在守望相助、忠君报国方面留下了很多感人的历史故事。从纵向关系看，古代杭州人理性平和，做事努力；既尊重前辈，又追逐时尚；既享受过去，又憧憬未来；既注意传承前人的文明成果，也善于把握环境和时机努力创新。这种体现在人际关系和代际传承上纵横捭阖的整体性思维，把杭州历史发展的人文因素简明地和盘托出，这是对中华宏大叙事整体性思维的一种烟雨江南、温柔山水般的实体呈现。

7. "仁义至上"体现为敬上接下的社会关系

仁义是儒家的重要伦理范畴，本意为仁爱与正义，是传统道德的别名和最高准则，"仁、义、礼、智、信"合称为做人道德准则"五常"。仁义的基本要求是：看到别人有难，能伸手帮一把；有福享的时候，能做到不过河拆桥、不吃独食。"仁"注重的是对待别人，"义"注重的是对待自我；"仁"的内涵是爱别人，"义"的法则在端正自我。古人的"仁义"观，是与儒家学说中的道德教化联系在一起的，而古代杭州人长期生活在尊崇儒学、崇文重道的人文环境中，加上生活安定、衣食富足、交往频繁、行事从容的生活环境熏陶，养成了重视与他人及与利益相关者和谐相处、友善合作的性格，养成了做人温和谦让、做事和合有序的习惯，做人长于沟通，遇事善于协商，不喜欢过于强硬、压服的方式，不欣赏特别激烈的处事方式。这种城市人文性格的形成，得益于杭州人自古就有守望相助、济困扶危的世风民俗，典籍记载、民间传颂下来很多急公好义、助人为乐的善举影响后世。此外，杭州人"崇文重道，敬上接下"，具有官民合作、政商和谐、百工乐业、百姓安宁的社会心理基础。这种"仁义"观，演化为"崇文重道"，是以中华深厚的文化道德理念为基础的。演化为"敬上"，杭州人按照道德古训和集体性格，重视调适人类最难处理的"上下关系"，既有"上对下"的宽厚慈爱，也有"下对上"的理性尊重；进而延伸为"接下"，杭州人不仅善于处理与"朝廷""家庭"的关系，还乐于关照"两廷（庭）"之外广阔的公共空间的利益关系，遇到路人、弱者、有难者等，自觉伸出援手，习惯助人为乐。中国的慈善思想和民间慈善联合体最早萌生于杭州，杭州历史上的善人、义举不胜枚举，是今日杭州"平民英雄"辈出、"最美现象"不断的历史文化背景。

8."民为邦本"体现为官民互敬的社会氛围

"民为邦本"是儒家政治思想的重要内容，其思想在夏朝就已出现。随着夏、商、西周及春秋战国时期大批诸侯国的灭亡和新的诸侯国兴起，人们逐渐认识到：君主虽处于统治民众的地位，但民众对君主的存亡也有重要制约作用。由此产生出"君以民存，亦以民亡""民贵君轻""民为邦本，本固邦宁""水可载舟，亦可覆舟"等思想。虽然这种承认统治者与被统治者相互依存关系的认识，还不是把民众作为国家主人的现代政治，但"民为邦本"

的思想，一定程度上成为抑制专制政权暴政和促进封建盛世形成的治国经验。古代杭州的官民关系，有几个背景性特征：一是社会对"庙堂之高"和"江湖之远"的心态相对平和。古代杭州民众也追求功名利禄，但"居庙堂之高"不会癫狂，"处江湖之远"相对坦然，盖因这方土地让人见多识广，活法较多，因而心态比较平和。二是不比北方一些城市市民善谈国家大事，而是把对国家的爱，建立在对家乡爱、对旁人善、对做事细的基础之上：精耕细作为他人提供优质服务，勤勉努力为家乡作出实际贡献，安土重迁轻易不出远门，善于合作上下互相照应——这种人际环境和社会氛围，助推了官府的相对亲民、做事认真和民众的真诚信赖、真心服从，这使得古代杭州的官民关系、政商关系一直比较和谐。杭州人以自己的方式，把"民为邦本，本固邦宁"的宏大叙事，通过官民互敬、爱国爱乡的精神特质，演化成了一种可以模仿、值得追求的政治现象。

9."无为而治"体现为民众自发的社会参与

"无为而治"是道家的治国理念。其思想核心是"道"。"道"蕴含规律，规律约束宇宙万物运行，万事万物均遵循规律。引申到治国，"无为而治"即是以制度（可理解为"道"中的规律）治国，以制度约束民众的行为。"无为而治"不是什么也不做，而是不过多干预，充分发挥民间创造力，做到自我实现；"无为"不是无所作为，而是不妄作为，是遵循客观规律而为。杭州作为工商业发达、民众生活安定和中西文化交流较早的沿海城市，随着民众生产生活方式变迁和精神生活丰富，在古代中国较早出现了相对独立的市民意识和社会群体。第一，从事工商业及相关行业的人员规模渐大，结构丰富。南宋时期城市平民已多由商人、手工业者、饮服人员、演艺人员、士人及进城地主和近郊农民等身份组成，他们以自我生存的经济背景和相对独立的阶层意识，在社会生活中发挥的作用日益明显。第二，世俗性文化和市民消费主体较早在杭州出现。宋以后杭州娱乐活动逐渐兴盛，到南宋时达到顶峰。在勾栏瓦舍、酒楼茶肆之间，反映民间喜怒哀乐、生活情趣的俗文艺创作日渐繁荣，影响广泛，形成了较为宽松、贴近民情的街头文化氛围，民众的社会意识得到熏染和强化。第三，市民自助意识和自我管理能力较早得到发展。南宋临安有南北猪行、海鲜行、纸扇行等414行[①]，每个行业都建立了自己的行会组织。这些组织对业内履行规范行为、协调价格、保证服务、引导竞争的职责，如不能随意越线抢他人生意等。南宋时，临安的社会组织类型和数量很多，非常活跃，此后社会组织一直盛而不衰，如明嘉靖年间仅诗社就有"西湖八社"等。第四，产生了中国历史上最大的慈善家丁丙和最大的慈善组织杭州善举联合体。丁丙在太平天国战后长期主持的杭州善举联合体，是中国古代历史上最大的慈善组织。杭州善举联合体一度超越慈善事业，成为晚清城市社会治理的主体之一，代替政府参与了太平天国战争后杭州许多社会重建工作，成为经济基础与社会结构互动互进的独特历史文化现象。第五，市民阶层与官僚阶层的互动空间相对较大。由于杭州历史形成的官民、官商关系相对和谐，隋唐以后杭州总体上又处在少于战乱、风调雨顺的富庶状态，特有的山水美景和温润气候，滋养造就了杭州人崇文温厚、理性平和的为人处世性格；加上杭州历代地方官在保境安民、修建海塘、疏浚西湖、扶弱助困以及倾听民意、闻过知改等方面的德政感召，杭州历史上官民、官商关系总体上比较宽松和谐，和西方一些国家市民与政府之间互相抵牾的关系形成对比。杭州古代延续至今的官民、官商关系，带有明显的东方文化色彩。

概言之，杭州影响中华文明进程的四个重要条件，使这座城市为中国历史发展从都城起源、南北统一到精神凝聚方面，作出了重要贡献；杭州拥有代表中华文化水准的种种经典遗存，使杭州自古至今在代表中国水准、彰显国家形象和引领国人生活方面，起到了无可替代的作用；杭州保存并活化着中华文化的精神特质和生活方式，使世人有机会通过这座古城和杭州人的生活，直接

---

① 《西湖老人繁胜录》，《永乐大典》残本。

感受年代久远但生动形象的中华文化的生活范式与价值理念。因此，杭州优秀传统文化在中华文化中的地位，可以从"影响中华文明进程""拥有中华经典遗存"和"活化中华精神特质"三个层面概括和认识。

第十章　杭州优秀传统文化的精神特质和当代价值

杭州传统文化养成于中华文化母体，历经了多种文化交融，体现着鲜明地域特征。它能够独树一帜，传承至今，得益于其特殊的生成背景和精神品质。而特殊的生成机理和精神特质，又决定了它常青不朽的当代价值。

一、杭州优秀传统文化的精神特质

杭州优秀传统文化内容极其丰富。其中的精神特质，直接反映一个区域的价值取向、思维方式、审美情趣和人格追求，是传统文化需要创造性转化、创新性发展的核心内容。

1. 亲近山水，讲求品赏

古代杭州山川秀美、物阜民丰、社会安定、名士引领的自然和人文环境，塑造了人们崇尚自然、钟情山水的生活态度。杭州曾是东汉隐士严子陵和北宋"梅妻鹤子"林逋醉心山水、避官修为之处，也是元代画家黄公望、书法家鲜于枢以山水为师、结庐创作的隐居地。历代文人徜徉于自然天成的美景之中，吟咏赞颂杭州山水、田园风光的优美诗文，对杭州人的生活态度起到了极大引领作用。从唐宋年间开始，杭州人就有携家带口或游湖，或采莲，或观潮，或弄潮，或登高，或掘笋等习俗。清代杭州藏书家、学者翟灏和翟瀚在《湖山便览》里，参考《西湖游览志》和《西湖志》记载的西湖游览景点，已达千余处之多。这种标志杭州文化精神原生特质的生活方式，还突出表现在以下几个方面：一是在日常生活上，杭州的饮食总体上比较清淡，讲究食材的自然原味，习惯凉拌、清蒸、清炒的烹调方式，喜好时鲜、爽口的健康口味；杭州的茶室大多建立在山地茶园之中，茶与景、与人、与天地、与云雾、与竹石、与花木融为一体。二是在生活态度上，杭州人做事努力，但也顺应自然，不习惯勉强从事，不追求刻意为之，习惯把要做的事和自然环境、天地规律顺应起来。三是在生产实践中，杭州人珍惜自然，关爱生灵，与自然界各种生物和谐相处。作为蚕桑丝织生产的发祥地，杭州人"蚕娘""蚕宝宝"等亲昵称谓，体现了对蚕桑农事无微不至的敬畏呵护心态；古代井水有饮用和消防两大功能，冬暖夏凉伴随人生，杭州人有过年"封井"的习俗，认为水井汩汩流淌一年需要休息，用红纸条交叉贴在井栏上停用几天，也表达出杭州人对自然生态的珍爱慈悲之心。四是在艺术创作上，古代杭州的诗词和绘画以山水、田园为主要表现及创作对象，以模山范水为主要内容的山水诗画和山水文学，代表了中国传统艺术的最高成就。

2. 崇文温厚，刚毅自强

杭州人长期在一种生活安定、衣食富足、交往频繁、行事从容的环境熏陶下，养成了做人温和谦让、做事和合有序的习惯，以及做人长于沟通、遇事善于协商的温厚性格。不喜欢过于强硬、压服的方式，不欣赏特别激烈的处事方法，这是杭州历史上官民合作、政商和谐、百工乐业、百姓安宁的社会心理基础。

与此同时，吴越称臣的尊上自重，南宋偏安的国耻家仇，元代采取的民族压迫政策，明朝夺命的北迁和兵燹，加上长期与大自然搏击抗争，以及多次人口大迁移带来的北方人的尚武之气，都对本来富庶自信的杭州人性格产生了深刻影响。宋人潘阆在《酒泉子》(长忆观潮)中，描写了杭州人在钱塘江边"弄潮儿向涛头立，手把红旗旗不湿"的果敢精神；历史上江南一带关于"苏空头、杭铁头、扬虚子"的民谚，概括反映了杭州人执拗刚强的率性风格。从钱镠筑罗城"亲劳役徒"军民受鼓舞"莫不尽力"，到南齐唐寓之、北宋方腊不满暴政揭竿而起；从民族英雄岳飞、文天祥、于谦、张苍水、葛云飞，到商业精英范蠡、陈起、胡雪岩、叶揆初；从能工巧匠喻皓、毕昇、张小泉、王星斋，到科技名家沈括、杨辉、李之藻……杭州古代的文化精神里，表现出"崇文温厚"和"刚毅自强"的两极张力。

3. 精致和谐，大气开放

自古以来衣食丰足、山水秀美的自然条件，涵养了杭州人生活安逸、重视秩序、亲近自然、做事认真的习惯。但自然地理条件山水穿插，地域狭小，加上历史上经历了"永嘉之乱，衣冠南渡""安史之乱，流民南移""靖康之变，宋室南迁"三次北方人口的大迁移，使得古代杭州人口众多与资源短缺的矛盾更加突出。杭州人在长期的农耕桑织和城市经济活动中，养成了精耕细作、精雕细琢、精益求精、追求完美的生产生活习惯。

这里的"大气开放"，主要还不是指开朗豪爽、出手大方的寻常意义，而是就对外来文化的接受消化能力、对不同人群和事务的包容气度而言的。杭州人自古以来受到吴越文化、南宋文化和北方移民文化浸润，特别是唐宋以后各地商人、各大商帮在杭州的聚集和活动，给杭州商业文明和都市文化发展提供了丰富营养，使杭州人对各种外来经济文化现象见多不怪，逐步形成了一种特有的思维方式和性格特征：贾而好儒，讲究诚信，做事规范，不尚空谈，勤勉努力，敢为人先，热爱家乡，胸怀天下……富庶家乡的恩惠，外来贸易的红利，对外部世界的了解，互惠互利的长效，使得杭州人既留恋故土的好山好水，又能用一种相对超脱的眼光，关注、包容和迎接家乡之外的社会万象。

4. 敬上接下，古道热肠

在处理上下左右关系时，杭州人表现为遵从上命、善待他人，见弱者心生怜悯、遇人难出手相助的待人处事风格。在古代杭州，既有吴越王修筑海塘、李刺史（李泌）开凿六井、白苏公疏浚西湖、南宋令抚恤流民、地方官赈济灾民（如提供临时住宿、救济金、免税收、免房租）等诸多典籍记载，也有谢国明（宋朝在日本的杭州商人）等商人灾年开仓赈济饥民、开设安济坊发放防疫药品、为当地百姓针灸疗救疾病等海外善举，还有丁氏兄弟抢救《四库全书》、胡雪岩出资提供"钱塘江义渡"和借外债助"政府军西征"

等民间佳话，这些都是这种精神特质的生动说明。

杭州传统文化中的"敬上"，是在长期官民合作、政商和谐人文环境下逐渐养成的，是建立在对相对亲民和做事认真，"上级"的认同、服膺和真诚信赖基础上的。"君仁臣忠"互相作用，造就了古代杭州人上下同心、齐力断金的和谐局面。而古代杭州人的"接下"，更多体现的是对普通人、外来人的平等相待平和相处，按照习俗或规矩办事，不因地位、等级、亲疏的差异而怠慢或罔顾他人权益。同时对于遇到困难需要帮助的人或事，杭州人普遍有一种援手相助的热忱，这也是历史上外来移民很容易在杭州适应生活、打下根基并爱上这里的社会文化背景。

5. 理性平和，敢做敢当

唐宋以后商业发达的环境，使人们对生意进退、利益消长的市场现象逐渐熟悉；公平交易才能合作，诚信经营才有未来，商业风险和利益分享意识较早得到培养和强化。杭州城内那些频繁来往的客商、游人、名流和外国传教士等，带来了各种新鲜信息和舶来物品，天外还有高天、善待远方客人的观念和习俗逐渐养成。加上自然和人文环境养成的崇文温厚、精致和谐的城市性格，杭州人对待生产生活中的问题、矛盾和新鲜事物，习惯用比较平和与达观的态度，理性对待，温和处理。

由资源匮乏到物产丰盈，从"楼观沧海日"的山中小县到"东南第一州"的通都大邑，从默默无闻的边缘小镇到名人荟萃、美名传扬的文化名城，杭州人在与自然灾害、人间难题的较量中，磨炼了坚强意志，留下了许许多多令人动容的故事：相传武松本是北宋末年杭州涌金门外的街头艺人，因不畏权贵、为民除害被官兵逮捕，死于狱中，杭州百姓集资修墓将其葬于涌金门外（20世纪20年代迁于西泠桥畔），后被四大名著《水浒传》塑造为替兄报仇、浑身是胆的打虎英雄；当年伍子胥逃出昭关，翻山越岭来到建德，是大畈村村民冒死相救、提供饭菜和帮助藏身；岳飞、于谦、张苍水三位忠烈被杀后，也是杭州人挺身冒险把英烈忠骨入殓归葬于西湖群山之中，遂有后世所称"西湖三杰"。

总之，杭州优秀传统文化的精神特质，综合体现了杭州文化性格中被中华传统滋养、因地理环境生成的人文性格优势。孕育在中华传统文化土壤中的杭州文化精神，不仅和中华文化一脉相承，在一定程度上也代表了中华文化的优秀品质，展示了中华文化的鲜明特征。"亲近山水，讲求品赏"，是中国哲学道法自然、天人合一思想的生动实践；"崇文温厚，刚毅自强"，是中华文化厚德载物、刚健有为精神的江南表征；"精致和谐，大气开放"，是古代中国经世致用、天下大同精神的杭州特质；"敬上接下，古道热肠"是华夏民族忠君爱国、仁义至上精神的活化表现；"理性平和，敢做敢当"，是中华民族求同存异、敢为人先精神的哲学注说。

一般而言，一种文化精神的特质是相对稳定的，与其他文化精神相交时需要多种条件磨合才能相容。杭州传统文化精神一个鲜明特点，是宽厚辩证，两极相融：崇文温厚却又刚毅自强，精致和谐同时大气开放，敬上接下并且古道热肠（同情弱者、扶危济困），理性平和且又敢做敢当。这些似乎有些"矛盾"的特质，不仅反映了杭州历史发展过程的艰难曲折，展示了杭州人左冲右突、前赴后继的卓越经历，表达着杭州人"亲近山水，讲求品赏"的躬身实践和自觉思考，也是对道法自然、天人合一思想真谛的深切体验。这种思维品质蕴含的思想方法和处事定力，既是对杭州一直以来"不温不火"又"风风火火"发展状态的一种注解，对于今天遇到发展中问题和多元文化冲突时，人们整体观察，辩证思考，理性处事，躬身实践，也有着重要的认知价值。

二、杭州优秀传统文化的当代价值

杭州优秀传统文化是前人留下的遗产，这些几百年乃至数千年前的遗存，于今还有什么价值？传承发扬的意义何在？这是分析杭州优秀传统文化当代价值的出发点。回望历史悠悠画卷，展望未来漫漫征途，杭州优秀传统文化的当代价值，可以概括成以下十个方面：

1. 理性平和的思维方式

山川秀美，引人脱俗，免于战乱，生活安宁；中心城市，见多识广，商贾云集，培育公平；衣食丰足，才思玩赏，官民和谐，人心温良……这一切得益于自然条件、政治环境、历史机遇和自身努力，杭州人是在集山水、劳逸、动静、物我、情法、官民、内外和谐于一身的环境下生产和生活的，这种环境培育出杭州人理智冷静、遵规守矩、处事平顺、待人平和的思维习惯。这种理性平和的思维方式，有两个鲜明特征：一是待人平和。杭州人崇尚文雅，鄙视粗野，能够超越一些世俗观念的羁绊，温和对待世间的人与事。对才情女子苏小小尊重传颂，让这么一位歌妓的坟茔伴随西湖百世流芳；北宋杭州知州李咨得知隐居孤山的林逋去世，亲自带着门人替这位清高孤傲的隐士守灵七日；杭州人把口味特殊但出身"卑微"的叫花鸡作为杭州名菜，让它登上大雅之堂。二是做事和顺。古代杭州的官民、官商关系比较平顺，见人有难，能帮则帮；遇到问题，习惯大事化小，小事化了。相传，苏东坡在任时微服私访品尝杭州一种小饼，和店老板攀谈得知小饼无名，便建议起名"蓑衣饼"，后成声名远扬的"酥油饼"；南宋抗金功臣王佐受皇上奖励，在断河头附近修王府时因妨碍交通遭百姓抱怨，王佐转而缩小建设规模，省出材料为民建造石桥；清代诗人、书法家王文治很欣赏菜市桥南瓦子巷民间盲女艺人王三姑（字青翰）的演技，特意为她作诗，其中有"纨质由来兼黠慧，传神岂待秋波媚？轻云冉冉月宜遮，香雾蒙蒙花爱睡"等句[1]。这些都成为后世的民间佳话。

今天杭州在提高生活品质、建设世界名城的进程中，大到城市发展规划和政策，小到马路、河道绿化和卫生，细到社区民意征集和反馈，都非常需要城市管理者和市民群众理性平和的精神素养。"问计于民"，可能意见纷呈、众口难调，追求效率，难免整齐划一、"兼顾"不周，设身处地考虑对方的意见和难处，

---

[1] 袁枚：《随园诗话》卷五，《袁枚全集新编》第1册，王英志校点，浙江古籍出版社，2015年，第151页。

将心比心理解对方的诉求和苦衷，需要有认真听完意见的耐心、虚心吸收意见合理性的雅量、退一步海阔天空的包容气度、经过协商找到更好解决办法的智慧……这一切，其实都以理性平和的思维方式为前提。

2. 热爱自然的生活品格

古代杭州人醉心山水、崇尚自然、追求原味、模山范水生活方式的形成，可以归因于几个方面：一是得益于山川秀美、景观多样的独特自然条件。杭州西湖景观有山有水，但山不高不低，不远不近，且山形柔美，起伏婀娜；湖面不大不小，湖水不深不浅，且湖水、群山与城市紧紧相依，形成"三面云山一面城"的独特景观，折射出中国传统哲学、美学和文学的形象化理念。古代杭州过中秋的风俗，是和三潭印月、平湖秋月、月岩望月和三生石谈月联系在一起的，充满诗情画意；但古代杭州"八月十八观潮"的民俗，又少不了"数百里士女，共观舟人渔子溯涛触浪"[①]的盛况，必有迎风搏浪、向涛弄潮。二是得益于历代文学、艺术大师们对杭州美景的名篇传世和民间传扬。自古以来，西湖景观一直处在江南乃至中国人审美体验、审美创作的中心位置。人们口口相传的"水光潋滟晴方好，山色空蒙雨亦奇""未能抛得杭州去，一半勾留是此湖"等吟咏西湖山水的诗歌名联和锦绣文章，南宋画院涵盖春夏秋冬、晨昏晴雨的题名山水画"西湖十景"，以及后世衍生的元代"钱塘十景"、清代雍正"西湖十八景"和乾隆"杭州二十四景"等，都对后世审视西湖和欣赏美景产生了巨大影响。三是得益于人们在生产生活中的深切体会。山水穿插的地理环境，人多地少的富庶之乡，使得杭州人深知，皇天后土是财富之源，珍爱自然就是珍惜自己和子孙万代的福荫。明代高濂在《四时幽赏录》中，把杭州人在四季喜做的"闲事"作了生动描写，如"八卦田看菜花""虎跑泉试新茶""西溪楼啖煨笋""登东城望桑麦""三塔基看春草""初阳台望春树""湖心亭采莼""乘露

---

① 李吉甫：《元和郡县图志》卷二十五《江南道一·杭州》，贺次君点校，中华书局，1983年，第603页。

剖莲雪藕""满家弄赏桂花""雪后镇海楼观晚炊"……这些"闲事"都与农桑衣食、田园风光有关,体现了古代杭州人生产和生活、物质和精神的完美结合。

杭州人崇尚自然、热爱自然的生活态度,对于生活在物质文明不断发展的今人来说,其当代价值在于:认识单纯物质消费对人类幸福感作用的有限性,学会摆脱过度物欲,注意追求物质和精神平衡;感恩大自然的慷慨馈赠,在欣赏田园风光、陶冶山水性情的美好生活中,享受闲暇时间,提高工作效能,珍惜绿色家园,追求人格提升。

3. 崇文重道的做人涵养

杭州人自古以来养成的温和谦让、善于协商、遵规守矩、敬老尊贤的为人处世方式,给杭州营造了一种原住民安居乐业、外来人和谐融入的优势人文环境。丁氏兄弟以家业支撑造桥、修路、赈灾等公益事务;胡雪岩为杨乃武与小白菜冤案平反,为购回流失日本的中国文物东奔西走,仗义疏财;杭州百姓自发含泪送别白苏二公,"乌台诗案"后百姓到寺庙做道场为苏轼祈福消灾,还在杭州以"白堤""苏堤""杨公堤""阮公墩"永世纪念领导市民疏浚西湖和让百姓丰衣足食的父母官;浙江按察使周新不畏强梁,为浙杭民众惩治贪官、救灾免税,却遭人陷害被冤杀,浙杭绅民纷纷立碑、立祠、修庙纪念这位好官,今天吴山城隍庙里供奉的就是"城隍之神"周新……这种良好的人文氛围,是在相对安定的和平环境、比较公平的商业环境、较为和谐的政商环境,以及原住民崇文重道的习俗环境下逐渐生成的。离开了这些优势环境,这种文明素养难以产生,即使偶然产生也难以生存,很容易被以力自重、逞强好胜者讥笑。

如果说古代杭州人的这种文明环境,也曾受到朝代更迭、外族入境的侵扰,但杭州历史上总体保持的社会安定和文明环境,得益于文化的相对独立及其源远流长,以及杭州领中外文化交往风气之先和现代商业文明较早融入的多重优势。杭州要吸引各方人才投身世界名城的建设,首先要以礼仪之邦和文明之都的风貌出现。这对于每个杭州人来说，需要有充分的历史文化自信，也要求更高的传统文化自觉。"古已有之"的优秀文化精神，唯有深知其意进而深明其力，才可能自觉做到效法先贤，修身齐家，做一个现代化大都市的文明人。

4. 守望相助的仁义精神

在一方温情善良的土地上生长并得到润泽的杭州人，自古以来就有急公好义、扶危济困的世风民俗。苏小小为素昧平生的穷书生上京赶考解囊相助，苏东坡为扇子积压的后生题写扇面助其还清债务；丁桥人丁兰刻木孝母、事母如存，富阳人周雄捉鳖孝母、冰田挖藕、鸡鸣磨豆、采药疗伤。南宋郑兴裔为收置因北宋灭亡逃到临安无家可归的饥民，在笕桥购买六百余亩地建立郑氏义庄，安顿流民和周济贫民；又因为北方人吃不惯稻米食物，在义庄尝试种植大麦、小麦等农作物，义庄改称"麦庄"，成为南宋时期全国最大的义庄。清代杭城商帮为鳏寡孤独和贫病者提供无偿捐助，先后建有大小二十多家慈善组织，还有三仓、粥厂、丐厂、义渡、迁善所、浚湖局、救火义集等；还以青壮年为骨干自发组成防火志愿者"救火会"，遇到火情以钟鸣为号，舍身扑救……

这些体现着中华仁义道德精神的历史记载，成为古代杭州人勤劳善良、重情重义人格的生动诠释。这种精神激发出来的善心义举，随着物质文明水平和社会文明程度的提高，在杭州今天已经成为风行大地、传播久远的社会普遍行为：散布在大街小巷的"最美现象""平民英雄""杭州好人""春风行动""爱心驿站"……作为杭州在今天中国的文明形象，既是市民内心一种理想价值的期许，也是古代杭州人仁义精神的当代延伸，又是未来杭州市民生活幸福的社会心理根基。

5. 修身事功的处世态度

中华文化历来重视人的道德修养，儒释道思想集中体现在"己所不欲，勿施于人""君臣父子""孝悌忠信"等一系列为人处世的要求之中。杭州文化精神在继承了上述传统思想，重视与人、与社会、与国家和谐相处的同时，实践并强化了古代追求实事、实功的"经世致用"思想。在杭州历代典籍和民间传说中，不仅有丰富灿烂的宗教哲学、诗词歌赋、戏曲曲艺、神话故事等，更以厚重笔墨和生动细节，记述了杭州人不尚空谈、埋头做事、说到做到、敢作敢为的"事功"风格。

中国发展还有很多需要解决的问题，杭州要建成世界名城面对的难题也还很多。我们不仅需要思考社会，抨击流弊，也需要反思自己，"修身齐家"；不仅希望国家和社会文明昌盛，繁荣富强，也需要扑下身子反求诸己，躬身实践，知行合一。用实际行动推动家庭、家乡和国家的进步，是古人的行事风格，也应该是今天的做人品格。

6. 追求精致的做事习惯

杭州人在长期的农耕桑织和商业活动中，在"人稠地狭"资源短缺的条件下，养成了精耕细作、精雕细琢、精益求精、追求完美的生产和生活习惯。纹饰奇特、造型多样的良渚玉器，釉色取胜、纹片著称的官窑瓷器，校勘精细、刻印俱佳的官刻、家刻和坊刻，丝滑柔顺、色泽光艳的杭州丝绸，针法考究、品种繁多的杭绣，淡竹作骨、丝绸张面的西湖绸伞，技艺精湛、装饰优美的王星记扇子，镶钢均匀、磨工精细的张小泉剪刀，香气淡雅清新、滋味鲜爽甘醇的西湖龙井，以及余杭由拳村的黄藤纸、富阳的小井纸、赤亭山的赤亭纸、余杭瓷窑生产的浙瓷、淳安王阜乡的麻绣等，这些从远古到近代杭州人手中诞生的各种工艺风物，展示的是人间精工细作，享誉的是杭州传世精品，透出的是杭州人做事认真、追求完美的劳作态度。

在人们努力追求"美好生活"的今天，人们不仅对物质文化生活提出了更高要求，而且在民主、法治、公平、正义、安全、环境等方面的要求也日益提高。在"人人为我，我为人人"的社会分工条件下，每一种职业、岗位提供的每一种产品或服务，能在多大程度上满足他人对美好生活的需要，今天已主要不是资金、资源短缺的问题，而是古人追求精致完美的传统能在多大程度上传承的问题。

7. 守成创新的处事风格

杭州人的"事功"方式，与理性平和的思维方式、修身事功的处事态度以及追求精致的工匠精神相融合，形成了一种求真务实的优秀品质：对前人的成果秉承遵从，对遇到的难题顶真求索，对未知的领域积极尝试。由此产生了许多对杭州、中国乃至世界有较大影响的创新之举。在"临浙江，水波恶"的海湾浅滩自宝石山至万松岭修筑华信海塘①，在候潮门至通江门外打桩六层、填泥成塘、木材加固、外叠石块建成钱镠捍海塘，不满雕版印刷制版速度慢、雕错修改难现状而发明毕昇胶泥活字印刷术，被李约瑟称为"可能是中国整部科学史中最卓越的人物"的沈括在数理化、天文、地理、水利、军事诸方面集成创新，以及在历史和今天给人类文明增光添色的杭州丝绸、茶叶、刺绣、织锦、刀剪扇、鸡血石雕、官窑瓷器、传统造纸、木版水印……无不记载着杭州人在生产生活中的锐意求新和创造能力。

如果说，历史上"东南第一州"的地位和影响力，推动了古代杭州人成就一系列声名远播的发明创造，那么，在杭州大踏步成为中国一线城市，并通过互联网技术、电子商务技术、世界文化遗产、国际重大会展、生活幸福程度等在国际社会频频亮相的今天，古代的创造发明，只是杭州文化渊薮和传统魅力的历史鉴证。面对当今全球经济结构和创新版图的加速重构，杭州要在世界名城建设中抢喝"头口水"，引来"金凤凰"，刷出"存在感"，走出"新节奏"，在继承中创造，在回顾中前瞻，依然是杭州走在前列、走向世界的根本途径。

8. 包容开放的宽广胸怀

唐朝时，杭州的钱塘江口，日本、高丽、大食（阿拉伯）、波斯等国的船舶已经往来频繁，络绎不绝。宋室南迁后，无数达官贵人、能工巧匠来到杭州，杭州方言里已夹杂了很多北方语汇，

---

① 华信所筑海塘，一说在今杭州市中山路一带。

甚至把北方"儿化音"夸张到了单独成一个音节的地步而成为"儿缀音";杭州城里不仅有南方稻米做成的米饭,而且馒头、包子、面条、饺子之类北方面食也一应俱全。为了吸引外商,南宋政府在杭州建设了大量官驿和贸易仓库,如怀远驿、仁和馆、都亭驿等,给外商提供生活上的方便。外商到达杭州时,市舶司以"伎乐"(专业表演的音乐舞蹈)为他们接风洗尘,并准许他们坐轿乘马,当地主要官员出面亲切会见。还专设巡检司,护送中外商人出海,奉送酒食,设宴饯行。外商失踪或死亡,中央政府责令市舶司官员清点保管财物,等待外商家属前来认领。像中国商人在外国有类似唐人街的地盘一样,外商常年在杭州居住的地方叫作"蕃坊",从中亚来的回教徒以及叙利亚人、波斯人、阿拉伯人中的富商大贾,在凤凰山附近都拥有豪宅。杭州自古以来,接纳过马可·波罗、鄂多立克、马黎诺里、金尼阁、卫匡国等欧洲著名旅行家和学者,以及俊芿、圆尔辨圆、南浦绍明等日本和高丽僧人,杭州灵隐寺是东晋年间西域印度僧人慧理所创建,凤凰寺由伊斯兰教人物阿老丁在元代重建,径山寺是日本茶道的起源地……古代杭州,先后走出了谢国明、戴笠、陈元赟、林净因等一大批漂洋过海在东南亚传播中国经济文化的使者。

和中国及世界的先进城市相比,杭州人有自信,也更需要自知和自觉。让企业在比较中完成高端鉴别,在开放中实现技术和管理创新;把对文化旅游本土资源、个性体验和独特感受的挖掘,与国际眼光、产品开发有效结合;把代表中国文化和杭州性格的文艺作品,以国际友人喜闻乐见的形式呈现出来;在与中外客商友人合作交往中,以更加友善、优雅的生活美学姿态展示城市魅力……杭州需要在继承包容开放传世精神的基础上,融入更多时尚、现代的崭新理念和实践。

9. 坚韧不拔的进取精神

在杭州人的修身要义里,勤奋努力、不惧艰险的性格占据了很大比重。从治国伟业来看,"三分天下"的东吴大帝孙权,挽狂澜于既倒的明朝大英雄于谦,纵横朝鲜战场横扫日本武士的一代儒将宋应昌,以及在辛亥革命攻打南京时任敢死队队长、变卖祖产购置枪械助孙中山起兵讨袁、在秘密试制炸药时不幸爆炸牺牲、孙中山亲送灵柩到钱塘江边的萧山人汪珪……都是出身杭州的好男儿。就刚直不阿而言,力排众议、历时五年说服明廷开始史上最大规模西湖疏浚工程的杭州知府杨孟瑛,在翰林院上奏乾隆要求满汉平等而被革职回杭仍拒不"认错"的杭世骏,上奏雍正替文人说情终于使浙江乡会试恢复的浙江巡抚李卫,都是坚守既定信仰和精神的代表。从科技创新来说,北宋杭州刻工毕昇反复试验,改进雕版,制成胶泥活字,完成了印刷史上重大革命;钱塘人钱乙"不名一师",化裁古方,到老年依然手不释卷,孜孜以求,成为中国"儿科鼻祖";南宋太史局杨忠辅两次被罢官,坚持对《统天历》做出多项改革成果,被元代郭守敬继承;明代仁和人吴敬用十余年时间完成《九章算法比类大全》十卷,对后世数学产生重大影响;明代萧山人单俊良深感龙骨水车灌田辛苦,发明畜力替代人力水车,被朝廷诏令"天下法之";清初仁和人戴梓发明能连续射击二十八发的"连珠火铳"和"子母炮",献给朝廷……他们无不造福后代,令人感佩。从文化艺术的发轫和传承看,从八千年前跨湖桥发掘的彩陶和黑光陶工艺,到五千年前良渚古城中史前玉器上的神人兽面纹饰,再到一千年前南宋精美题名山水画"西湖十景",直至一百年前西泠印社熔书法与篆刻艺术于一炉成就"天下第一名社",都凝结着杭州人不畏艰难、追求完美的生活特质。由于古代典籍记录的主要是帝王将相、才子佳人的历史,杭州普通百姓在工艺、服饰、刺绣、瓷器、建筑、雕刻、绘画等多方面的贡献,历史文献里着墨不多,但流传下来且至今在国内外影响深远的那些实物性稀世珍品,依然尽显古代杭州劳动人民勤于劳作、善于创新的进取精神。

在社会主要矛盾发生重大变化的今天,无论是世界贸易的激烈竞争,还是外来文化产品对中国市场的争夺,或是民众对物质和文化生活的新期待,以及杭州正承担着全国首个跨境电商综合试验区、国家新一代人工智能创新发展试验区、建设国家自主创新示范区、中国（浙江）影视产业国际合作区等重任，都提醒着当代杭州人，推动生产生活的变革与创新，是一个艰巨而永恒的奋斗过程，会遇到眼光、观念、资源、合作、利益、体制、政策以及方式方法等多方面的难题。先贤坚韧不拔、奋发努力的精神，是杭州人自主创新、多方合作、不断进取、克难攻坚的文化根基，是实现个人抱负和完成社会责任的力量源泉。

10. 爱国爱乡的家国情怀

杭州人在对待国与家、大与小的问题上，遵循"修身齐家治国平天下"的古训，给后人留下了无数爱国爱乡的动人故事和思想遗产。南宋年间，钱塘县令朱跸亲率军民抗击金军，战死前线，宋军败北消息传到杭城，城中军民没有弃城而逃，两名尉曹（低级军官）金胜、祝威挺身而出，组织人马在城北沼泽地编竹覆泥，伪装成路，使盔甲沉重的金人连人带马陷入泥沼之中，金军大骇，急忙退兵。因不满当朝权相秦桧误国偏安，殿前司后军小校施全在杭州众安桥挥刀行刺秦桧，被抓后磔死于市。白居易推动杭州疏浚西湖、修堤蓄水、沟通六井、引湖入城，临走时还写下一篇《钱唐湖石记》，刻石勒碑于湖岸，将治理西湖的方法留给后世地方官，拳拳之心，殷殷可鉴。苏东坡除了治理西湖、疏浚六井、救济灾民、开浚茅山和盐桥二河通江湖、筹资设立"安乐坊"为穷人免费提供医疗及粥饭等，他还满怀深情地留下三百多首有关杭州的诗，其中吟咏西湖的诗就有一百六十首左右，"我本无家更安往，故乡无此好湖山"和"居杭积五岁，自忆本杭人"的诗句，把家乡情怀和祖国山河融为一体，体现了一种超越小我的家国情怀。杭州人爱西湖山水自古已然，但杭州人对家乡的眷恋有几个特征：一是"主体"包含了太多在此地生活过的外乡人，"一半勾留是此湖"也好，"直把杭州作汴州"也罢，"居杭积五岁，自忆本杭人"也罢，反映的都是长期在杭生活的外乡人对此地的爱恋情怀，这也是如今来此创业生活的"新杭州人"，很容易找到家的感觉的历史文化渊源。二是"对象"往往和家国情怀相连，曾经的小县风情、王国气势、帝都风光和外族侵扰，使得历代杭州人深知家与国的血脉关联。钱塘人邓牧在宋亡后终身"不仕""不娶",其抨击暴君酷吏、同情劳苦大众的思想成为明末清初启蒙思想家黄宗羲民主思想的重要渊源之一;清代仁和人龚自珍主张革除弊政,呼唤"九州生气恃风雷",抵制外敌侵略,支持禁除鸦片,被柳亚子誉为"三百年来第一流"……杭州这些年在承担国家各种各类创新性试(实)验区任务,在举办G20杭州峰会和亚运会等国际性会议赛事,以及诸多文体名将身上表现出来的为家乡和国家争光的业绩,都可以从杭州人的历史基因中找到答案。三是"眼光"不局限于小天小地。明代仁和人杨廷筠、李之藻是中国西学东渐天主教的三大柱石之一;明末仁和人戴笠把中国佛学、儒学和医学传播至日本,并在日行医济世,被奉为神医;明清之际余杭人陈元赟在日传授诗文、书法、制陶、拳术,对中日文化交流作出卓越贡献……沧海桑田事,南来北往人,造就了杭州人热爱家乡但心有远方的情怀。

  一部杭州发展史,是整个中华民族发展史的缩影。透过杭州传统文化的"窗口",可以生动、清晰观照到中华民族的优秀文化。这样的结论,得自于杭州八千年前跨湖桥文化、五千年前良渚文化的先锋魅力,得益于杭州作为"东南第一州"和皇城国都对九州大地的历史引领,归因于杭州优秀传统文化与中华文化的高度契合和鲜明个性,体现在百年来因文化传承,杭州出现的种种重大事件中。在中国走向现代化艰苦卓绝的历程中,在物质文明渐次发达,社会对精神文明发出深切呼唤的今天,中国需要一批具备优秀传统文化和当代文明理念的城市走在前列。古都杭州有这样的历史文化积淀,也在持续提升文化自信与自觉。

第十一章　学习传承杭州优秀传统文化的方法

一个国家或一个地区，开放和发展到某种程度时，会在比较中更加珍惜自己的"来时路"，并在坚守自身优势的同时更加开放包容，建立起一个既继承传统又面向未来、既立足自己又迎接世界的现代文化。分析介绍优秀传统文化，不单纯是一个梳理历史的研究课题，更是一个学习、探索和付诸实践的行动过程。

在这个意义上，探索杭州优秀传统文化的基本内涵和判断标准，提炼其中的主要内容和辉煌成就，发掘其中的精神特质和当代价值，都还处在思想文化建设的"研究和梳理阶段"。让这些优秀文化深入人心，融入血脉，身体力行，影响社会，是我们传承优秀传统文化的"学习与实践阶段"，也是更为重要的阶段。

一、学习、辨析、思考：传承优秀传统文化的基本要义

历史文化的传承，自有其内在规律。掌握传承传统文化的基本要领，对于提升学习方法和保证实践效能，具有重要意义。

1. 文化自信唯有在学习中才能确立

世界几大古文明中，中华文明得以承前启后、延续至今；在中国丰富多样的各类城市中，杭州文化特质鲜明，影响深远。然而，由于近现代史上发生过多次对传统文化的猛烈批判，由于近四十年前的工作重点是发展经济改善民生，我们对传统文化的学习教育总体上比较薄弱，存在缺乏系统挖掘提炼、没有融入国民教育、家庭教育断层明显、文艺作品创作不足、传播方式较为生硬等问题。联系本书前面系列篇章的研究分析，可以得出这样一个结论：我们需要重新发现、重新认识杭州的优秀传统文化。

这里说的"重新发现、重新认识",是指发现和认识其在杭州历史发展中的重要作用:

形成区域行为规范和社会秩序的整合作用;

提供杭州人思维方式和行为习惯的导向作用;

影响杭州人亲近山水、享受生活的美学作用;

协调外来移民与本土居民和谐相处,及其吸引士农工商各路人才的凝聚作用;

保证杭州人文传统世代流传和认同共享的传续作用;

决定杭州从一个"山中小县"演变成为"东南第一州"直至全国政治经济文化中心的动力作用;

对区域经济社会发展的引领、支持和拉动作用;

对中华文明乃至东南亚各国和世界文明的影响作用;

……

以上杭州优秀传统文化的种种作用,很大程度上是以杭州人内在的价值取向、思维方式、行为习惯、人文性格,以及杭州城外在的各种景观、遗迹、风物、风俗、诗文、名人等形式存在的。对于这些丰富而珍贵、隐含或外显的历史遗产不了解,就无从和其他文化比较,在比较中增强自信;不深入了解,就无法在出现文化冲突时明辨是非,保持思想定力和文化"主心骨"。

传统文化,当然不只留存于书本中。但通过书本相对系统深入地了解优秀传统文化,是基本的学习方法。走近才能看清,熟知才生敬畏。

当然,文化学习的效果单凭个体实践作用有限,只靠一时的书面学习难以奏效,需要以个人、家庭、教育机构、大众传媒、文艺作品、精英示范等多种学习教育方式,才能形成合力,最终提高文化自信。

2. 文化自觉只能在辨析中才会更加清醒

"文化自觉"是这几年经常说的一个词,从某种程度上说,说得越多,越反证我们生活中的文化自觉尚未完全建立起来。

比如,对灿烂辉煌的杭州文化缺乏了解。杭州的传统文化积淀丰厚，但经过岁月长河的冲刷荡涤，很多内容沉淀在历史典籍、隐逸于祖辈传说之中。在杭州街头随便拉住几位行人询问，很多人知道苏小小但可能不知钱塘人沈括这位大科学家，知道断桥旁的许仙与白娘子但可能不知钱塘人袁枚这位大散文家、大美食家，知道三潭印月但可能不知道青山有幸埋忠骨的"西湖三杰"是哪"三杰"……不了解自己生活的这片土地的灿烂文化和历代名人，就无从传承、转化和创造，自然难以做到文化自觉。

再如，对良莠不齐的传统文化不善分辨。这些年人们开始重视和发掘传统文化中的价值。但几百年乃至数千年前的文化遗存，为什么要传承于今？怎样才能为当代服务？如果思考不够，分析不足，就会出现一些令人担心的现象：以弘扬传统文化为名传播封建主义的"女德班"，以提倡个性教育为旗帜反对现代教育和"复兴私塾"，以弘扬国学为名让孩子们买汉服、着古装，摇头晃脑背诵经典却不明义理……这种学了皮毛、泥古不化而不得要领的"传统教育"，不仅培养不起文化自觉，还会使社会大众对传统文化作用产生疑虑。

又如，对西风东渐的国外文化各执一端。近现代中国社会的每一次重大变革，为了摆脱历史羁绊，几乎都伴随着对传统文化的猛烈抨击。而一段时期批判后，人们发现传统文化中的不少内容，还在顽强发挥着维系社会、教化从良的作用；而变革后带来的种种新问题，也常常让人们多少产生一些"思古之幽情"。但与此同时，对外开放几十年来，中国借鉴国外一些治国理念、管理方法和科学技术对快速发展起到的作用，对一些关心国家前途的人们产生了强烈"示范效应"。有的人认为，我们"老底子"的东西已失去效用，必须从西方那里寻求治国方略；但也有人认为西方社会问题成堆，中国今天的很多问题就是受到西方影响带来的，应该坚决抵制。文化选择上的两种极端思维，在势不可当的对外开放背景下，已经表现为两种令人担忧的现象：要么自我封闭，眼界受限；要么脱离本土，空谈误国。不管是哪种情况，都会成为开放条件下妨碍知彼知己和提高文化自觉的障碍。

社会学家费孝通曾说："文化自觉是一个艰巨的任务，要做到这一点，需要一个很长的过程，首先要认识自己的文化，理解所接触的多种文化，才有条件在这个正在形成的多元文化的世界里确立自己的位置，经过自主的适应，和其他文化一起，取长补短，共同建立一个有共同认可的基本秩序和一套与各种文化能和平共处、各抒所长、联手发展的共处守则。"[①] 换种说法，文化自觉和文化自信，靠无视悠久历史或历史虚无主义建不起来，靠囫囵吞枣、言不及义事与愿违，靠各执一端、缺乏包容没有出路。文化自觉和文化自信，需要通过潜心学习、开放兼容、理性选择、重在建设和长期积累，才可能逐步培养和确立起来。

3. 文化自强需要在思考中转化提升

文化是一种存在。把文化"装"进人的头脑，"变"成人的行为习惯和城市的竞争优势，是城市治理中一直在追求的目标，做到不易，做好更难。怎样才能提高国家和区域文化的传承力和影响力，对传统文化施以符合当代价值和审美需求的衔接、丰富与提升，是基本途径。而对传统文化进行现代衔接和丰富提升，首先依赖于人们对文化建设工作规律性的思考认知水平。

比如，很多人把对文化的投入和产出，视同和其他商品一样，追求投入的"立竿见影"。文化具有满足社会需求的能力，但文化的这种"有用性"，只有在把文化的服务功能展示出来，并形成对消费者欣赏、审美、情趣乃至行为习惯等精神层面的影响时，才能发挥出实效。这种文化价值的形成和释放方式，显然具有渐进的特点。文化建设"前人栽树，后人乘凉"的情况比较普遍。杭州历史上很多景观、建筑、工艺、服饰、民俗等，经过几百年甚至更长时间的江河流转，才逐渐沙落见金，显示出其丰厚内涵和艺术价值。因此，文化建设工作需要确立几个理念：第一，文化建设要着眼于"可持续"地释放价值，追求速成必然导致"急就章"和"表面光"。第二，文化建设要通过重视局部的可持续

[①] 费孝通：《中国文化的重建》，华东师范大学出版社，2014年，第188页。

投入，追求整体的长效产出，宣传、教育、文化、体育、家庭等文化建设实体，以及街道（乡、镇）、工商企业、科研机构等文化承载实体等，都重视文化的人财、物力投入，优秀文化传承的整体效应才能产生出来。第三，文化建设常常出现此处投入彼处产出的溢出效应，因此需要综合衡量文化投入的产出效果。比如文化投入可以重复消费，可以满足人们审美、休闲、求知、修身的多重需要，可以表现为杭州人对古都历史的共同记忆和城市自信，表现为新老杭州人的守望相助、社区邻里的和谐相处和公共场所的文明风尚，表现为通过对杭州历史文化的认知来增强对中华文化的认同和自豪感等，这一切，都不是经济学领域的"结算表""盈利率"能够直接反映出来的。认识到这一点，有助于坚定重视文化投入并以战略眼光思考文化建设作用的考量。

再如，文化资源、历史事实和文化自信是什么关系？文化资源，是文化建设、文化学习和文化自信的基础。名人故里、故居、故事等，大都承载着一段地方历史。开发利用地域性人文历史资源，自有其价值。但这些年一些地方不顾历史事实，盲目争夺"名人资源"的行为，其实"醉翁之意不在酒"，图的还是"文化搭台，经济唱戏"。甚至一些人自诩文旅项目就是要"无中生有"，这里划块地，那里建个庙，此处办个节，彼处立个像，导致低水平修建和同质化开发，而缺乏历史支撑的资源争抢，不仅带来客流分散，而且文旅主题很容易浮在表面；一些名人故里之争已宽泛到神话人物和虚构角色，甚至连"污点名人"的籍贯也去争夺，反给游客留下了疑惑和不信任感，也就很难给本地居民带来真实的文化自信。文化资源的开发利用，关键还是要立足本地风土人情和历史积淀，遵循在研究中挖掘、在转化中再造、在推新中升华的规律，这样才能培育出有历史内涵、有文化特质的本土优秀项目，为文化自强培育出具有本地特色的精品。

二、学习传承杭州优秀传统文化的方法

学习的方法，人们一般多在个体读书、学习和提高效率上总

结经验。但文化育人的学习教育，是个社会大课题，涉及个体、家庭、教育机构、社会环境和意识形态多重方面，需要从全社会的视野思考学习提高的方式方法。

德国学者埃利亚斯在《文明的进程》一书中提出，"文化"和"文明"的区分在于："文化"是使民族之间表现出差异性的东西，它时时表现着一个民族的自我和特色，因此，它没有高低之分；而"文明"是使各个民族差异性逐渐减少的那些东西，表现着人类的普遍的行为和成就。埃利亚斯认为："文化"是一种不必特意传授，耳濡目染就会获得的性格特征和精神气质，而"文明"则常常是一种需要学习才能获得的东西，因而它总是和"有教养""有知识""有规则"等词语相连。[①]他的观点给人的启示在于，"文化"使各个民族有所不同，"文明"使各个民族逐步接近；文化和文明，可以在生产生活实践中习得，也需要通过读书、传授和交流掌握。

1. 重视思想文化，把握传统文化的精神特质

文化这个概念比较"软"，怎样理解差异很大。有的人一提文化，就想到大剧院、歌舞厅、影视剧、博物馆，希望文化带来气势恢宏、夺人眼目的感觉；有的人一抓文化就想上大项目，很重视"社会影响"。这些想法和行为不能算错，需要思考的是，所有文化"实体"的作用，都是以"内容"为前提的。"内容为王"，在文化引领规律中显得特别突出。

比如，一个只有约5000万人口的韩国，为什么能生产出那么多输入他国的电视剧？从金大中时期的《内容韩国蓝图21》，到卢武铉政府的《C韩国战略2010》，再到李明博政府执行的《内容产业振兴基本计划》，韩国政府重点支持开发高品质文化内容推进及产业协同，加上对创意绝对尊重、编剧和导演负责制、演员片酬占比不大的运作机制，中国观众所熟悉的电视连续剧《大长今》《来自星星的你》《太阳的后裔》等，拍摄场地选择和投

[①] 诺贝特·埃利亚斯：《文明的进程》，王佩莉、袁志英译，上海译文出版社，2013年。

入经费等并不豪华和巨大，但却能漂洋过海走向亚洲和欧美，关键在于其中包含了浓浓的传统文化精神积淀。

同理，改革开放以来，中国影视市场先后出现的《渴望》《过把瘾》《北京人在纽约》《苍天在上》《平凡的世界》《琅琊榜》《士兵突击》《朗读者》《国家宝藏》等，也都是因为塑造了刘慧芳、方言、杜梅、王起明、孙少安、许三多等一批典型人物，生动诠释了人物身上追求人生价值而坚持、忍耐、打拼的生命历程，挖掘出了中华传统文化的前世传奇、今生故事的思想内涵，才抓住了观众，感染了受众。

文化拿什么引领社会？可以概括成思想观念、文化实体、文化活动、政策决定和制度规范。这五个东西，有的东西现在比较重视了，比如文化实体和文化活动，看得见、摸得着、算得出、好计量。这样做也符合一般规律，先易后难。但有几个问题需要思考：

第一，文化实体（大剧院、体育场馆、文艺团体、教育机构、旅游景观等）是思想文化发挥作用的载体，同时又以思想文化的动情、感人、服人为灵魂；文化活动（文化展出、文艺演出、艺术培训、文旅休闲等），是思想文化释放能量的依托，同时又以思想文化的融入程度为质量条件；而任何政策决定，都是人们在一定观念指导下、某种环境氛围影响下、某种体制机制诱导下做出的文本性东西；所有的制度规范，都融入了人们的思想、观念、情感、审美和思维方式，是思想观念形态的某种外化。

第二，五个东西既有相对独立性，彼此也难舍难分。思想文化如果离开了文化实体、文化活动，就成了干巴巴的说教；反过来，思想引导、政策创新、制度规范如果不能到位，文化实体、文化活动的投入、影响力和可持续性就会大打折扣。

第三，在重视文化实体和文化活动作用的同时，需要注意那些相对较难做到的思想融入、政策创新和制度激励等，不仅对看得见、摸得着的文化实体和载体有根本制约作用，而且直接影响到城市其他方面的气质，值得花大气力去深化和推进。在抓好文化实体、文化活动建设的同时，要更加重视思想文化、制度文化、政策文化的投入和创新，特别是对于传统文化中那些深藏文化基因、体现文化脉络、反映文化灵魂的精神特质和当代价值。我们学习的任务还很重，创造性转化和创新性发展的任务更重。

进而言之，要把杭州传统文化的学习，更好地和中华文明、国家发展相结合，还需要深化杭州历史与中华文明的探源研究，科学连接杭州文明与中华民族文明史的渊源关系，深刻阐明杭州优秀传统文化是中华文化基本构成和典型代表的文化机理。此外，还要进一步深化对杭州历史文化中精神特质和当代价值的科学研究，构建有江南特色、杭州魅力的思想体系、学术体系和话语体系，为传承优秀传统文化的精神特质提供条件。

2. 融入国民教育，夯实传统文化的基础教育根基[①]

国民教育在传承发展优秀传统文化中具有基础性作用。近年来，国内一些地方中小学的多种学科教材已经陆续改版，中华优秀传统文化逐步加大了进课堂、进课本的分量，比如语文教材增加古诗词、京剧唱段等传统文化内容。

杭州这些年推动本土文化教育创新，先后编撰和使用了《最忆杭州》地方课程教材，推动各学校开展了中小学生寻访杭州历史名人（纪念馆、故居、墓葬）社会实践活动，通过系列活动、经典诵读、古镇参观、家乡河保护、家风家训教育等，通过"传千年文化，承家国情怀"等主题教育活动，提高学生爱杭州爱家乡的文化自信。

在以上这些工作的基础上，把杭州优秀传统文化教育贯穿到启蒙教育、基础教育、职业教育、高等教育和继续教育各领域，进入课堂教学和教材体系，推动涉及古代杭州的诗词、散文、戏曲、书法、绘画、工艺、服饰、建筑艺术等进入校园，还有很多工作要做。

一方面，要在课程内容上加大优秀传统文化比重，在纵向上使大中小学学段的优秀传统文化教育内容相互衔接，在横向上使

[①] 参见中共中央办公厅、国务院办公厅《关于实施中华优秀传统文化传承发展工程的意见》，中华人民共和国中央人民政府网站，2017年1月25日。

课程、教材、教师、教学以及评价等环节相互协调。另一方面，要在教材编写上采取知识分类、内容分级、训练分步的编排方式，在教学上充分挖掘各学科隐含的丰富的传统文化资源，让学生通过足够的课时安排，感知杭州优秀传统文化中的民族精神、城市性格和人文涵养；此外，杭州师范类院校可以适度调整师范生培养的课程结构，适当强化杭州优秀传统文化教育；各级教育行政部门和各类学校也要研究提升在职教师培训工作，帮助教师掌握把优秀传统文化融入专业知识的理念和方法。

3. 完善学习方式，提高传统文化教育的实效

让杭州优秀传统文化进入国民教育，需要从国民基础教育的改革做起，研究学习方法，完善学习方式，提高学习实效。

一是深化教育改革，努力转变学校单纯知识、技能和"唯分数论"的倾向。从20世纪上半叶中国社会涌现的那批学贯中西大师们的人生经历看，他们几乎都有青少年时熟读传统经典、了解国外文化的经历。只有改变目前的教育教学惯性和人才培养方案，完善教师的教育理念和知识结构，调整学校课堂教学的结构和提升质量，才能为青少年创造出了解杭州文明源头和文化基因的教学条件。

二是全面引导读书，重视从"浅阅读"向"由浅入深"提升。全媒体时代为创作多样化的阅读样式提供了广阔空间。在弄清杭州文化经典体现的思想和特色的基础上，把传统经典的内容与精神，转化为适合大众浅阅读的动漫、图画、影像、故事等形式，让浅阅读成为连接大众与经典的桥梁，进而让人们通过这些形式"由浅入深"，逐步亲近经典，阅读经典，逐步深化对文化经典的认知，同时通过专家解读、媒体分析、引导阅读等形式，让传统经典以多样化的形式，走进千家万户百姓生活。

三是培养研讨之风，引导人们把现实问题与传统文化联系起来思考和辨析。杭州传统文化的当代价值中，有很多涉及人生、社会的重大主题，很多关乎今天做人做事的基本道理。这些传统文化能够历久不衰，就在于很多问题为各个时代所共有，其精神

特质具有某种永恒性。但这些共有的精神价值，在不同时期遇到的问题和表现的形式，呈现出一些不同特点。抓住中国社会正在转型、杭州城市新的文明发展正在生成的特殊阶段，引导人们把传统文化学习，和就业、创业、交友以及处理婚姻、家庭、情感等人生和社会问题联系起来，即把现实问题与传统文化的学习以及个人修身联系起来，与域外文化的辨析借鉴联系起来，才能更好地激发人们在传统文化中获取滋养、寻求慰藉的动力。

四是创新学习载体，让人们在丰富活动和多重载体中接近优秀传统文化。"李杜诗篇万口传，至今已觉不新鲜。"面对不断变换的时空环境，文化传承者怎样才能把古今距离缩短，创造有兴趣接受的条件和氛围，载体创新，是一个需要高度重视的问题。这些年来，杭州在教育改革过程中，一方面把优秀传统文化作为学生综合素养提升的重要途径之一，出台了《杭州市中小学"美好成长"计划实施方案（2018—2020）》等一系列指导性文件，把"传承文化基因""诵读传统经典""开展家风教育""推动本土教材"作为教改的重要思路；另一方面，杭州十分重视教育载体的创新，搭建传统文化融入教学的结合点，通过场馆资源整合、支持馆校结合、一馆一课程、星级场馆认定、完善拓展性课程体系、结对社区青少年俱乐部等方式，推动了大中小学生走进"第二课堂"接受传统文化熏陶；同时通过推动中小学把研学旅行列入年度教学计划，对不同年级研学旅行的师资、课时、主题、基地（营地）建设等提出具体要求，通过"踩着诗歌游杭州""家在钱塘""家乡河保护"等德育品牌特色活动，通过征文、绘画、设计手抄报等方式展示传统节日的活动，丰富了学生对传统文化了解的渠道和形式。

4. 融入生产生活，推动传统文化贴近人心

传承发展优秀传统文化的方式，应当如同需要阳光、空气和水一样，"随风潜入夜，润物细无声"，让其成为日常生活的一部分，自然地浸润到生产生活和人的心灵。这就要找准传统文化与现代生产生活的契合点，做好其与法律法规、节日庆典、礼仪

规范、民风民俗的衔接，与文艺体育、旅游休闲、服装佩饰、饮食医药的结合。这里的关键是"融"：一方面要有好的创意理念，使传统文化和生产生活"融入有思路"；另一方面要创新载体，使优秀传统文化与现代生活"融合有依托"。

比如，杭州前些年在挖掘杭州人生活资源的过程中，推出了涵盖城市公共服务、工业旅游、农业旅游、社会文化、社会政治及市民生活六大范围的一百三十余个"社会资源国际旅游访问点"，向海内外游客展现杭州传统文化，讲述杭州故事。后来又推出杭州"城市记忆工坊"主题馆项目，以"学习传统技艺、体验精彩文化"为主题，整合中国丝绸博物馆、杭州工艺美术博物馆、朱炳仁铜雕博物馆等博物馆，以及西泠印社、王星记、都锦生、胡庆余堂等文化资源，设置了系列精品课程和体验项目，向人们输入"杭州历史记忆"。

再如，杭州市西湖区把"蒋村龙舟胜会""上泗竹马""九曲红梅"等非物质文化遗产资源和农村文化活动结合，让群众零距离体验和感受非遗的魅力，丰富了农村居民的文化生活。拱墅区每逢半山立夏节，除了呈现吃乌米饭、采摘蚕豆、烧野米饭、立夏称人等一系列传统民俗活动外，还不断融入了像立夏跑山、半山运动嘉年华、定向赛、"五点一线"观赏传统习俗等，把传统节庆活动营造得丰富多彩。近年来，杭州万事利集团精心开发了多种丝绸文化礼品，产品先后亮相上海APEC峰会、北京奥运会、上海世博会、广州亚运会和G20杭州峰会等，并借助服装、面料、书画、墙纸、窗帘、桌布等载体，打造各种高端丝绸艺术品，使万事利丝绸走入了寻常百姓生活。

当然，这些传统文化融入生产生活的探索，还是初步的。这方面的天地很大，能做的事情还有很多。比如，非遗名录工作可以保护一批濒临消失的传统文化项目，但借此工作把舞狮、舞龙灯、唱传统戏等村民喜闻乐见的娱乐方式，培植为群众文化生活的经常性方式，还值得探索。再如，每年"西湖之春"艺术节上的杭州小热昏、杭州评话、武林调、独角戏等传统戏曲曲艺的巡演，经过精心组织，盛况空前；但怎样让这些传统戏剧曲艺不要成为"艺术节来节后走"的稀缺产品，培养市民对传统戏曲曲艺的兴趣和爱好，仍是一个值得探索的难题。又如，杭州的三大世界文化遗产，以及杭州古代文学、艺术、建筑、工艺、民俗等体现出来的艺术基因，塑造了杭州不同历史时期的独特面貌和时代风采，把这些文化遗产中的美更好地解读出来，激活更多公众对它们的浓厚兴趣，使人们在不知不觉中，把这些审美基因迁移到今天的工作中和千家万户生活中，可以探索的空间还很大。

传统文化融入生产生活的天地很广阔，还有很多可以有待创新的空间。比如：遴选代表杭州传统文化的经典性元素和标志性符号，将其融入城规设计、广场布局、园林美化和雕塑小品等公共空间；挖掘整理传统建筑遗存，保护营造处处有历史、步步有文化的小镇和村庄；用杭州优秀传统文化的精神特质涵养企业文化，通过历史文化的学习传承，保护发展杭州的中华老字号；贴近民心摸索振兴杭州传统节日的文化内涵，加强对传统历法、节气、生肖和饮食、医药等的研究阐释与活态利用；充分利用杭州的历史文化资源优势，规划、设计和介绍一批专题研学旅游线路，引导游客在文化旅游中感知中华文化；挖掘提升杭州古人休闲生活的情趣和方式，培育符合杭州现代生活和休闲需求的休闲选择；等等。

5. 重视家庭教育，提高家长示范意识和能力

中华传统文化，是一种家庭本位的文化，一直比较注重家庭观念和人伦情感的联系。"忠孝传家久，诗书继世长。"家风家教对于人成长的深远影响，客观上起着传统和现代价值的传续作用。

观察当今社会，一些孩子走出校门后，文明礼仪、诚信精神、社交能力等差别较大，一个重要背景就是家庭教育和影响的差异。生活中一些"学问"不错、文凭很高的孩子，一开口显得缺少家教，根子往往源于家庭。培养良好的文明习惯，家长的作用和影响，从某种意义上说，重于学校和社会，并且影响孩子一生。要打好

学校、社会进行传统文化教育的基础,"功夫在诗外",需要营造一种重视家庭引导、重视家长示范的社会氛围。

一是"身教"。"父母是孩子的样子,孩子是父母的影子。"父母要确立"身教先于言传"的意识。家长孝敬老人,重视亲情,孩子就会从小确立敬老的思维习惯;家长在家里从不谈论别人的"是非",孩子长大多半也会"静坐常思己过,闲谈不论人非";家长遇到矛盾和困难从不抱怨,给孩子适度说明面对的难题,全家同心共渡难关,孩子的坚韧毅力和耐挫能力从小就会得到磨炼;家长对中华文明、杭州文化如数家珍,孩子从小就会对文史哲等人文科学兴趣盎然;家长下班回家如果坚持伏案读书,钻研问题,孩子耳濡目染,就会觉得"生活就是这样的",自己做作业、多看书也会自然而然,不用催促;等等。

二是"言传"。孩子的学龄前阶段,既是家长工作压力较大的事业上升期,也是孩子基本价值观的生成期。家长在繁忙工作之余,重视自身文化学习提高,经常通过讲故事、做游戏、亲子活动、外出观光等方式,给孩子介绍中国和杭州传统文化中的生动事例,引导孩子树立待人接物、处理事情的文明礼仪和价值理念,就会造就孩子人生价值观的基本格局。孩子进入学校后,家长如果继续重视对优秀传统文化的学习引导,就可以和学校的正面教育形成合力,使孩子在社会矛盾、生活冲突面前,具备自己相对稳定的是非判断标准和待人处事能力。

三是"陪练"。在营造好家庭氛围,让子女在家庭环境中感受传统文化熏陶的同时,家长注意与孩子思想交流,对于生活在信息泛滥、思想多元条件下的青少年而言,相当于给孩子成长过程的思想"加餐"和性格"滋补"。比如,对岳飞"忠君"思想怎么看,简单用一个"封建"标签予以批判和摒弃肯定不行,这涉及对古代中国"忠君爱国"思想的形成及其家国体制的认识。再如,有的国学机构的"女德班",教师给女孩子灌输"打不还手、骂不还口"的旧理念,这到底是优秀文化还是封建糟粕,就需要放到现代依法治国、男女平等背景下来分析。又如,"孝道"

是中华传统文化的重要特征之一,杭州古代有丁兰"刻木事亲"的传世佳话,但传统"二十四孝"中某些愚昧、残忍的做法,应该明确给予否定。面对现在生育率下降、劳动力开始短缺的现实,有人想借着宣扬"无后为大"的传统观念"引导"青年承担家庭繁衍的责任,这样可行吗?父母的思考不可能替代儿女的头脑,但父母与儿女的思想交流和平等讨论,有助于子女多层面思考能力的提升,防止因缺乏对事物分析而盲目排斥传统文化或外来文化。

6.发挥文艺作用,通过作品形象浸润传统文化

"移风易俗,莫善于艺。"文艺作品是传扬和培育优秀传统文化的沃土。善于从杭州优秀文化资源宝库中,提炼题材、汲取养分和捕捉创作形象,推出丰富多彩、涵育人心的优秀文艺作品,是开展传统文化学习教育的重要方法。

提高文艺作品的传统文化含量,需要从多方面努力。

在思想上强化传承文化意识。杭州优秀传统文化,是中华优秀传统文化的经典代表,是涵养社会主义核心价值观的重要载体,它积淀着杭州先民一以贯之的精神追求,代表着杭州从古至今独特的人文情怀。建筑、工艺、文学、书画、音乐、戏曲、曲艺等各门艺术,都有自己独特的艺术语言。运用具有鲜明区域特色和专业特点的艺术语言,传播和弘扬反映时代精神的传统价值观,是文艺作品提升大众文化自信和文化自觉的应有责任。

在艺术上坚持价值引领。价值立场,在根本上决定着文艺作品的境界和思想影响力。文艺作品通过生动感人的故事、形象、语言、表演、旋律、色彩、线条等艺术化表达,可以告诉人们什么是真善美,什么是假恶丑,什么值得肯定和赞扬,什么必须否定和反对,从而使杭州市民在艺术欣赏过程中,获得审美享受、思想启迪和道德感染。

在方法上整合世界共享的价值观。国家的、区域的文化传统,在对外传播时会遇到不同文化间的某种"冲突"。兼顾和重视不同文化的内涵与表达方式,是文艺工作者的责任。相关调查显示,

超过半数的美国人和德国人,对中华传统文化中的仁、义、恕、孝、"天人合一"等内容以及构建和谐世界的主张,表示认同和理解;同样,中国人民在改革开放过程中,也吸收和运用了一些西方文化中的有益成分。对待中西文化的态度,"要尊重世界文明多样性,以文明交流超越文明隔阂、文明互鉴超越文明冲突、文明共存超越文明优越"[①]。这就需要文艺工作者,注意挖掘提炼蕴藏在优秀传统文化中那些人类共同的价值观素材或能够互相欣赏的文化因子,搭建联通我们和外国朋友"共同语言"的文化桥梁,帮助外国朋友认识中国和杭州的文化特质,推动中国和杭州融入国际社会并获得更多话语权。

在成果上重视提供精品力作。文艺作品的引领功效,说到底来自作品的质量。生活中叫得响、传得开、留得住的文艺精品,都是潜心思考、深入生活、呕心沥血、百炼成钢的。文艺工作者要敬畏优秀传统文化,注意积累反映优秀传统文化特质的创作素材和生活细节,注意运用动漫创作、网络文学、网络音乐、网络剧、微电影等青少年易于接受的文艺表达形式,提炼塑造出具有思想内涵和感人形象的文艺作品,启发引导人们去思考人生、社会和未来。

在主体上提升优秀传统文化素养。文艺工作者作为文艺作品的创作者,个人的历史文化素养,直接决定着作品的情趣和品质。文艺工作者可以根据自己的专长,注意补充在传统文化上文、史、哲、科、经等方面可能存在的短板,加深了解杭州通史、名胜古迹、历史典籍、名人大家、工艺风物、文学艺术、民俗民风、思想文化等传统遗产,思考和挖掘其中蕴含的文化理念与思想精华。要唤起大众感知杭州历史文化的兴趣和学习热情,首先自己要对优秀传统文化有积累,有创作冲动。

[①] 习近平:《决胜全面建成小康社会 夺取新时代中国特色社会主义伟大胜利——在中国共产党第十九次全国代表大会上的报告》,人民出版社,2017年,第59页。

三、学习传承杭州优秀传统文化要注意的几个问题

让优秀传统文化润泽当代杭州，丰厚的历史积淀是前提，综合的方法是保证。面对多年集中精力发展经济、文化传承欠债较多的现状，我们要爬的坡很多，要走的路还长。

1.瞄准"时代要求"，在创造性转化和创新性发展上下功夫

在进行杭州优秀传统文化的学习教育中，时常会遇到一些问题。比如，古代杭州经济富庶、山川秀美和艺术斐然，造就了这方水土对中外人才的吸纳能力。在现代城市人才竞争中，以往吸引各路精英的文化内涵和艺术形式，对今天人才的工作和生活还能起作用吗？再如，岳飞、文天祥等古代英雄的"忠君爱国"思想，在当时有其历史进步意义，今天还应该继承下来吗？这些问题认识和处理得好，可以发挥传统文化的积极作用，提升社会对传统文化的信心；反之，就可能事与愿违，行之不远。

这里涉及对传统文化"创造性转化和创新性发展"的认识问题。优秀传统文化的创造性转化与创新性发展，是互为关联、各有侧重的两个方面。习近平总书记指出："创造性转化，就是要按照时代特点和要求，对那些至今仍有借鉴价值的内涵和陈旧的表现形式加以改造，赋予其新的时代内涵和现代表达形式，激活其生命力。创新性发展，就是要按照时代的新进步新进展，对中华优秀传统文化的内涵加以补充、拓展、完善，增强其影响力和感召力。"[①]

"创造性转化"涉及内涵和形式两个方面。比如古代杭州的经济富庶、山川秀美和艺术斐然对人才形成吸引的现象，今天依然存在，但显然古代那些内容已不是现代对人才吸引的"充分条件"了。杭州今天和古时的钱塘、临安等相比，工商业发展、城市治理、产业竞争、地区和国家之间交往的程度等，已经无法简单类比。就内涵而言，今天一个城市对人才的吸引力，还取决于它的产业

---

① 中共中央宣传部：《习近平总书记系列重要讲话读本（2016年版）》，学习出版社、人民出版社，2016年，第203页。

关联、发展机会、生活成本、居住环境、人才政策、市民人文素养、城市治理水平和对外开放程度等。根据猎聘平台发布的中高端人才就业现状大数据报告分析，杭州近年来稳居中国人才净流入城市榜的首位，"海归"们关注比较多的，诸如汽车礼让斑马线、公务人员勤勉热诚、城市管理精细、政府决策水平较高、城市在国内外影响力提升等，反映的大都涉及市民素养、公务人员作风、政府治理水平、城市外在形象等"软实力"的文化因素。杭州这些"现代文化现象"的形成，既得益于崇文温厚、做事精细和开放包容等杭州城市的历史性格，也融入了现代社会的崭新需求和文明新知，这就需要结合当前社会的需要，在学习历史和现代科学知识的基础上，对文化遗存的价值内涵和表现形式加以改造，让人们掌握新的时代内涵和表达方式。

"创新性发展"主要涉及对传统文化内涵的补充、拓展和完善，这是由时代发展背景、社会形态变迁、文化生存环境等条件变化决定的。比如岳飞、文天祥等的"忠君爱国"思想，在那个"朕即国家"层层封（赐）地的时代条件下，在君主作为国家首脑一定程度代表着国家和民众利益，一旦"君而不主"就会天下大乱、生灵涂炭的封建社会，"忠君"和"爱国"存在较强的关联性和历史必然性。尽管这种思想，在当时隐含着文臣武将们在选择上的某种困境，但作为古代中国政治文化的核心理念之一，总体上起到了强化人们责任意识和国家观念的作用。斗转星移，沧海桑田，今天杭州人面临的现实是，国家权力由世袭帝王代表的时代已翻篇一百多年了，通过法律程序民众授权的"代议制"成为当今国家各级权力的通例，"从来就没有什么救世主"的唯物史观深入人心，而民族、国家依然是每个公民赖以生存、无法脱离的基本依靠。这样一种新的时代条件要求人们：一是认识和扬弃古代的"忠君"思想。在当时帝王权力无边、掌握全部生杀大权的时代，"忠君"是和绝对服从皇权、没有独立人格、依附和被依附关系联系在一起的，因此不能简单继承。二是重视对古代杭州政商和谐、官民融洽优秀传统的认识和继承。各级管理者勤勉为民是赢得民心的前提性要求,而民众面对经过现代法律程序产生的权力,既应维护其权威,也要监督其权限,这是一种新的双重义务要求。三是在官员勤政廉政、民众授权监督条件下的政商和官民合作,是最有利于整合资源、推动发展和满足人民对幸福生活需要的政治文化形态,也是最容易激发民众家国情怀的社会文化生态。

总之,对待传统文化,只要我们秉持礼敬、客观和辩证的态度,不简单否定,不复古照搬,注意扬弃继承,重视转化创新,不断赋予传统文化新的时代内涵和现代表达形式,就能使传统文化基因在创造性转化和创新性发展中得到有效弘扬并服务当代。

2. 辨析"思想启蒙",理性认识对传统文化的批评

关注中外文化史的读者可能会注意到,在16—18世纪的中国和欧洲,几乎同时出现过批判传统文化的思想启蒙。20世纪中国思想史的一个显著特征,是对中国文化遗产先后经历了五四运动和"80年代思想启蒙"的两次激烈批判和反思。怎样站在历史发展的高度,看待以往对传统文化的批评,关系到我们今天对传统文化的认知和信心。

尽管中外历史以及中国20世纪两次对传统文化的批判,有着迥异的历史背景和社会动因,但超越那些烦琐、具体的历史枝节,分析其批判的背景、主旨及其效果,有几个共同现象值得关注。

第一,那些思想启蒙运动,大都出现在重大历史转折时期,存在强烈的认知反思需要。由于传统文化世代相传,影响深远,在重大历史变革时期,恋恋不舍、温文尔雅、四平八稳的说理分析,通常难以达到思想启蒙的实际效果。强烈的批判,有助于打破人们对传统的习惯性尊崇。从救亡图存、弃旧图新意义上,这也是一种危机中的特殊选择。用历史唯物主义的观点看,激烈的批判,客观上起到了"当头棒喝""醍醐灌顶"的效果,使人们尽快从对封建文化的不知觉中惊醒。当然,这样也必然裹挟着一些对优秀传统文化的不恭和轻率。

第二,激烈否定的背后,反映的是对传统文化落后一面无情批判的实质。五四运动提倡的"破坏""否定""重估一切",

20世纪80年代思想启蒙对中华传统文化"劣根性"的批判，体现出一种"矫枉不忌过正"的斗争取向。但这种逆反式的评判，客观上警醒人们挣脱出被传统习惯束缚已久的思维定式。从实际情况上看，思想启蒙运动的矛头所向，主要还是传统文化中那些封建、专制、僵化的落后文化及其制度。

第三，激愤情绪下的批判，难免出现良莠不分、泥沙俱下的情况。每次思想解放运动，在对封建专制和僵化落后文化猛烈抨击的同时，也强加给了中华传统文化一些似是而非的东西。比如所谓"自我中心""尔虞我诈""内斗内耗"等，其实是人类社会共有、同斥的社会弊端，西方国家也司空见惯，不必作为"国民性"和所谓"丑陋的中国人"来自我贬损，伤害民族自信心。

第四，每次批判传统文化在推动历史进步的同时，也付出了社会文化的惨痛代价。五四运动"打倒孔家店"和对传统伦理纲常的批判废除，一定程度上也使"仁义礼智信"等文化传承受到阻滞；20世纪80年代思想启蒙对人性张扬和自由民主的推动，配合了市场经济和对外开放的步伐，但对中华传统文化几乎全面否定的做法，也使中国人讲求义理、维护伦常、重视秩序的文化习俗受到又一次冲击，极端个人主义思潮出现，而公民意识和法治思维并不会自发得到成长。

第五，换一种视角，这种代价有其不可避免性和现实意义：每一次启蒙运动对传统文化带来的冲击，跳出纯粹传统文化层面来看，是以人的思想解放和社会制度变迁为补偿的；传统文化受到的冲击甚至某种断裂，往往又以变换了的形式重新建立起历史的连续性，虽然付出了代价，耽误了一些时间，但这往往曲折反映着历史辩证法的轨迹。

总之，以往对传统文化的激烈批判，推动了历史进步，也付出了文化代价和伴生出社会问题；如果在历史转折关头，这样的文化批判难以完全避免，那么稳定发展时期的文化建设，就显得更加紧迫和必要。以往的激烈批判，不是今天对传统文化望而生畏的借口，而应作为后来人对传统文化甄别和选择的警示，包括扬弃那些对传统文化不准确的激愤之言,以对传统文化尊重、礼敬和理性分析的态度,把中华民族、杭州历史上那些理性平和、热爱自然、崇文重道、守望相助、修身事功、追求精致等精神特质和文化营养,把那些在杭州民众生活中"日用而不自觉"的文化血脉资源,努力挖掘和有效传承下去。

3. 重视"古今观照",科学推进国学学习

现在各地学习祖国传统文化的热情不断升温,学习氛围正在形成,也取得了一些初步成效。但由于对优秀传统文化的内在含义、精神特质和当代价值学习思考不够,也由于缺乏对传统文化作出贯通古今的判断和审视,在一些地方举办的国学院、国学班中,出现了一些内涵模糊甚至逻辑混乱的概念,存在着某种复古泥古、故弄玄虚的做法,甚至变形为某些人营私赚钱的工具。"国学"的声誉和形象遭到损害。

目前,国学学习要注意的问题主要是:

第一,中华传统文化内容丰富,不等于蒙学的"三百千"。《三字经》《百家姓》《千家诗》等书,均为韵文写就,朗朗上口,便于记忆。但中国、杭州的传统文化内容极其丰富,不可简单化,要根据学习者的年龄和职业需要,制订合适的学习教育计划。

第二,组织青少年学习传统文化,不能引导他们简单模仿古人去死记硬背。青少年背诵一些古代经典很有意义,但一些培训机构只让参与者背诵经典,缺乏分析讲解义理的教学安排,这样就会影响学习效果。一些机构很重视"氛围"和"形式",让学生穿古人衣服,行古代跪拜礼,增加了学习成本,未必有多少实际意义。学习的关键,还是引导青少年了解优秀传统经典的义理和艺术成就,学会联系今天,古今观照,融会贯通,思考人生。

第三,要尊重经典原义和遵守教育规律。在选取古文时,要注意反映古代经典文献的本来意义,不能因某种形势需要或编写意图,对古代文献作出过于片面的挑选删减,而应努力帮助学生掌握古代经典的完整内涵,引导学生把个人生活经验与优秀传统文化中的人事和义理进行联系思考。

第四，要防止厚古薄今、以古非今的倾向，防止为过去对传统文化的批判作简单化"翻案"，更要杜绝为封建主义残渣余孽"辩解"的极端行为。一些地方打着"弘扬优秀传统文化"旗号，把"三百千"中的大段文字不加筛选让学生诵读，造成一些学生把君君臣臣、因果报应、天命注定等内容挂在嘴边。有的地方还组织"女德班""私塾"甚至提出"儒教立国"的主张，成为反对男女平等、义务教育、现代教育制度和国家治理方略的奇谈怪论，需要引以为戒。

第五，要树立开放包容的观念，防止唯我独尊、自我封闭。学习优秀传统文化，不能否定人类其他优秀文明成果，要引导读者听众树立开放的思想观念：中国和杭州的优秀传统文化，是在不断吸收世界优秀文明成果的过程中，丰富发展起来的；学习优秀传统文化，有利于我们在民族和区域自信的基础上，更好地与兄弟国家和城市进行文化交流，互鉴互学和共同提高。

4. 重在"学以致用"，提高修身齐家的文化自觉

古代圣贤说过："古之欲明明德于天下者，先治其国；欲治其国者，先齐其家；欲齐其家者，先修其身；欲修其身者，先正其心；欲正其心者，先诚其意；欲诚其意者，先致其知。致知在格物，物格而后知至，知至而后意诚，意诚而后心正，心正而后身修，身修而后家齐，家齐而后国治，国治而后天下平。"[①] 在这里，古人给我们点出了几层人生要义：

第一，格物、致知、诚意、正心、修身、齐家、治国、平天下之间，是一种层层依赖的前提性关系。第二，百姓民心是天下的基础，得众则得国，失众则失国。第三，修身齐家是依靠民众治理国家的前提，知行合一，言传身教，才有治国的社会基础。第四，获得知识和端正思想，才能使自己意念真诚，带好家庭和家族。

从上述"儒家八目"中不难看出，"格物、致知、诚意、正心、

---

① 《礼记·大学》，郑玄注，南宋淳熙四年（1177）抚州公使库刻本。

修身、齐家"这"六目"，都属于个人和家庭内部的修为，这些基础打好了，"治国"和"平天下"才有底气和后盾。从层层递进关系和现实生活中，我们可以体会到个人修身和良好家风对于人生的重要意义，明了传统文化的学习唯有落实在"修身齐家"上，才能助推社会风气改善，为国家治理、天下安定提供社会基础条件。

杭州一直对市民文明素养高度关注。2006年就推出了首条"文明礼让示范公交"线路，此后持续通过交通文明志愿者劝导、驾驶员礼让斑马线、行人过斑马线不闯红灯、乘客上地铁公交排队先下后上"一米线"、文明礼让推介日等市民参与的活动提升素养。现在杭州交通出行的"文明梦"已初步实现，全市斑马线前机动车让行率达到99%以上。

与此同时，杭州在"市民文明素质提升"大讨论、培育"满城书香"工程、制定各种文明公约、为市民编发礼仪知识读本、发现和宣传各行业各领域"最美人物"等常年活动的引导下，各区（县、市）广泛开展了"公民爱心日"、"为他人送温暖"、"做文明有礼的杭州人"、"小手拉大手，文明齐步走"文明校园创建、"我参与我奉献我快乐"文明劝导、"和谐邻里守望相助"践行、"社区邻里文化节"、"最美家庭评选"、"美德少年评选"、"万名好人进社区"、"万张红榜送好人"等活动，以及志愿服务公益行动（为市民提供磨刀、理发、衣服缝补、眼镜护理、修雨伞、手机贴膜、口腔护理、维修小家电、燃气服务、市民卡服务、量血压、测血糖等免费服务）、网上微心愿平台（帮助外来务工人员子女和社区困难居民）等等，同时辅以"市民公共文明指数"发布、城区和镇街城市文明程度指数发布等"比学赶帮超"的外在激励措施。广大市民的长期坚持、不断完善和广泛参与，推动了杭州"最美现象"由"盆景"转化为"风景"，从"风景"再到"风尚"，促成了良好社会风气的形成。

5. 更加"开放包容"，继续吸纳其他优秀传统文化

扎根于杭州这片沃土的传统文化，因为有四方雨露、八面来风的润泽，才得以活力无限生生不息。在一个开放、创新的社会中，

仅仅面向一地一域的历史文化，显然远远不够，也不符合杭州优秀文化形成的特质。

杭州改革开放四十多年走过的路，是不断向先进城市虚心学习的历程。从 20 世纪 90 年代开始，杭州市委、市政府赴上海、深圳、广州、成都、青岛、武汉等兄弟城市的考察座谈没有断过，杭州各企事业单位、社会组织通过各种途径"请进来、走出去"，广泛接触和深入了解中外城市及各行各业的创新经验。在这个过程中，乐于学习他人经验、善于结合实际转化吸收的杭州人，提升了理念，激活了思想，丰富了思路，改进了方法，促进工作效能和精神状态的提高。

学习他人优秀传统文化要更加"开放包容"，主要是指：

第一，提高发现水平。学习他国或兄弟城市的传统文化，到兄弟城市、同业同行那里考察学习，需要有一种"发现"的眼光。陌生城市，不熟悉的历史文化，先天地容易产生一种隔膜，容易使我们反应的灵敏度下降，甚至可能出现以己度人、不以为然、看不"顺眼"的情况。唯有抱着一种海纳百川、渴望借鉴的自信自觉目的，才可能在书中字里行间、交谈片言只语、材料洋洋万言、考察种种现象中，"发现"闪光的观点、故事、情节、素材、经验、方法等。

第二，提高吸纳能力。在熟悉杭州优秀传统文化的同时，提高吸纳其他优秀文化的能力，不仅要解决好上述学习态度、发现能力问题，还要留心的是：注意超越具体案例，学习理念和方法，因为具体案例已是过去，唯有理念和方法才对未来有借鉴意义；注意分析综合条件，提炼事物形成机制，因为历史事件、他人成功往往由多重因素促成，包括创意、环境、团队、沟通、资金、坚持等等，想直接搬用某一种"技巧"可能无效。

第三，提高转换动能。他国他域的历史经验，必然带有异域他地的特殊背景，加上年代更替、环境变化等，对别人传统文化、历史经验的学习，必须建立在结合杭州环境和条件的基础上，经过主动思考和加工改造，努力在提炼超越历史的精神特质、掌握不受环境制约的共同规律、吸收变换条件仍有启发的方法技巧等方面，形成经过"咀嚼"融会贯通的学习成果。同时，看一千篇，问一万人，不如自己实做一遍，把学习成果变成实际行动，是提高转换动能的最为关键的一步。

站在面向世界、服务全国的新的起点上，杭州需要以更加开放的姿态和更加文明的形象走在前列。从市民和家庭做起，塑魂提神和立根固本的基础工作，杭州的责任大、任务重、路还长。比如，把传统文化学习从感兴趣学知识提升到自觉修身齐家的人群还需要再扩大，把家风家训看作和学校同样重要的环境建设精心营造的家庭还有待再增加，"志愿者服务"的参与人数和韧性坚持的人数还有待再充实，对不文明陋习提醒、制止、举报和处罚的力度还有待再强化，"全民读书"随时随处的范围还有待再扩大，"最美现象""杭州好人""道德模范"的传播还可以方式再多样、热情再高涨……

后 记

这本书稿，是在浙江省十位专家学者的共同努力下，历时一年多时间完成的。创作过程中，各位专家和教授坦诚相见，交流了很多专业而精彩的观点。在此谨向各位作者表达深深的谢意。他们分别是（按原始课题的分工排序）：浙江大学陈志坚，浙江省文物局陈文锦，杭州博物馆杜正贤，杭州师范大学刘克敌，杭州市艺术品行业协会王源，浙江省博物馆查永玲，杭州师范大学顾希佳，浙江省社科院徐吉军，杭州市社科院周膺，中共杭州市委党校安蓉泉。

将各位专家撰写的杭州城史文化、风景文化、遗迹文化、辞章文化、艺术文化、工艺文化、风俗文化、起居文化、名人文化、思想文化等十篇学术文稿，提炼浓缩成第二、三、四、五、六、七、八章的重任，由陈志坚老师承担；全书的框架设计、文字统稿及导言和第一、九、十、十一章综合理论的执笔，由安蓉泉负责。

把洋洋五十三万言的课题文稿浓缩成十八万字书稿，将并列的十四个专题性子课题拉通提炼成纵论式的十一章，既是想在求全前提下尽量简要，也是为了便于读者把握主题脉络。这种尝试的得失，还请文史专家和广大读者朋友提出宝贵意见。

最后，衷心感谢丛书编辑部同仁们对这本书稿的提议和推动，感谢丛书编委办领导给予的信任，感谢系列专家组、文艺评论组、综合专家组、课题评审组、书稿评审组、丛书编辑部及编委办各位专家和领导的悉心指点。

安蓉泉

2022年2月于小和山

丛书编辑部

艾晓静　包可汗　安蓉泉　李方存　杨海燕
肖华燕　吴云倩　何晓原　余潇艨　张美虎
陈　波　陈炯磊　尚佐文　周小忠　胡征宇
姜青青　钱登科　郭泰鸿　陶文杰　潘韶京
（按姓氏笔画排序）

评审专家组

马时雍　陈　野　胡　坚　顾志兴　黄　健
楼含松　魏皓奔（按姓氏笔画排序）

课题组

负责人：安蓉泉

成　员：王　源　刘克敌　杜正贤　陈文锦
　　　　陈志坚　周　膺　查永玲　顾希佳
　　　　徐吉军（按姓氏笔画排序）